Zu diesem Buch

Tschernobyl – der erste Super-GAU der jungen Atomära. Er hätte sich auch im britischen Windscale, im deutschen Brunsbüttel, im amerikanischen Harrisburg ereignen können, der «Größte Anzunehmende Unfall»: da schmilzt der Reaktorkern, da werden die giftigsten (und langlebigsten) radioaktiven Stoffe freigesetzt: Strontium 90, Xenon 139, Kobalt 60 und die Supergifte Plutonium und Jod 129. Jedesmal wird das Waffenarsenal der Menschheitskrankheit Krebs aufs neue gewaltig vergrößert. Der Mensch vergiftet sich und die Erde auf Jahrtausende.

Die Bundesregierung in Bonn ist in die Falle getappt. Aus Begeisterung darüber, den Sowjets schlechte Reaktoren und eine katastrophale Informationspolitik vorwerfen zu können, mußte sie (nach Osten) die Gefahr benennen und sie (nach Westen) herunterspielen. Nun setzt die Beschwichtigungskampagne ein. Dem Schock folgt die Entwarnung. Dem will dieses Buch entgegenwirken. Es informiert über:

- den vermuteten Ablauf des GAU in Tschernobyl
- das sowjetische Atomprogramm
- das Informationschaos in der Bundesrepublik
- die Gefährlichkeit der Dauerstrahlung
- Was ist Radioaktivität?
- Die Reaktionen von Betroffenen
- was lokale Initiativen jetzt tun können
- die notwendigen und möglichen Strategien zum Ausstieg aus der Kernenergie

Erhard Eppler, Klaus Traube, Lutz Mez, Rainer Grießhammer und viele andere haben nach Tschernobyl Beiträge geschrieben, um die neue Situation zu bewerten. Eines ist allen Autoren bewußt: Tschernobyl hat gegen die Gefährlichkeit der Atomenergie keine neuen Argumente gebracht – sie waren längst bekannt –, Tschernobyl hat sogenannte Experten als professionelle Verharmloser und deren Beschwichtigungsstrategien als institutionelle Verantwortungslosigkeit entlarvt.

Atomenergie war auch schon vor Tschernobyl nicht verantwortbar. Aber erst der Super-GAU hat Politiker gezwungen, sich der Forderung nach Ausstieg aus der Kernenergie zu stellen. Dieser Ausstieg ist heute schwieriger und komplizierter als vor zehn Jahren. Aber politisch notwendig. Darum dieses Buch.

Klaus Traube u. a.

Nach dem Super-GAU

Tschernobyl und die Konsequenzen

rororo
Rowohlt

rororo aktuell – Herausgegeben von Freimut Duve

Redaktion und Zusammenstellung: Ingke Brodersen

Veröffentlicht im Rowohlt Taschenbuch Verlag GmbH,
Reinbek bei Hamburg, Mai 1986

Umschlagentwurf Werner Rebhuhn (Foto Reinhard Janke/argus)
Satz: Times (Linotron 202)
Gesamtherstellung Clausen & Bosse, Leck
Printed in Germany
880-ISBN 3 499 15921 X

Inhalt

Die Folgen

Die Menschen

Die Konsequenzen

Redaktionelle Vorbemerkung

Vor zwölf Jahren, 1974, legte rororo aktuell den ersten Band vor, der sich kritisch mit der Kernenergie auseinandersetzte. In seinem Gefolge entstand *Technologie und Politik*. Fast Jahr um Jahr haben Fachleute, Publizisten und Journalisten sich skeptisch zur sogenannten friedlichen Nutzung der Kernenergie geäußert. In keinem anderen großen Industriestaat hat die politische Bewegung gegen die Kernenergie eine solche Kraft entfaltet wie in der Bundesrepublik. Der Erfolg? Von ursprünglich geplanten 54000 Megawatt installierter Leistung sind «nur» 17000 Megawatt gebaut worden. Ein großer Erfolg – aber immer noch 17000 Megawatt zuviel. Kernenergie ist nicht verantwortbar.

Der Ruf nach Ausstieg aus der Kernenergie wird lauter, der Druck stärker. Zugleich wissen wir, wie sehr sich die öffentliche Vergeßlichkeit beschleunigt hat. Gestern Ghaddafi – heute Tschernobyl.

Der Band soll dazu beitragen, daß niemand, der im Mai 1986 ernsthaft den Ausstieg aus der Kernenergie gefordert hat, sich im Mai 1987 daran nicht mehr erinnern kann.

Wir danken den Autoren, den Mitarbeitern in der Redaktion, den Herstellern und den Kollegen in unserer Druckerei dafür, daß dieser Band in wenigen Tagen produziert werden konnte.

Reinbek, am 13. Mai 1986 Ingke Brodersen / Freimut Duve

Freimut Duve

Atomenergie war nie verantwortbar

Gedanken zur Einführung

Diesmal ist uns nicht nur der Schreck, diesmal sind uns auch die Strahlen in die Knochen gefahren. Strontium 90 hat eine Halbwertzeit von mindestens 28,5 Jahren. Hält der Protest, hält der neu formulierte Ausstiegswille auch so lange an? Muß sich der Widerstand gegen die mähliche radioaktive Verseuchung erst von GAU zu GAU hangeln? Besteht die Chance nun, nach Tschernobyl zu einer rationalen Politik des Rückzugs national wie international zu gelangen?

1. Verantwortung

«Der Unfall, vor dem wir unsere Eltern gewarnt hatten», so könnten heute die damals jungen Demonstranten von Wyhl, Grohnde und Brokdorf ihrer Wut Luft machen. Ein GAU muß theoretisch angenommen, aber gerade deswegen praktisch ausgeschlossen werden. Die statistische Unwahrscheinlichkeit und die faktische Unmöglichkeit ist eingetreten. Nicht der größte anzunehmende Unfall, nein, der nicht angenommene und auch nicht berechnete Atomunfall ist passiert.

Bei Tschernobyl haben nicht nur die Sicherheitssysteme versagt, versagt hat auch der Verantwortungsanspruch einer ganzen Generation von Managern und Politikern. Sie glaubten, «Verantwortung übernehmen» zu können für die Folgen möglicher Unfälle, für die Folgen kontinuierlicher Strahlung. Schon Wolfgang Borchert hat in «Draußen vor der Tür» die abstruse Lächerlichkeit übernommener und übertragener Verantwortung im Bomben- und Raketenzeitalter beschrieben. Der frühere Kompaniechef lacht den Unteroffizier Beckmann einfach aus, als der, humpelnd und halbblind, aus dem Krieg zurückkommt, um die ihm übertragene Last der Verantwortung für elf tote Soldaten an den ehemaligen Chef zurückzugeben. Der GAU ist berechenbar, verantwortbar ist er nicht. Diese eingebaute Verantwortungslosigkeit ist nicht moralisch zu werten, sondern ganz konkret:

Die strahlende Wolke, die als tödliche Windsbraut in wenigen Tagen über die ganze nördliche Halbkugel flog – in Skandinavien, in Japan, in Bayern und in Oregon zu messen war –, sie sprengt alle von politischen und rechtlichen Systemen definierten Verantwortlichkeiten der Regierungen und der Politiker. Zwar gibt es internationale Haftungsabkommen – auch die Sowjetunion wird ihnen bald beitreten –, aber im Ökosystem Erde gibt es keine anrechenbare Haftung.

Es mag die französische Bevölkerung beruhigen, wenn ihre Regierung versichert, Frankreich habe die sichersten Kernenergieanlagen der Welt. Sie mag dies mit großem Erfolg vor ihren Wählern verantworten. Vor den Menschen jenseits der Grenze – nur zehn Kilometer vom größten europäischen Nuklearkomplex Cattenom entfernt, leben Menschen, denen gegenüber keine französische Regierung irgendeine Verantwortung übernehmen könnte. Verantwortbar nach Tschernobyl ist nur ein geplanter Rückzug – verantwortbar ist nur der geplante Ausstieg. Nationale Atompolitik ist in jedem Fall – auch bei nur «friedlicher Nutzung» und bei «friedlicher» Lagerung der atomaren Waffen – eine permanente Kriegserklärung an die Zukunft. Jedes atomare Potential sprengt die überschaubare Zeit, bricht die traditionellen Grenzen politischer Verantwortung.

Aber die internationale Gemeinschaft gleicher oder auch nur ähnlicher politischer Betroffenheit gibt es nur in Ansätzen. Die Franzosen halten die deutschen Reaktionen auf die strahlende Wolke für hysterisch, die Deutschen die französische Reaktion für zynisch. Schon seit Jahren wächst die Gefahr, daß die zwei mittleren Atommächte Frankreich und Großbritannien sich aus dem multinationalen kritischen Dialog ausklinken. Jede Frage nach ihren Kernkraftwerken ist ja zugleich eine Frage nach ihren nationalen Atom- und Raketenprogrammen. Diese prinzipielle atomare Ungleichheit der europäischen Staaten wird mit der neuen Kernkraftdiskussion die europäische Einigung stärker belasten als die Agrarpolitik.

Wenn – wie an der deutsch-französischen Grenze – die Bewohner der einen Seite die Sorgen der Nachbarn jenseits der Grenze nur bespötteln, zugleich aber jene Bedingungen schaffen, die in jedem Fall, auch bei Normalbetrieb, Langzeitwirkungen jenseits der Grenze auslösen wie im Fall Cattenom, wo die Franzosen mehr Radioaktivität an die Mosel abgeben als sie nach deutschem Recht dürften, dann ist auch das deutsch-französische Verhältnis gefährdet. Verantwortung jedenfalls kann kein französischer Politiker übernehmen für das, was nach einem französischen GAU im Saarland, in Rheinland-Pfalz, in Trier oder in Luxemburg an Strahlung auftritt. Welcher Krebspatient des Jahres 1996 wird seine Arztrechnungen an den Reaktorbetreiber in Tschernobyl schicken, welche Familie ihren Regreßanspruch nach dem Tod eines der Ernährer.

2. Propaganda oder Information

Und wenn es nicht Tschernobyl, sondern Stade an der Elbe gewesen wäre? Umfassendes Informieren der Bevölkerung? Evakuierung von hunderttausend Menschen in wenigen Stunden oder Tagen? Im Deutschen Fernsehen präzise Beschreibung des genauen Ablaufs durch die Bundesregierung? Gewiß, Dutzende von Journalisten hätten sich in respektvoller Entfernung an den Unfallort herangetraut, hätten Informationen, die vor Ort zu sammeln gewesen wären, veröffentlicht. Das große Rätselraten darüber, was denn nun wirklich in «Stade» passiert sei, hätte uns ähnlich bedrückt wie unsere unzureichende Tschernobyl-Analytik. Medien und Kernkraft sind eine unheimliche und schwierige Ehe eingegangen. Als passiver Zuschauer hatten wir Tag um Tag das einzige Bild in den Nachrichten gesehen, schon bei Harrisburg: das Bild des stummen beschädigten Reaktors, in dessen Innern Vorgänge abliefen, die wir Laien kaum begreifen.

Im Grunde hilft die prinzipielle Überlegenheit des westlichen Mediensystems beim Umgang mit Katastrophen dieser Art nicht viel. Wo verläuft die Grenzlinie zwischen panikartiger Massenflucht wegen rascher Information (West) und ahnungslosem Weiterleben wie bisher bei verhinderten Informationen (Ost)?

Es geht weniger darum, die Medien-Reaktion während des Unfalls stolz zu vergleichen. Es geht um die Berichterstattung beim Aufbau der Kernenergie und um die öffentliche Diskussion nach dem GAU. Werden die Demonstranten als unverbesserliche Störenfriede ausgelacht oder werden sie als unverzichtbare Korrektoren und auch als Kritiker der Energiepolitiker, ja, als Gegner der Nuklearindustrie akzeptiert? Blasen die Medien in das Horn: «Bei uns kann das nicht passieren!» Oder heißt es: «Auch bei uns könnte es passieren!» Nutzen die Medien Tschernobyl zu neuem, schärferem Blick auf die eigene Nuklearindustrie oder zum alten Propagandablick: kommunistische Reaktoren sind den westlichen unterlegen? In dieser Schlinge hatte sich auch die Bundesregierung Anfang Mai 1986 verfangen – wo sie nach Osten schimpfte, wollte sie nach Westen loben. Das haben ihr die Bürger nicht abgenommen, jetzt scheint der schwierige Rückzug aus der Kernenergie erneut möglich.

3. Die Grenzwertegemeinschaft

Auch nach einer Verabschiedung aus der tödlichen Atomepisode würden wir bedeutende Mengen zusätzlicher künstlicher Radioaktivität auf dieser Erde für die nächsten Jahrtausende haben. Auch diese kurze Periode von 40 Jahren (noch kein Menschenalter!) hinterläßt eine Erbschaft von Thorium 230 (Halbwertszeit 80000 Jahre), von Radium 226 (Halbwertszeit 1600 Jahre), von Plutonium 239 (Halbwertszeit 25000 Jahre), C 14 (Halbwertszeit 5736 Jahre) und Jod 129 (Halbwertszeit 16 Mio. Jahre).

Von dieser stetig zunehmenden Belastung der Atmosphäre und des Lebens auf der Erde haben die Atomkraftgegner in den 70er Jahren gesprochen, deswegen sind sie oft wie Feinde behandelt worden. Kernenergie, ob friedlich, ob militärisch, ist die Kriegserklärung an die Zukunft, bei der der Adressat stumm bleiben muß. Durchgebrannt ist nicht nur der Reaktor, durchgebrannt ist auch unser psychisches System der Verdrängung und Verleugnung der Strahlengefahr.

Bürgerveranstaltungen, kurz nach Tschernobyl, haben (wohl zum erstenmal) nicht nur das physikalische, sondern auch das psychische Problem der atomaren Strahlung spürbar werden lassen. Als die Bundesregierung die Bürger aufforderte, wieder zum «normalen Leben» zurückzukehren, wußte sie, was sie tat. Zum «normalen Leben» gehört eine große Portion Unbedenklichkeit. Wenn alles bedenklich wird, der Salat für das Abendessen, die Milch für die Kinder, der Rasen für die Erholungsuchenden, der Regen für die Spaziergänger, dann leben wir in einer verkehrten Welt. Die Werte unseres täglichen Lebens: frische Luft, reines Wasser, frisches Grün, eigenes Blattgemüse aus dem Garten, gesunde Milch, lange Spaziergänge, werden durch die Grenzwerte in ihr Gegenteil verkehrt. Das von Grenzwerten eingezingelte Leben muß tendenziell Grundwerte aufheben. Das ist in der Umwelt- und Lebensdiskussion der letzten zehn Jahre nichts

Neues. Die abgeblockt erscheinende Zukunft, der in Meßgeräte eingefräste Mensch, die Verwandlung der Welt in eine Intensivstation, all das wurde von den Bürgerinitiativen angesprochen. Aber die unheimliche Situation tatsächlicher Strahlung im Gemüse beim Kaufmann nebenan ist eine neue Erfahrung. Die schlagartige Veränderung am Eßtisch, all das hat Strahlung (für Millionen Bürger zum erstenmal) erfahrbar gemacht. Was nicht mit den Sinnesorganen wahrgenommen werden kann, was nicht riecht und was nicht schmeckt, war irreal, nun plötzlich, an schönsten Frühlingstagen, gab es in den Nachrichten Natur- und Verzehrverbot.

Berechnen lassen sich die Tschernobyl-Krebstoten der nächsten zwanzig Jahre, benennen lassen sie sich nicht. Die nicht erfahrbare Statistik wird zum Meßpegel von Politik.

4. Der blinde Fleck

Die Sowjetführung war weder organisatorisch noch psychologisch auf den Unfall und die Gefährlichkeit der Strahlung vorbereitet. Im Interview, das der Chef der sowjetischen Presseagentur Nowosti, Falin, dem *Spiegel* gegeben hat, wird deutlich: Die sowjetische Führung hatte diesen eingebauten blinden Fleck ebenso wie das Atommanagement im Westen. Atomunfälle, Verstrahlung von Tausenden von Menschen kann es in Wahrheit nicht geben. Die Unbedenklichkeit, die tägliche lebensnahe Nachlässigkeit aller Bürger im Umgang mit dem Phänomen der Strahlungsgefahren hat auch die sowjetischen Politiker über Jahrzehnte gekennzeichnet. Dieser blinde Fleck unterscheidet sich von jenem unseres atomindustriellen Komplexes nur graduell.

Nicht die Verantwortung der Ingenieure, die öffentliche Diskussion hat dem Nuklearkomplex Sicherheitsstandards abgetrotzt, die viele bis Tschernobyl für übertrieben hielten. Berstschutz, um den ja erst prozessiert werden mußte, schien den Atommanagern eine gigantische Absurdität. Überzeugt, daß ein GAU (außer in den Köpfen von Demonstranten und Sicherheitsfanatikern) wirklich passieren könnte, waren sie nie; überzeugt, daß die Wahrscheinlichkeitsberechnungen stimmten, die stets von einem «Restrisiko» sprachen.

Die skandalöse Unbedenklichkeit, mit der in den vierziger Jahren mit Röntgenstrahlen und später mit den Strahlen aus Atomtests umgegangen wurde, läßt sich nur erklären mit der mangelnden Kenntnis über zwei wesentliche Phänomene, die erst später voll erforscht wurden: dem *Ferntransport* von Schadstoffen und Strahlung und der *Anreicherung* von Schadstoffen und Strahlung in lebenden Organismen, inzwischen in Blättern, in Milchprodukten, in bestimmten Organen der Säugetiere, also auch des Menschen. Ferntransport und Anreicherung sprengen daher auch alle Beschwichtigungsversuche, mit denen zornige Bürger wieder zum Schweigen gebracht werden sollen.

Das Ökosystem Erde reagiert empfindlich auf die Zunahme von Radioaktivität. Das Ökosystem Erde kümmert sich nicht um Grenzen von Staaten und Kontinenten. Auch die «westliche Wertegemeinschaft» hat die Atomkraft nicht besser im Griff als die Sowjets. Noch sind wir keine Grenzwertegemeinschaft.

Bei der Diskussion um die Folgen von Tschernobyl hat sich Frankreich als Insel der Unberührten zu erkennen gegeben. Keine nationalen Messungen, vielmehr Schweigen der Regierung zu der Strahlenwolke, die Frankreich anscheinend gänzlich umflogen hat.

Die Bundesrepublik Deutschland kann technisch, energiepolitisch und wirtschaftspolitisch den Ausstieg aus der Atomenergie wagen. Damit bleiben die wichtigsten Fragen der internationalen Verantwortung offen. Aber erst der Rückzug, den einer der größten Industriestaaten der Welt, die Bundesrepublik Deutschland, organisiert, würde zum Nachdenken und zum Nachmachen bei unseren Nachbarn führen, die bislang noch auf die Kernkraft bauen.

5. Ausstieg

Aussteigen aus der Kernenergie? Sofort abschalten? Vielen Bürgern wird bei dieser richtigen Forderung zum erstenmal erschreckend bewußt, wie vieler der notwendigen Kontrollinstrumente sich die Landes- und Bundesregierungen begeben haben. Zur Zeit haben nicht alle Landesregierungen die Macht, sofort abzuschalten. Der erste Schritt also muß sein, die Politik instand zu setzen, die Ausstiegsentscheidungen auch wirklich treffen zu können. Dazu bedarf es eines sehr konkreten Ausstiegsplans. Was kostet der Ausstieg, wenn privat organisierte Unternehmen Ersatzansprüche an den Staat stellen? Wie lange dauern ökologisch vertretbare und umweltrechtlich unangreifbare Neuplanungen von Kohlekraftwerken? Welche Fernwärmewerke können in welcher Zeit in wärmekraftgekoppelte Anlagen umgewandelt werden? Welche gesetzlichen Schritte sind notwendig, um den Bürgermeisterkampf gegen private Sonnenenergieanlagen zu beenden?

Dutzende von Fragen müssen gestellt werden. Der Ausstieg wird eine verwickelte, komplizierte und teure Angelegenheit. Je später er eingeleitet wird, um so verwickelter und teurer wird er. Der jetzt ernsthaft begonnene Ausstieg aus der Kernenergie ist der billigste. Auf ökologisch untragbare Dreckschleudern darf nicht zurückgegriffen werden. Wer in dieser Situation die technischen Durchführungsschwierigkeiten anführt, um sich aus dem Ausstiegszwang herauszumogeln, wird scheitern. Wenn die Bunderepublik Deutschland nach einem Jahrzehnt wirklich keine Atomanlagen, auch keine Brennstäbefabriken mehr betreibt, dann wird der drittstärkste Industriestaat der Welt einen dramatischen technologischen Sprung nach vorn geleistet haben: der Sieg der sanften Technik über die Todestechnik. Von Brunsbüttel bis Wyhl: die Bundesrepublik als kernkraftfreie Zone.

Der «Unfall»

aktualisiertes Plakat (der Bundesminister für Arbeit und Sozialordnung informiert . . .!) **(Foto: Paul Langrock)**

Der «größte anzunehmende Unfall» (GAU) *

Bei Druckwasserreaktoren gilt heute als der «größte anzunehmende Unfall» (GAU) ein plötzlicher Bruch der primären Kühlleitung. In einigen Sekunden ist das gesamte Primärwasser verdampft, und die Brennstäbe heizen sich von 350 auf über 1000 Grad auf. Um ein Schmelzen zu verhindern, muß sofort Reservewasser in das Druckgefäß nachgepumpt und der Reaktor abgeschaltet werden. Trotz Schnellabschaltung und laufender Notkühlung bleiben die Brennelemente «heiß»; die Nachzerfallswärme klingt zunächst rasch, nach einer Stunde aber nur mehr sehr langsam ab. Wenn dann etwas schiefgeht, zum Beispiel ein Ventil hängenbleibt, tritt ein schwerwiegenderer Unfall ein, der Super-GAU. Die Brennstäbe schmelzen möglicherweise durch das Druckgefäß und den Sicherheitsbehälter. Heiße, radioaktive Gase entweichen in die Luft und werden vom Wind erfaßt. Wie nun diese Stoffe auf dem Boden abgelagert werden, wird durch die jeweilige Windgeschwindigkeit, den Niederschlag und den Auftrieb des Gases bestimmt. Ein Teil wird langfristig in der Atmosphäre bleiben und sich nach und nach weltweit ausbreiten. Wenn selbst sehr kleine zusätzliche Strahlendosen genetische und medizinische Folgen haben, werden die Auswirkungen katastrophal sein. Hunderte von Kilometern vom Unfallort entfernt werden die Krebsfälle zunehmen. So wäre zum Beispiel die Bevölkerung Stockholms durch einen hypothetischen Reaktorgroßunfall an der Südspitze Norwegens betroffen. Oder: Die Bevölkerung Kopenhagens wäre bei einer bestimmten Windrichtung im meistgefährdeten Ausbreitungsbereich eines Unfalls im schwedischen Barsebäck-Reaktor. Noch weiterreichende Folgen würde der Großunfall in einer Wiederaufbereitungsanlage (wie der in Gorleben geplanten) haben.

Das Schlimmste an diesen Großunfällen ist die große Zahl der Menschen, die an Krebs sterben werden, die vielen erblichen Geburtsschäden und die riesigen Landflächen, die unbewohnbar werden. Ein Tod durch Strahlenkrebs ist von dem Krebs, der durch andere Erreger herbeigeführt wurde, nicht zu unterscheiden. Darum kann man nicht sagen, wer genau an dem Krebs gestorben ist, der durch einen Unfall zustande gekommen ist. Man kann nur feststellen, daß einige Jahre nach dem Unfall die Krebshäufigkeit ansteigt. Doch kann man vorhersagen, welche Krebsarten zu verschiedenen Zeiten nach dem Unfall vorherrschen und so einen «Fingerabdruck» der Unfallfolgen erhalten.

Im Jahre 1978 hat die Kommission für nukleare Sicherheit der norwegischen Regierung in Anlehnung an den Rasmussen-Bericht die Folgen verschiedener Unfälle berechnet.** Im schlimmsten Fall war das Ergebnis: 7800 Spätsterbefälle, 4000 Genenschäden in zukünftigen Generationen und eine

* Auszug aus: Paul Hofseth, «Sicherheit und Gefahren», in: *Zeit zum Umdenken! Kritik an v. Weizsäckers Atom-Thesen*, hg. v. S. de Witt und H. Hatzfeld, Reinbek 1979

** *Kjernekraft og Sikkerhet*. N. O. U. Nr. 35. Universitet Forlagets, Oslo 1978 (Bericht der Royal Commission on Nuclear Safety)

Landfläche von 8000 Quadratkilometer, die mehr als zehn Jahre lang evakuiert werden müßte. Dabei wären die betroffenen Landflächen noch erheblich größer, wenn Strahlenschutzverordnungen angewandt werden, wie sie normalerweise gültig sind. Eine vergleichbare Studie für Schweden hat ähnliche Resultate ergeben.

Der Rasmussen-Bericht

Der Rasmussen-Bericht ist die bisher umfassendste Untersuchung der Eintrittswahrscheinlichkeit von Unfällen, möglichen Unfallabläufen und deren Auswirkungen. Folgende Fragen sind Gegenstand der Risikoabschätzung:

a) Was ist die mathematische Wahrscheinlichkeit, daß der Reaktorkern schmilzt?
b) Wenn das geschieht, was ist die Wahrscheinlichkeit, daß bestimmte radioaktive Materialien freigesetzt werden?
c) Wenn diese freigesetzt werden, wie werden sie sich verteilen?
d) Wie viele Menschen werden Strahlungen ausgesetzt, für wie lange und mit welcher Intensität?
e) Welche Gegenmaßnahmen gibt es, und wie wirksam sind sie?
f) Was sind die gesundheitlichen Auswirkungen?
g) Wie läßt sich das Risiko bewerten?

So kommt die Rasmussen-Studie zum Beispiel zu dem Ergebnis, daß die Eintrittswahrscheinlichkeit je Atomkraftwerk und Jahr 1:17000 für das Schmelzen des Reaktorkerns ist, 1:170000 für Kernschmelzen mit nachweisbaren Gesundheitsschäden und 1:100000000 für einen schweren Reaktorunfall mit tausend Toten.

Die allgemeinen Umweltauswirkungen werden von diesen Studien nicht berechnet, da sie so gut wie unbekannt sind und für gering gehalten werden. Der Versuch, Landgebiete zu dekontaminieren – indem die oberste Erdschicht abgekratzt, Bäume und Pflanzen entfernt und in Mülldeponien abgelagert werden –, würde allerdings die örtliche Ökologie durcheinanderbringen. Je nach Windverhältnissen und Niederschlag wird die Dekontaminierung zwar nur in relativ schmalen Zonen von zehn bis Hunderten von Kilometern Länge, die sich vom Unfallort auswärts erstrecken, notwendig sein. Die Erfahrungen auf den Bikini-Inseln zeigen aber, daß dieser Versuch bisher nur in nächster Nähe vom Unfallort Aussicht auf Erfolg hat.

Lutz Mez

Der Super-GAU im Atomkraftwerk Tschernobyl

Eine Chronik der Nachrichten, Informationen und Spekulationen

Montag, 28.4.1986:
Die Nachrichtenagentur AFP meldet gegen 16.00 Uhr, daß in der Umgebung des südschwedischen AKW Barsebäck erhöhte Radioaktivität festgestellt wurde. Ein Arbeiter löste beim Betreten des Kernkraftwerkes die Monitoranzeige aus.

Das AKW Forsmark, nördlich von Stockholm, wird geräumt, nachdem außerhalb der Anlage in einem Umkreis von vier Kilometern radioaktive Strahlung gemessen worden war.

Um 19.00 Uhr verliest der Nachrichtensprecher des SFB die Meldung, daß in Schweden und in Dänemark enorm hohe Radioaktivität in der Luft gemessen wurde. Die Gesamtaktivität sei auf das 15fache des Normalwerts angestiegen. Auf Grund der Untersuchungen schwedischer Experten stamme die Radioaktivität mit Sicherheit aus einem Unfall in einem sowjetischen Kernkraftwerk.

In derselben Nachrichtensendung wird die Antwort des zuständigen Beamten des sowjetischen Energieministeriums zitiert: Seiner Dienststelle sei von einem Unfall in einem Kernkraftwerk nichts bekannt.

Um 21.08 Uhr Moskauer Ortszeit (20.08 MESZ) schickt die amtliche Nachrichtenagentur TASS die erste sowjetische Information über den Ticker: «Eine Havarie hat sich im Kernkraftwerk Tschernobyl in der Ukraine ereignet. Ein Reaktor ist beschädigt. Zur Zeit werden Maßnahmen zur Beseitigung der Folgen der Havarie ergriffen. Den Betroffenen wird Hilfe erwiesen. Eine Regierungskommission wurde eingesetzt.» Dieser Text wird 20 Minuten später in der Fernsehnachrichten-Sendung *Wremja* verlesen.

Um 21.47 Uhr Moskauer Zeit tickert TASS weitere Informationen:

«Zur Havarie in einem Kernkraftwerk.» Allerdings geht es um die AKW-Unfälle, die in der Vergangenheit in anderen Staaten – vor allem in den USA – registriert worden sind. In 25 Zeilen wird minuziös aufgezählt, was dort alles passiert ist, der «ersten Havarie in der Sowjetunion» werden dagegen nur fünf Telexzeilen gewidmet.

Dienstag, 29.4.1986:
Das Zentralorgan der KPdSU, *Prawda* (zu deutsch: Wahrheit) erscheint ohne die TASS-Meldung. Die am Nachmittag erscheinende *Iswestija* druckt sie unkommentiert auf Seite 1.

Das *Echo am Morgen* des SFB interviewt den Bremer Atomphysiker Jens Scheer zum Sicherheitsstandard sowjetischer Kernkraftwerke. Scheer hält das sowjetische Atomprogramm an sich für abenteuerlich, «weil dort auf Sicherheitsvorkehrungen noch weniger Wert gelegt wird als bei uns». Außerdem sei «dieser Reaktortyp bei Kühlmittelverlust instabil», so daß sich eine atomare Reaktion aufschaukeln kann und eine atomare Kettenreaktion «unkontrolliert und ganz massiv freigesetzt würde». Außerdem behauptet Scheer: «Das Atomkraftwerk in Tschernobyl produziert hauptsächlich Plutonium für militärische Zwecke.»

Der amerikanische Kommunikationssatellit «Landsat» fotografiert am Morgen das Atomkraftwerk. Das Foto zeigt eine Rauchsäule und die Gebäude am Atomkraftwerk. Infrarotaufnahmen zeigen zwei kräftige Wärmequellen von zwei Reaktoren.

Nach Angaben der Nachrichtenagentur AP haben Mitglieder der sowjetischen Botschaft in Bonn, London und Stockholm um technische Hilfe von Nuklear-Experten gebeten. Aus der Fragestellung wird geschlossen, daß offenbar eine Kernschmelze im Reaktor vorliegt.

Die US-Nachrichtenagentur UPI will aus der Bevölkerung erfahren haben, das Krankenhaus «Oktober» in Kiew sei mit verstrahlten Patienten überfüllt und bisher gäbe es über 2000 Atom-Tote.

Das polnische Fernsehen warnt Kinder und schwangere Frauen, die Milch von Kühen zu trinken, falls diese radioaktiv verseuchtes Gras gefressen haben.

Das ARD-Magazin *Monitor* bringt eine Sondersendung über Tschernobyl, in der Forschungsminister Riesenhuber feststellt, daß der deutschen Bevölkerung keine Gefahr drohe und daß in bundesdeutschen Reaktoren wegen besserer Sicherheitsvorkehrungen ein solcher Unfall nicht geschehen könne. Ein derartiger Reaktor sei in der BRD «nicht genehmigungsfähig».

Nach Einschätzung westlicher Experten sei der außer Kontrolle geratene Reaktor ein «gefährliches Fossil». Es sei ein ziemlich alter, weltweit sonst nicht gebräuchlicher Typ. Seine Sicherheitsvorkehrungen seien mit denen westlicher Anlagen nicht zu vergleichen, und wenn sie versagten, fordere sein Bauprinzip Katastrophen geradezu heraus.

Im englischsprachigen Dienst von Radio Moskau heißt es: «Es war die erste Katastrophe ‹desaster› in einem sowjetischen Atomkraftwerk.»

Die Sowjetbürger erfahren in den 21-Uhr-Fernsehnachrichten, daß in Tschernobyl ein Teil des Reaktorgebäudes zerstört und der vierte Block beschädigt worden sei. Das habe «zum Entweichen einer gewissen Menge radioaktiver Stoffe» geführt. Die Strahlungssituation sei stabilisiert, die Siedlung am Atomkraftwerk und drei weitere Ortschaften inzwischen evakuiert. Bei der Havarie seien zwei Menschen ums Leben gekommen.

Mittwoch, 30. 4. 1986:
Der TASS-Text wird in den sowjetischen Zeitungen gedruckt. Berichte eigener Korrespondenten erscheinen nicht.

In Stockholm werden die Satellitenfotos vom Vortag analysiert. Eine schwedische Spezialfirma kommentiert: «Unter einem bläulichen Rauchschleier sind zwei klare rote Flecken zu erkennen.» Das deute darauf hin, daß in dem Atomkraftwerk zwei Kernschmelzen ablaufen.

Der amerikanische Geheimdienst CIA verbreitet auf Grund der Bilder von militärischen Spionage-Satelliten und anderer Informationsquellen, daß in einem zweiten der vier Reaktoren erhebliche Probleme bestehen. Es sei denkbar, daß eine Kernschmelze bevorstehe. Über den Unfall-Ablauf wird vermutet, daß schon am Freitag, dem 25. 4. 1986, ein großes Problem in der Anlage entstanden sei. Vielleicht sei eine Evakuierung durchgeführt worden. Am Sonnabend, dem 26. 4. 1986, sei es dann zu einer Kernschmelze gekommen. Es könne sein, daß bei der Bekämpfung des Problems eine chemische Explosion ausgelöst worden sei, vermutlich mit Wasserstoffgas. Der CIA vermutet, daß die Explosion am Sonntag, dem 27. 4. 1986, stattgefunden habe. Durch die Kernschmelze sei Radioaktivität freigesetzt worden und im Reaktor sei ein Brand ausgebrochen, der noch andauere. Was den zweiten, angrenzenden Reaktor betreffe, so sei es möglich, daß dort ein ähnliches Problem entstanden sei. «Wir vermuten, daß sich eine Kernschmelze im zweiten Reaktor ereignet hat oder gerade ereignet.»

Experten der EG-Kommission stellen ein erstes Unfall-Szenario vor. Danach sind am Freitag, dem 25.4.1986, beim Brennelementwechsel die ersten Schwierigkeiten aufgetreten. In den graphitmoderierten sowjetischen RBMK-Reaktoren können die Brennelemente einzeln während des Betriebs ausgewechselt werden. Die mit leicht angereichertem Uran versehenen etwa 1600–1700 Brennelemente sind in einem gigantischen Graphitblock mit einem Durchmesser von 14 Metern und einer Höhe von 8 Metern in Arbeitsschächte eingelassen. Das Graphit bremst die Neutronen, die bei der Kernspaltung entstehen, und steuert – Fachjargon: «moderiert» – deswegen den Prozeß. In westlichen Reaktoren und auch in anderen sowjetischen Typen wird mit Wasser moderiert. Beim Brennstoffwechsel sei ein mechanischer Fehler aufgetreten, so daß brühendheißer Dampf aus dem Kühlwasserkreislauf entweichen konnte. Dieser Kühlmittelverlust hat die Temperatur in einem oder mehreren Brennstäben bzw. -elementen so erhöht, daß sie zu schmelzen begannen.

Der dänische Experte Frederik List von der Atomforschungsanlage Risö vertritt dagegen die Auffassung, daß der einleitende Kühlmittelverlust auf andere Weise erfolgte. Er vermutet, daß einer der vier Dampfabscheider geplatzt ist, durch die das Kühlwasser geleitet wird, um die Wärme an das Turbinensystem abzugeben. Die Dampfabscheider sind 30 Meter lang, und während der Passage drückt der Dampf mit 70 bar auf die Wände dieser Komponente. Durch eine fehlerhafte Schweißnaht oder einen anderen Materialfehler kann der Dampfabscheider geplatzt sein. «Wenn ein kleinerer Rohrbruch erfolgt wäre, hätte das Notkühlsystem den Kern kühlen können. Aber der Kühlmittelverlust war offenbar so gewaltig, daß das Notkühlsystem versagte. Deswegen kann nur ein Dampfabscheider geplatzt sein.» Der Verlust an Kühlwasser habe dann zur Kernschmelze geführt.

Die UdSSR bestätigt offiziell, daß sich das Unglück bereits am 26. April ereignet hat. Das Außenministerium teilt mit, daß Kiew für in Moskau akkreditierte Auslandskorrespondenten aus «Gründen vorübergehender Natur» geschlossen worden ist.

Am Abend um 21.00 Uhr verbreitet TASS, daß 197 Personen stationär behandelt und davon 49 bereits wieder entlassen worden sind.

Dies wird wenig später auch in der Nachrichtensendung *Wremja* gemeldet. Anschließend erscheint der Kommentator Alexander Galkin auf dem Bildschirm: «Jetzt zeigen wir Ihnen eine Fotografie, die von einem Mitarbeiter des Tschernobyl-Atomkraftwerkes kurz nach dem Unfall aufgenommen wurde. Wie Sie sich selbst überzeugen können, gab es keine gigantischen Zerstörungen oder Brände, wie einige westliche Agenturen schreiben. Und auch nicht Tausende Tote.

Allerdings wurden aus den umliegenden Ortschaften Menschen evakuiert. Obwohl die Strahlung nachgelassen hat, ist aber im Gebiet des Kraftwerks noch nicht die Norm erreicht. Wir werden Sie weiter über den Stand der Dinge im Kraftwerk und über den Verlauf der Arbeiten zur Bekämpfung der Unfallfolgen informieren.»

Es folgt ein ausführlicher TASS-Bericht über die Behandlung von radioaktivem Müll in der UdSSR – über die Katastrophe in Tschernobyl kein Wort.

Die letzte Meldung vor Mitternacht informiert die Sowjetbürger über die diversen Unfälle mit spaltbarem Material in der britischen Wiederaufbereitungsanlage Windscale – die wegen der mit diesem Namen verbundenen negativen Erinnerungen jetzt Sellafield heißt.

Donnerstag, 1.5.1986:
Um 15.41 Uhr – drei Stunden nach Abschluß der Maifeier auf dem Roten Platz – veröffentlicht TASS eine Information des Ministerrates: der Strahlenpegel um das Kernkraftwerk Tschernobyl habe sich um 30 bis 50 Prozent verringert. Und: «Der Gesundheitszustand von 18 Personen ist kritisch.»

Diese Nachricht wird auch gegen Ende der *Wremja* verlesen, in der fast eine Stunde lang die Demonstrationen zum 1. Mai gezeigt werden. Im Gebiet um Kiew, nicht weit von Tschernobyl, war demonstrativ gefilmt worden.

Ein ARD-Hörfunkkorrespondent berichtet aus Moskau, im Tschernobyler Reaktor habe es einen plötzlichen Stromabfall gegeben, wodurch wichtige Aggregate außer Betrieb gesetzt worden seien.

Freitag, 2.5.1986:
Die *Prawda* unterrichtet ihre Leser auf Seite 2 vom kritischen Zustand der 18 Verletzten von Tschernobyl. Neuigkeiten vom Unglücksort erfährt man nicht.

Um 21.00 Uhr landet die *Wremja* den publizistischen Gegenschlag. Auf dem Moskauer Flughafen Scheremetjevo filmt das staatliche Fernsehen britische Staatsbürger, die auf Anordnung ihrer Botschaft Kiew verlassen mußten. Die Befragten sind mit ihrer erzwungenen Abreise nicht einverstanden: «Ich glaube, daß der Unfall von der westlichen Presse für verwerfliche Ziele benutzt wird. Das ist alles sehr schnell in politische Propaganda übergegangen. Wir sind traurig und es ist uns vor den sowjetischen Freunden peinlich.» Und: «Man hat gemeldet, daß etwa 2000 Menschen umgekommen seien – 2000 und nicht zwei, wie es in Wirklichkeit war.»

Die Londoner *Financial Times* berichtet, die UdSSR habe 20

Atomreaktoren vom Typ Tschernobyl außer Betrieb gesetzt. Diese Meldung wird seitens der UdSSR weder dementiert noch bestätigt.

Auf Konten der sowjetischen Regierung reist ein amerikanischer Experte für Knochenmarksverpflanzungen nach Moskau. Die US-Botschaft in Moskau teilt mit, daß einer amerikanischen Strahlenmeßgruppe die Einreise erlaubt wurde.

Sonnabend, 3.5.1986:
Französische Atomexperten des Atomenergiekommissariats CEA und der staatlichen Elektrizitätsgesellschaft EdF rekonstruieren den mutmaßlichen Hergang des Unfalls auf Grund der Informationen aus der UdSSR, der Satellitenfotos, der in Westeuropa genommenen Luftproben und der bekannten technischen Daten des Reaktors. Das Unglück hat demnach am Freitag, dem 25.4.1986, mit dem Auftreten eines Lecks im Primärkreislauf für das Reaktorkühlwasser begonnen. Nach Ansicht des Leiters des Instituts für Sicherheit in der Atomenergie (IPSN), François Cogne, sind nach dem Entstehen des Lecks die zugehörigen Turbinen und die Turbo-Pumpen ausgefallen. Die Folge sei eine Erhitzung der Brennstäbe mit 200 Tonnen leicht angereichertem Uran und das Verdampfen des Wassers in den Rohren gewesen, die den Graphitmantel des Reaktorkerns durchqueren. Danach habe es vermutlich eine gefährliche chemische Reaktion gegeben, bei der Wasserstoff freigesetzt worden sei. Am darauffolgenden Sonnabend, dem 26.4.1986, ist dann nach Ansicht der französischen Experten offenbar eine teilweise Schmelze des erhitzten Reaktorkerns mit ersten bedeutenden radioaktiven Ausstößen eingetreten. Unter der Hitzeeinwirkung sei die Abdeckung durchlässig geworden, die den Reaktorkern innerhalb des Reaktorgebäudes abschirmt. Über die leeren Wasserrohre zugeführte Luft habe das rund 1400 Grad heiße Graphit zur Selbstentzündung gebracht. Das Feuer erhitzte sich weiter auf über 2000 Grad. Gewaltige Mengen Wasser, mit denen vermutlich dann am Sonntag, dem 27.4.1986, versucht wurde, den Brand zu löschen, haben offenbar eine starke Explosion ausgelöst. Erst dabei seien Menschen getötet und verletzt worden und die auf den Satellitenfotos erkennbaren äußerlichen Beschädigungen des Reaktors entstanden. Zu diesem Zeitpunkt seien vermutlich auch die ersten radioaktiven Teile des Reaktors an die Außenwelt gelangt.

Nach dem französischen Szenario hätte die Kraftwerksleitung Zeit genug gehabt, die über 3000 Menschen auf dem mit vier arbeitenden und zwei im Bau befindlichen Reaktoren bestückten Gelände rechtzeitig in Sicherheit zu bringen. Die Opfer waren vermutlich unter der Feuerwehr und unter den rund 500 Personen der Reaktormannschaft.

Um 14.00 Uhr verlautet aus der TASS-Zentrale, daß Ministerpräsident Ryschkow und ZK-Sekretär Ligatschow am 1. Mai das Gebiet Tschernobyl besucht haben. In der *Wremja* wird um 21.15 Uhr verkündet, daß sich die beiden Mitglieder des Politbüros über die Lage informiert hätten. Die Arbeiten zur Beseitigung der Havarie verliefen organisiert. Zur Beschleunigung seien zusätzliche Maßnahmen beschlossen worden. Keine Fakten für das Volk und die restliche Welt.

Die Nachrichtenagentur TASS beschuldigt in einem Kommentar den Westen und vor allem die USA, das Reaktorunglück als «Sensation auszuschlachten».

Sonntag, 4. 5. 1986:
Am Rande des Parteitages der DKP in Hamburg berichtet der Erste Sekretär des Moskauer Stadtkomitees der KPdSU, Boris Jelzin, die Lage um Tschernobyl habe sich normalisiert. In einem Gespräch mit der Nachrichtenagentur AP sagt Jelzin, daß nach dem Unglück vom 26. April insgesamt 49000 Menschen evakuiert worden seien. Diese seien aus etwa vier Siedlungen aus einem Umkreis von 30 Kilometern um das Atomkraftwerk gekommen. «Vor zwei Tagen (also am 2. 5. 1986) hat die Strahlung noch 200 Röntgen pro Stunde betragen. Jetzt ist sie wesentlich niedriger – ungefähr bis 150 Röntgen.» Eine Gefahr für die Umgebung bestehe nicht mehr. Auf Fragen nach den Verletzten sagt Jelzin, daß nach Einschätzung von Medizinern 20 bis 25 Personen in einem kritischen Zustand seien, der aber nicht als lebensgefährlich bezeichnet werden könne. Nach letzten Angaben seien noch 154 Menschen in Krankenhäusern. Die Zahl der Toten beziffert Jelzin ebenso wie andere Moskauer Quellen mit zwei.

Auf die Frage, ob in der weiteren Umgebung die Ernte, die Milch oder das Wasser in Gefahr seien, meinte Jelzin, dies sei eine propagandistische Lärmkampagne, die ausschließlich politische Ziele verfolge. Diese Kampagne werde ausgerechnet in jenen Ländern geführt, deren Regierungen sich hartnäckig weigerten, an der Abschaffung der nuklearen Waffen und der Massenvernichtungsmittel mitzuwirken.

Die gefährliche Zone um das Atomkraftwerk habe nunmehr nur noch 20 statt 30 Kilometer Durchmesser. Darin seien die Viehbestände «liquidiert worden», und dort würden natürlich auch keine landwirtschaftlichen Arbeiten vorgenommen. In der übrigen

Ukraine außerhalb der 30-Kilometer-Zone würden aber sowohl Vieh geweidet, Trinkwasser, Milch, Gemüse und andere Lebensmittel konsumiert – ohne Restriktionen und Einschränkungen.

Jelzin unterstreicht, «daß es keine Kernexplosion war». Der Brand sei unterdessen vollkommen gelöscht. Hubschrauber werfen Säcke mit Sand und mit Blei ab, um «eine Art Schirm über die Havariestelle zu spannen».

Das zentrale sowjetische Fernsehen zeigt zum erstenmal einen Filmbericht aus Tschernobyl, der aus einem Hubschrauber aufgenommen wurde; Menschen sind nicht zu sehen.

Montag, 5.5.1986:
dpa verbreitet, daß Experten des Deutschen Atomforums als «Auslöser» des sowjetischen Reaktorunglücks ein Versagen des Nachwärme-Abfuhrsystems für wahrscheinlich halten. Dies könnte durch Brüche am primären Leitungssystem oder einen Ausfall der Energieversorgung eingetreten sein. Die deutschen Experten halten folgenden Ablauf für möglich: Über mehrere Stunden sei die Nachwärme-Abfuhr unterbrochen gewesen, danach eine Erhitzung der Druckröhren und des Graphits auf über 1000 Grad. Die Zufuhr von Wasser hätte die Bildung von Dampf zur Folge gehabt. Das Entstehen gefährlicher Mengen von Dampf und anderen Gasen, die sich beim Kontakt mit Reaktorgraphit bilden, könnte zu einem Überdruck geführt haben, der den Reaktortank zerstört und zu einer Explosion in der Reaktorhalle geführt habe.

Nach dem Zutritt von Luft in den Reaktortank kam es zu einem Graphitbrand, und die Freisetzung der gefährlichen radioaktiven Spaltprodukte erfolgte. Der Graphitbrand habe möglicherweise mehrere Tage gedauert, was eine großflächige Zerstörung des Reaktortanks zur Voraussetzung hatte. Die starke Freisetzung von Spaltprodukten weise auf große Brennelement-Schäden und die Zerstörung aller Barrieren hin.

Die *Los Angeles Times* berichtet unter der Überschrift «Soviet Official say Chernobyl was like a Nuclear Bomb», daß der Leiter des Instituts zur Erforschung der USA und Kanada im sowjetischen Außenministerium, Georgÿ A. Arbatow, am Sonntag gegenüber der britischen BBC geäußert habe, das Atomkraftwerk-Desaster von Tschernobyl könne mit der Explosion einer Atombombe in der Atmosphäre verglichen werden. «Es war wirklich ein schlimmer Unfall und Informationen hätten herausgegeben werden sollen und wurden dann ja auch gegeben.» Die Nachrichtensperre aus Moskau entschuldigt Arbatow mit technischen Verzögerungen. Der Generaldirektor der Internationalen Atomenergie-Organisation in Wien, Hans Blix, der an diesem Tag mit zwei Begleitern in Moskau eintraf, würde alle Informationen über den Unfall erhalten.

Am Abend gibt die sowjetische Regierung bekannt, daß sich die radioaktive Strahlung in der Ukraine und in Weißrußland – das zum erstenmal erwähnt wird – «mit einer Tendenz zum Besseren» stabilisiert.

Dienstag, 6. 5. 1986:
Die *Prawda* veröffentlicht eine Reportage ihrer Sonderkorrespondenten aus dem Unfallgebiet. Darin wird über den Hergang der Katastrophe sowie über die aktuelle Situation im Kraftwerk und seiner Umgebung informiert: «Die zweite Woche nach der Havarie ist angebrochen. Die Situation ist nach wie vor kompliziert», aber unter Kontrolle. Die radioaktive Strahlung habe abgenommen. Die Kraftwerkssiedlung, «in der noch vor wenigen Tagen 25 000 Energetiker und Bauleute, Chemiker und Binnenschiffer arbeiteten und lebten», sei verweist. Auf den Straßen tauche nur hin und wieder ein Spezialfahrzeug des Strahlenmeßdienstes auf. «Zuweilen dringt Motorenlärm in die Stille der Siedlung am Ufer des Pripjat: Die Schichtablösung wird zum Kernkraftwerk gebracht. Spezialisten kontrollieren die Reaktoren, die jetzt konserviert sind.»

Den Ablauf des Unfalls schildert die *Prawda* folgendermaßen: «Durch die Explosion war ein Teil des Reaktorgebäudes zerstört und ein Brand ausgelöst worden. Dies geschah nachts. Nach der Explosion fing das Dach des Maschinensaales Feuer. Die Feuerwehrleute bekämpften die Flammen in einer Höhe von 30 Metern. Ihre Stiefel blieben im Bitumen stecken, der infolge der hohen Temperaturen geschmolzen war. Ruß und Brandgeruch erschwerten das Atmen, doch die kühnen Männer bekämpften mutig den Brand. Experten sind der Ansicht, daß der selbstlose Einsatz der Feuerwehr das Ausmaß der Havarie erheblich begrenzt hat.

Trotzdem wurden radioaktive Stoffe emporgeschleudert, und danach begann im Inneren der Brand. In derartigen Fällen sind die Löscharbeiten außerordentlich schwierig, da weder Wasser noch chemische Stoffe eingesetzt werden können: wegen der hohen Temperaturen würden sie augenblicklich verdampfen und in die Atmosphäre entweichen. Es entstand eine komplizierte und außerordentlich schwierige Situation.

Zur Ehre der Tausenden von Menschen, die im Kernkraftwerk arbeiten und nahebei wohnen, sei gesagt: Es brach keine Panik aus, wenngleich es auch einzelne Panikmacher gegeben hat. Das Unglück schloß die Menschen so fest zusammen, daß sie die Ordnung rasch selbst wiederherstellten.»

Die Meldungen ausländischer Agenturen über den Tod Tausender Menschen, von einer Kernexplosion und der massenhaften Bestrahlung des gesamten europäischen Teils der UdSSR kritisiert die *Prawda* als Panikmache. Diese Meldungen seien vor Ort «gelinde gesagt, mit Verwunderung aufgenommen» worden.

Am frühen Morgen des 26. 4. 1986 las die Chefin der Wetterstation von Tschernobyl selbst die Meßdaten für die Dreistundenwerte ab. Einer der Apparate verzeichnete einen Anstieg der Radioaktivität. Frau Fjodorowna schickte die Beobachtungsdaten an das Hydrometeorologische Zentrum der Republik und dachte sich, daß etwas Schlimmes im Atomkraftwerk passiert sein mußte.

Der *Prawda*-Bericht behauptet, daß zu dieser Zeit in der Siedlung des KKW Tschernobyl die Evakuierung schon begonnen habe. «Die Evakuierung verlief organisiert und zügig. Nur insgesamt vier Stunden benötigte man, um die Bevölkerung aus der Kraftwerkssiedlung herauszubringen. Die Menschen wurden in benachbarte Gebiete transportiert. Die Deputierten der Dorfsowjets verteilten die Leute auf Wohnungen. Den Kindern wurden ihre Schulen zugewiesen, die Evakuierten helfen den Einheimischen in der Wirtschaft.»

In Kiew habe man bereits am Sonnabend von dem Unglück in Tschernobyl erfahren. Viele kamen in die Betriebe, um ihre Hilfe anzubieten. «Kein Kiewer Kraftfahrer lehnte es ab, sich an der Evakuierung der Bevölkerung aus der Kraftwerkszone zu beteiligen, obwohl nur Freiwilligen die Fahrt dorthin vorgeschlagen wurde.»

Der *Prawda*-Bericht schließt mit dem Satz: «Trotz der ganzen Kompliziertheit der durch die Havarie im vierten Energieblock entstandenen Lage herrschte und herrscht in der Siedlung des Kernkraftwerks und in nahe gelegenen Dörfern die ganze Zeit über Ordnung.»

Am Rande einer DKP-Veranstaltung in Oldenburg erklärt das Mitglied des ZK der KPdSU, Vadim Sagladin, der Reaktor von Tschernobyl sei zum Zeitpunkt der Explosion wegen Reparaturarbeiten bereits mehrere Tage außer Betrieb gewesen. Außer Tschernobyl arbeiteten gegenwärtig alle sowjetischen AKWs weiter.

Auf einer Pressekonferenz in Moskau – die das 1. Fernsehprogramm der DDR um 21.50 Uhr als Sondersendung ausstrahlt – teilen am Nachmittag Vertreter der sowjetischen Regierung und der Untersuchungskommission Tschernobyl Einzelheiten über den Unfall mit: Dieser habe sich in der Nacht vom Freitag zum Sonnabend, am

26.4.1986 um 1.23 Uhr Ortszeit (0.23 Uhr MESZ) morgens ereignet, als der vierte Block des Atomkraftwerks mit einer Leistung von 200 MW gedrosselt fuhr und einer planmäßigen Wartung zugeführt wurde. Es starben zwei Menschen. Einer an Dampfverbrühungen, der andere durch herabstürzende Bauteile. 204 Personen wurden verletzt, davon erlitten 18 schwere nukleare Schäden. Bei dem Unfall, der zur teilweisen Zerstörung des aktiven Teils des Reaktors geführt habe, seien einige äußerst unwahrscheinliche Pannen eingetreten. «Die vorläufigen Untersuchungen lassen den Schluß zu, daß eine Explosion stattgefunden hat.» Es sei auch nicht auszuschließen, daß das Personal nicht richtig gehandelt habe. Die Kettenreaktion im vierten Reaktorblock sei sofort nach der Explosion gestoppt worden. Die Blöcke 1, 2 und 3 wurden in die Reserve gestellt. Im Zusammenhang mit einer Kettenreaktion gäbe es z. Z. keine Emissionen. Es fände nur eine Emission von radioaktiven Partikeln statt, die sich während der Arbeit des Reaktors vor dem Unfall angesammelt hätten. Als Schutz vor der Strahlung seien 4000 m^3 Schutzmaterial aus Sand, Bor und Blei zugeschüttet worden. Die höchste Strahlung sei am Sonntag, dem 27.4.1986, gemessen worden. Zur Zeit betrage die Strahlung 10 bis 15 Millirem. Gegenwärtig arbeiteten im Atomkraftwerk rund um die Uhr Schichten von 150 Mitarbeitern. Mit dem dritten Reaktorblock, der sich direkt neben dem zerstörten Reaktor befinde, gäbe es noch Probleme.

Der stellvertretende sowjetische Gesundheitsminister Worobjew sagte auf der Pressekonferenz, 204 Personen seien mit Strahlenschäden in Moskauer Krankenhäuser gebracht worden. 18 von ihnen seien in einem kritischen Zustand. Worobjew sprach von zwei Todesopfern.

Die Evakuierung aus dem Umkreis von 30 Kilometern um das Atomkraftwerk herum sei am Sonntag, dem 27.4.1986, in der Zeit zwischen 14.00 und 16.20 mit Autobussen erfolgt. Einige Arbeiter seien zunächst in der Kraftwerkssiedlung geblieben, aber nach Zunahme der Strahlendosis zwei Tage später ebenfalls evakuiert worden. In der Ukraine und den benachbarten Gebieten habe das Ausmaß der radioaktiven Strahlung nicht die vom sowjetischen Gesundheitsministerium gesetzten Grenzwerte überschritten.

Die Evakuierung sei planmäßig verlaufen. Die Folgen der Havarie und der Zustand des Reaktors seien jedoch von der Kraftwerksleitung nicht richtig eingeschätzt worden.

Zu den Lehren aus der Tschernobyl-Katastrophe sagte der stellvertretende Ministerpräsident, daß sich die Atomenergie auf der ganzen Welt weiterentwickeln werde. Das Atomenergieprogramm der Sowjetunion sei auf dem 27. Parteitag der KPdSU für das kommende Planungsjahrfünft festgeschrieben worden, daran werde man festhalten und den Bau von weiteren Kernkraftwerken wie geplant realisieren. Wörtlich sagte Schtscherbina: «Die Atomenergie ist nicht aufzuhalten. Daß ein Zufall in einem Reaktor eine solche Havarie hervorruft, werden wir in Zukunft verhindern.»

Der Autor dankt Lutz Lehmann für seinen Bericht «Moskau – die verheimlichte Katastrophe» im ARD-*Weltspiegel* vom 4.5.1986 und Harald Schumann von der *taz*, der weitere Agenturmeldungen und Informationen zur Verfügung stellte.

Explosion im Reaktorkern

Insgesamt 15 radioaktive Stoffe wie Jod, Strontium, Cäsium und Kobalt wurden von schwedischen, norwegischen und dänischen Meßstellen nach dem Unfall im russischen Atommeiler Tschernobyl in der Luft gemessen; die Gesamt-Radioaktivität lag zeitweise bis zum Zehnfachen über dem normalen Wert. Westliche Wissenschaftler sehen dies als Beweis dafür an, daß es in der UdSSR zu einem «Super-GAU» gekommen sein muß, zu dem «größten anzunehmenden Unfall», der vom Sicherheitssystem des Kraftwerks nicht mehr beherrscht werden kann.

Besonders der Nachweis von Cäsium und Kobalt deutet darauf hin, daß der Kern eines der vier Reaktoren in Tschernobyl nicht mehr intakt ist. So hohe Temperaturen wie sie zur Freisetzung von Cäsium (1000 Grad Celsius) oder Kobalt (2000 Grad) notwendig sind, können nur bei einer Kernschmelze entstehen. Die normale Betriebstemperatur liegt weit darunter, bei etwa 300 Grad.

Zu einem Super-GAU kann es nur kommen, wenn die in dem Reaktor durch Atomkernspaltung freigewordene Energie nicht mehr durch das Kühlmittel – im Fall Tschernobyl normales Wasser – abgeführt werden kann und auch Notkühlsysteme nicht funktionieren. Man nimmt an, daß sich der Unfall in dem – hierzulande als «Primitiv»-Reaktor bezeichneten – Meiler folgendermaßen abgespielt hat: Der Reaktorkern erhitzte sich nach dem Bruch einer Hauptkühlleitung so stark, daß der Reaktorbehälter (eine Kammer aus Beton, die mit Stahl gasdicht ausgekleidet ist) zerstört wurde. Luftsauerstoff, der durch den undichten Behälter eintreten konnte, reagierte mit dem heißen Graphit, das im Tschernobyl-Reaktor die Uran-Brennstäbe umgibt, und zwar explosionsartig. Die Explosionsgase rissen die radioaktiven Spaltprodukte aus dem Reaktorkern mit sich und schleuderten sie in die Atmosphäre. Diesen Unfallverlauf hatte der Bremer Atomphysiker und Atomkraftkritiker Jens Scheer 1982 in einer Studie bereits beschrieben und als wahrscheinlich vorausgesagt.

Der Reaktor in Tschernobyl war nach im Westen verfügbaren Informationen mit 180 Tonnen Uran beladen. Drei bis fünf Prozent davon können sich in radioaktive Spaltprodukte umsetzen. Da der Reaktor nach letzten Berichten immer noch brennt, ist eine Verschärfung der Situation nicht ausgeschlossen. Das Graphit kann nicht mit normalen Mitteln gelöscht werden, sondern nur bei völligem Luftabschluß. Solange der Brand nicht im Griff ist, gehen die Kettenreaktionen mit der Freisetzung von Radioaktivität weiter. Daß in dem weit entfernten Schweden ein zehnfaches Überschreiten der normalen Radioaktivität gemessen wurde, läßt die riesigen Dimensionen des Unfalls nur ahnen. Es ist unmöglich, daraus konkret auf die Situation in Tschernobyl «zurückzurechnen».

Über die direkten Auswirkungen auf die ukrainische Bevölkerung gibt es keine Informationen. Bundesdeutsche Studien aus der Vergangenheit besagen, daß es nach einem «Super-GAU» in einem Umkreis von 25 Kilometern «Soforttote» geben kann, gesundheitliche Schäden (sofortige, aber auch Krebs und Erbgutveränderungen) aber noch in weit größerer Entfernung. Der Strahlung sind die Menschen dreifach ausgesetzt: durch das Einatmen radioaktiver Partikel, durch die Strahlung der vorbeiziehenden Wolke und durch die Strahlung von «Aerosolteilchen», die auf Boden und Bewuchs niederrieseln. Letztere wirkt auch weiter, wenn die radioaktive Wolke weitergezogen ist.

«Tschernobyl» erinnert an Harrisburg. Obwohl die Sicherheitssysteme der US-Kraftwerke aufwendiger sind als die der sowjetischen und es sich bei dem Reaktor auf «Three Mile Island» um einen anderen Typ handelt, war es auch dort 1979 zu einem Kernschmelzunfall gekommen.

Ein Fünftel der Uranbrennstäbe brannte durch, weil die Ventile des Notkühlsystems nicht funktionierten. Obwohl die Temperatur drastisch anstieg und vom Reaktorkern, wie Jahre später festgestellt wurde, «nur noch ein Haufen Schutt» übrigblieb, konnte der Spaltprozeß wieder unter Kontrolle gebracht werden. Die radioaktiven Emissionen allerdings waren während des Unfalls überhöht.

Joachim Wille / Frankfurter Rundschau vom 30. April 1986

Im Kernkraftwerkskomplex von Tschernobyl bei Kiew hat sich am Wochenende ein schweres Unglück ereignet (29. 4. 1986).

Harald Schumann

Was geschah in Tschernobyl?

Versuch einer Rekonstruktion der wahrscheinlichen und möglichen Ereignisse*

Die Katastrophe kam schleichend – und über Nacht. Und sie geschah dort, wo niemand sie erwartet hatte: im Reaktorblock Nr. 4. Denn der war eigentlich gar nicht in Betrieb an jenem Freitag, dem 25. April 1986, den die Menschen so schnell nicht mehr vergessen werden. Statt Strom produzierte dieser jüngste, erst 1983 in Dienst genommene Reaktor der Atomzentrale am ukrainischen Flüßchen Pripjat, rund 30 Kilometer von der Kleinstadt Tschernobyl entfernt, in diesen Tagen eher Schwierigkeiten. Umfangreiche Wartungsarbeiten waren notwendig geworden. Im Reaktorkern, einem zehn Meter hohen Ungetüm aus Graphitziegeln, war der Neutronenfluß weitgehend gestoppt und mit ihm die Spaltung der Uranatome in den 1690 Druckröhren und den darin enthaltenen Brennelementen. Dafür sorgten alle oder zumindest ein großer Teil der rund 180 Absorberstäbe, die zwischen die Brennelemente gefahren worden waren. Sie «verschluckten» die beim Uranzerfall freiwerdenden Neutronen, die zur Aufrechterhaltung einer «Kettenreaktion», des «Zerschießens» wei-

* Dieser Artikel beruht zum allergrößten Teil auf Aussagen sowjetischer Parteifunktionäre und Regierungsmitglieder sowie sowjetischen Zeitungen und deren Wiedergabe durch die westlichen Medien, in erster Linie Nachrichtenagenturen. Zwangsläufig war so an manchen Stellen allenfalls eine Annäherung an die Wahrheit möglich, die Angaben bleiben manchmal unkonkret und unpräzise. Bei den notwendigen Interpretationen und Spekulationen habe ich versucht, diese als solche kenntlich zu machen. Bis zur Aufdeckung der ganzen Wahrheit über die Katastrophe werden wahrscheinlich noch Jahre oder Jahrzehnte vergehen. Bis dahin lastet auf den verantwortlichen sowjetischen Machthabern der Verdacht, daß alle genannten Vorwürfe stimmen, denn sie taten buchstäblich nichts, um sie zu entkräften.

terer Urankerne notwendig sind. Das Wasser in den Druckröhren aber mußte weiterfließen, denn auch ein «abgeschalteter» Reaktorkern bleibt heiß. Die Spaltprodukte des Urans zerfallen weiter und geben «Nachwärme» ab, die noch über Monate gekühlt werden muß. Doch in Block 4 versagte an diesem Tag die Kühlung. Die Stromversorgung fiel aus, wegen eines «Totalspannungsabfalls» streikten die vier Hauptkühlmittelpumpen.

Das war zunächst kein Grund zur Aufregung, kann doch normalerweise der Strom zum Pumpenantrieb auch aus dem Netz gewonnen werden. Aber die Umschaltung gelang nicht oder wurde fehlerhaft gesteuert. Blieb nur die Umstellung auf den Betrieb der Notstromaggregate. Aber auch das ging unerfindlicherweise daneben. Entweder die Aggregate sprangen nicht an oder der Strom erreichte die Kühlmittelpumpen nicht. Die Kraftwerksmannschaft, die den Fehler zu finden versuchte, wußte, daß nur noch wenige Stunden blieben, bis ernsthafte Schäden entstehen konnten. Aber die Stunden verstrichen, ohne daß der Fehler behoben werden konnte. Und während dieser Zeit stieg die Temperatur in den Druckröhren stetig an. Das Wasser, obwohl unter hohem Druck stehend, begann zu sieden. Als die Temperatur, im Normalbetrieb 284 °C, an manchen Stellen bei rund 700 °C angekommen war, begann die gefürchtete Zirkaloy-Wasser-Reaktion. Die Zirkon-Spezial-Legierung der Brennelement-Hüllen reagierte mit dem Sauerstoff des Wassers und setzte dabei hochexplosiven Wasserstoff frei. Angekommen bei 1000 °C schmolz das Uran in einzelnen Brennstäben. Zunächst im Innern, dann sich schnell ausbreitend in ganzen Elementen. Als schließlich auch einige Druckröhren schmolzen, strömte der überheiße Dampf in den Reaktorbehälter, dessen Betonwände und Abdeckplatten weder für extreme Temperaturen noch für einen so hohen Druck ausgelegt waren und deshalb undicht wurden. Inzwischen waren viele Stunden seit Ausfall der Kühlung vergangen, und der Samstag des 26. April war genau eine Stunde und 23 Minuten alt, als es geschah: Eine meterhohe Stichflamme jagte durch die 20 Meter hohe Reaktorhalle, und eine gigantische Druckwelle riß einen Teil des Daches weg. Zwei Kraftwerkarbeiter starben sofort, einer an heißem Dampf, der andere durch abstürzende Trümmerteile.

Unwissen auch in Moskau

So *könnte* begonnen haben, was erst drei Tage später der Moskauer TASS-Zentrale eine Fünf-Zeilen-Meldung wert war, im Westen aber alsbald als größte Reaktorkatastrophe der Geschichte gemeldet wurde. Bei Redaktionsschluß dieses Buches, zwei Wochen nach dem Freitag, an dem alles anfing, ist möglicherweise noch nichts beendet. Denn noch immer ist sie da, die Masse aus rotglühenden 190 Tonnen Uran, verschmolzen mit -zig Tonnen Metall, bereit, sich ihren Weg in die Erde zu bahnen.

Wohlgemerkt, es *könnte* so gewesen sein, muß aber nicht. Denn die offizielle Moskauer Geschichtsschreibung der Katastrophennacht von Tschernobyl beginnt erst mit der Explosion am frühen Morgen. Und das liegt nicht nur an landesüblicher «Geheimniskrämerei», denn sehr wahrscheinlich ist, daß auch die sowjetischen Experten über den wahren Hergang des Unglücks im dunkeln tappen. Und sicher nicht zufällig brachten sie selbst mindestens zwei verschiedene Versionen über die Unfallursache in Umlauf: Stromausfall habe die Kühlung lahmgelegt, hieß es aus amtlicher Quelle in Moskau noch am 1. Mai; bei planmäßigen Wartungsarbeiten sei ein Leck aufgetreten, verlautete am Rande der ersten internationalen Pressekonferenz der Untersuchungskommission am 6. Mai.

Ziemlich sicher scheint aber das vielleicht wichtigste Detail: Zum Zeitpunkt des «Unfalls» war die Kettenreaktion im Reaktorkern gestoppt, die Explosion war eine «chemische», wie in zahlreichen Kommuniqués betont wurde, keine «atomare»*. Daß der Unfall nicht im vollen Leistungsbetrieb geschah, ist möglicherweise auch die Ursache dafür, daß die Bedienungsmannschaft viel zu lange die Gefahr einer drohenden Katastrophe unterschätzte. Wahrscheinlich ist auch, daß diese Tatsache Hunderten, vielleicht Tausenden das Leben rettete.

* Unklar ist dabei nur, ob der Reaktor schon seit mehreren Tagen außer Betrieb (ZK-Mitglied Vadim Sagladin) oder, zumindest zum Teil, in Betrieb war. So hieß es vom Leiter der Untersuchungskommission Schtscherbina: «Während der Havarie ist der Reaktor auf dem Leistungsstand von 200 Megawatt gelaufen», unklar blieb ferner, ob 200 MW «thermisch» oder «elektrisch». Theoretisch wäre es wegen des Baukasten-Prinzips des Reaktors möglich gewesen, auch eine «Ecke» des Kerns in Betrieb zu halten und an anderer Stelle einen Brennelement-Wechsel oder andere Wartungsarbeiten vorzunehmen. Dagegen spricht allerdings die Aussage des Atomwissenschaftlers und Leiters der sowjetischen Akademie der Wissenschaften Iwan Jemeljanov vom 6. Mai: «Die Kettenreaktion wurde beim minimalen Leistungsstand von 200 Megawatt unterbrochen. In diesem Zustand befindet sich der Reaktor auch jetzt.» Diese Aussage deutet darauf hin, daß 200 thermische Megawatt gemeint sind, weil dies in etwa der Nachwärme des Reaktors entspricht.

Denn wäre der Reaktor bei voller Leistung gefahren und hätte auch eine «Schnellabschaltung» durch Einfahren der Steuerstäbe nicht mehr funktioniert, wäre der Kern zum Zeitpunkt der Explosion schon weitgehend geschmolzen gewesen. In der Folge wäre unmittelbar nach der Zerstörung des Reaktordaches das Maximum an Strahlung durch einen Austritt der gesamten gasförmigen und leichtflüchtigen radioaktiven Substanzen des Kerns freigeworden. Dazu aber kam es wahrscheinlich erst später. Wichtigstes Indiz für diese Annahme: das hartnäckige Festhalten der sowjetischen Regierung an der Zahl der angegebenen Opfer. Nicht 2000, sondern zwei Menschen starben während des Unfalles, so die Moskauer Version auch noch Tage nach Bekanntwerden des Unglücks. Gut möglich, daß die von westlichen Kommentatoren als bloße Propaganda verbuchte Meldung der Wahrheit entsprach – deren anderer Teil jedoch verschwiegen wurde: daß, noch während die Nachrichtensprecher die Meldung verlasen, Tausende eine radioaktive Dosis empfingen, die langfristig für viele den Tod bedeuten wird.

Die Helden

«In drei Wellen» seien die strahlenden Substanzen in die Atmosphäre entwichen, berichtete Vadim Sagladin, Mitglied des Zentralkomitees der KPdSU, ungefragt am Rande einer DKP-Veranstaltung in Oldenburg, zu deren Besuch er in die Bundesrepublik gekommen war. Stimmt diese Angabe, so war die erste – während der Explosion – wahrscheinlich die kleinste «Welle». Zur zweiten Welle muß es gekommen sein, als die Werksfeuerwehr versuchte, die brennende Reaktorhalle mit Wasser zu löschen. Denn dort begann nach der Zerstörung der Reaktordecke das mehr als 1000 Grad heiße Graphit zu brennen. Ein solcher Brand aber, der sonst durch den luftdichten Abschluß des 1700 Tonnen schweren Graphitblocks in einem Helium-Stickstoff-Gemisch verhindert wurde, ist mit Wasser nicht zu löschen. Im Gegenteil heizt jeder Wassertropfen den Brand weiter an: Graphit – reiner feinkristalliner Kohlenstoff – reagiert bei hohen Temperaturen heftig mit Wasser und setzt zusätzlich Energie frei. Diese Möglichkeit, der Graphitbrand, muß von sowjetischen Reaktortechnikern grundsätzlich als vollkommen ausgeschlossen betrachtet worden sein. Wie anders wäre zu erklären, daß sowjetische Diplomaten noch Tage später um Rat bei ausländischen Experten nachsuchten, wie ein solcher Brand denn zu löschen sei. Doch auch die wußten keinen Rat, allen voran der Vorsitzende des TÜV Rheinland und Reaktor-Experte Lindackers, der keinen besseren Tip hatte, als große Mengen Wasser aus Hubschraubern abzuwerfen.

Die dritte und größte Freisetzungswelle trat wahrscheinlich ein, als der Brand des Graphitmantels seinen Höhepunkt erreichte und gleichzeitig der Urankern zur Gänze durchgeschmolzen war. Wieviel Zeit zwischen der ersten Explosion und der vollen Entfaltung des Höllenfeuers verging, drang bisher nicht in die westliche Öffentlichkeit. Französische Atom-Strategen, unter ihnen der Leiter des «Institutes für nukleare Sicherheit», Cogne, stellten jedoch die These auf, der große Strahlungsausbruch sei erst am Sonntag geschehen. Zeit genug, wenigstens einen überwiegenden Teil der mehr als 1000 im Kraftwerk arbeitenden Menschen aus der unmittelbaren Gefahrenzone zu bringen. Gleichzeitig wurden aber mehrere hundert Feuerwehr-Mannschaften herbeigeschafft. In heldenhafter Opferbereitschaft oder in Unwissenheit über die Strahlungsgefahr verhinderten sie – zwei, drei oder vier Tage lang – das Übergreifen der Flammen auf den direkt benachbarten Reaktorblock 3. Der Kampf mit dem Inferno – nach Berichten der *Prawda* versanken die Männer mit ihren Stiefeln im weich gewordenen Asphalt – wird mit Sicherheit viele von ihnen das Leben kosten. Mehr als 50 «Kasernen» seien im Einsatz gewesen, 17 Männer seien verletzt worden, hieß es in sowjetamtlichen Berichten über den Einsatz noch am 8. Mai. Vorübergehend habe das Dach des benachbarten Reaktorgebäudes auch gebrannt, hätte jedoch wieder gelöscht werden können.

Dazu die Armeezeitung *Krasnaja Swesda*: «Einige der Leute vor Ort, die mit individuellen Dosimetern ausgerüstet waren, haben aus Heldentum die Strahlungswerte niedriger angegeben, als die Geräte dies anzeigten.» Und das galt nicht nur für die Feuerwehrleute. Noch einigen weiteren Menschen ist zu verdanken, daß die Katastrophe in ihren schlimmsten Ausmaßen auf die Region um Tschernobyl beschränkt blieb: den Nuklear-Technikern, die trotz der Strahlung die Schaltwarten der drei verbliebenen «abgeschalteten» Reaktorblöcke rund um die Uhr besetzten und dort die unverzichtbare Nachwärme-Abfuhr sicherstellten. Sowjetische Wissenschaftler berichteten in privaten Gesprächen, daß sie aus allen Kernkraftwerken der Sowjetunion herbeigeflogen wurden, um in den – nur wenig Schutz bietenden – Schutzanzügen einige Stunden ihren Dienst zu tun. Stunden? Vielleicht auch Tage, unbekannt blieb bisher, wieviel Personal zur Verfügung stand und wie viele bereit waren, sich dem Strahlenhagel auszusetzen.

Mindestens eine Heldin gibt es auch, der der Dank der sowjetischen Führung gewiß ist: Sinaida Kordyk, die Leiterin der Wetterstation von Tschernobyl an der Mündung des Ush in den Pripjat. Sie las am frühen Samstagmorgen die Strahlenmeßwerte an den Instrumenten ab und schickte sofort ein Telegramm an das «Hydrometeorologische Zentrum» der Republik. Ihre namentliche Erwähnung in der ersten Reportage der *Prawda* vom Unglücksort am 6. Mai mag die Bedeutung ihres Tuns beleuchten: Möglicherweise erfuhren die Verantwortlichen in Moskau erst auf diesem Wege vom wahren Ausmaß des Unglücks in der Ukraine, wo, wie es später hieß, die «örtlichen Behörden» gegenüber Moskau «falsche Angaben» über das Unglück gemacht haben.

Der Krisenmanager

Sicher ist, daß die örtlichen Behörden und die Leitung des Kraftwerks mit der Organisation der Rettungs- und Löschaktionen gänzlich überfordert waren. Grund genug, einen der erfolgreichsten Top-Manager des Landes mit dem Krisenmanagement zu beauftragen. Boris Schtscherbina wurde Stunden nach dem Unglück Leiter der «Untersuchungs»-Kommission, durch deren Arbeit letztlich wahrscheinlich doch das Schlimmste verhindert wurde. Schtscherbina, ein 66 Jahre alter Wirtschaftsfachmann, galt als Experte für Manöver, bei denen ein Maximum an Menschen und Material koordiniert eingesetzt werden muß, so bei der Erschließung der westsibirischen Ölfelder, die als sein Verdienst gilt. Ruhm erlangte er auch durch den Bau der Erdgas-Pipeline trotz des US-amerikanischen Technologie-Embargos im Jahr 1981. «Schtscherbinas Öl» und «Schtscherbinas Gas» sind es, die den Boom des sowjetischen Westhandels in Gang setzten und ihm den Sitz des stellvertretenden Ministerpräsidenten einbrachten.

Als er am frühen Morgen des Sonntag nach der Explosion in der Unglücksregion ankam, muß dort das reine Chaos geherrscht haben. Und: Noch immer war die nur zwei Kilometer entfernte Hochhaussiedlung Pripjat voller Menschen, die von alldem keine Ahnung hatten. Dort, so berichteten einige der Anrainer der Atomzentrale später dem Korrespondenten der französischen Nachrichtenagentur AFP, wurden noch am Sonntag nach der ersten Explosion Hochzeiten gefeiert. Soviel Arglosigkeit trotz des sichtbaren Feuers im benachbarten Atommeiler? Was unglaublich scheint, könnte darauf hinweisen, daß der eigentliche Brand des Graphitkerns doch erst relativ spät begann.

Die Evakuierung

Vielleicht ordneten Schtscherbina und seine Leute deshalb erst am Sonntag morgen die Evakuierung an. 1100 Busse und Lkw sollen es gewesen sein, die aus Kiew und allen näher gelegenen Ortschaften requiriert wurden, größtenteils gefahren von Freiwilligen. «Vor jedes Haus» von Pripjat und dreier kleinerer Ortschaften seien sie gefahren, berichteten die Zeitungen. 36 Stunden nach dem ersten Feuerausbruch habe man in nur zwei Stunden und vierzig Minuten rund 25000 Menschen in einer 20 Kilometer langen Kolonne aus Pripjat Richtung Süden gebracht. Die Gesamtzahl der Evakuierten aus der Zone unmittelbar ums Kraftwerk wurde später mit 49000 angegeben. Und längst nicht alle gingen freiwillig. Milizeinheiten drangen teilweise mit Gewalt in die Häuser ein, um den Menschen das Ausmaß der Gefahr nahezubringen. Darauf deutete ein Bericht der *Sowjetskaja Rossija*, wo von den «Überredungskünsten» eines Generalmajors der Miliz die Rede war, die zur Zwangsevakuierung benötigt wurden. Schwierigkeiten muß es vor allem mit der Landbevölkerung gegeben haben, die mit der Umsiedlung nicht nur ihre Heimat, sondern auch ihren ganzen ländlichen Besitzstand, das Vieh, die Gärten und ihre Vorratslager aufgeben mußten. Vieh, hieß es später lapidar, sei «liquidiert» worden.

Waren so die Bewohner im engen Gefahrenradius vielleicht nur wenige Stunden dem hohen Strahlenpegel ausgesetzt, so beging Schtscherbinas Krisenkommission doch einen, vielleicht verhängnisvollen Fehler. Sie unterschätzte die Dauer und damit die Ausstrahlung des Reaktorfeuers. Anders ist nicht zu erklären, daß sie ausgerechnet die Stadt Tschernobyl selbst mit ihren rund 40000 Einwohnern zunächst von der Evakuierung ausschloß. Zwar war stets von einem Evakuierungs-Radius von 30 Kilometern die Rede. Tatsächlich war der Kreis aber rund zehn Kilometer kleiner, so daß die Kleinstadt, deren Namen das Kraftwerk trägt, nicht mehr dazugehörte.

Dort schenkte man den Menschen erst vier Tage später, am Donnerstag «danach», reinen Wein ein. Und nicht zwei Stunden, sondern mindestens drei Tage dauerte es, sie aus der Gefahrenzone zu bringen, erfuhr die Welt schließlich in der darauffolgenden Woche, als die ersten westlichen Korrespondenten einen Tag lang Kiew besuchten und dort mit einigen der Evakuierten sprechen konnten. Noch während der ersten internationalen Pressekonferenz des sowjetischen Außenministeriums am Dienstag, dem 6. Mai, hatte Schtscherbina von der zügigen und vollständigen Evakuierung gesprochen.

Könnte es sein, daß die Strahlungsgefahr im Umkreis von 30 Kilometern um das Höllenfeuer wesentlich geringer war, als alle westlichen Experten vermuten?

Die Strahlung

Das jedenfalls war noch zwei Wochen nach Beginn der Katastrophe die sowjetische Amtsmeinung. Demnach lag die Strahlung am Ort der Katastrophe zwischen 30 und 40 Millirem pro Stunde. Innerhalb der 30-Kilometer-Zone, so erzählten Schtscherbina und seine Mitarbeiter, habe die *maximale* Strahlenbelastung bei zehn bis fünfzehn Millirem gelegen. Beide Werte, zuerst während der Pressekonferenz des 6. Mai präsentiert, waren – entsprächen sie der Wahrheit – die Antwort auf die Frage, wie viele Menschen an den qualvollen Folgen der Strahlenkrankheit gestorben sind und in den nächsten Wochen und Monaten noch sterben werden: Kein einziger. Denn selbst eine Woche lang erträgt der menschliche Organismus diese Strahlenmenge, ohne schwere Symptome zu zeigen, allerdings steigt das Risiko, an Leukämie oder anderen Krebsarten in den folgenden Jahren zu erkranken, steil an. Und eben deshalb sind diese Angaben die vielleicht ungeheuerlichste Lüge, die Schtscherbina und seine Kommission ihrem Volk und der Weltöffentlichkeit auftischten.

Tatsächlich muß zumindest am Unglücksort selbst die Strahlung mindestens 1000- bis 10000mal stärker gewesen sein und ist es vielleicht noch. Dafür sprechen nicht nur alle Berechnungen westlicher Experten, sondern auch zwei hochrangige Sowjet-Funktionäre, die wohl nicht am Moskauer Zügel hingen und deren Aussagen den Inhalt der Moskauer Verlautbarungen ad absurdum führten: So berichtete Boris Jelzin, Chef der Moskauer KP-Sektion, in mehreren Interviews mit westlichen Journalisten am Rande des DKP-Parteitages in Hamburg: Noch am Donnerstag nach der ersten Explosion habe die Strahlung 200 rem pro Stunde betragen, am Samstag habe sie bei 150 rem (= roentgen evquivalent man) gelegen. Über den Ort der Messung machte Jelzin keine Angaben. Wahrscheinlich war aber die unmittelbare Umgebung des havarierten Reaktors gemeint. Ähnlich äußerte sich der Kiewer Regierungsbeamte Iwan Pliutsch eine Woche später. Demnach betrug der Strahlenpegel «im Reaktor», gemeint war wohl die übriggebliebene Ruine, auch zwölf Tage nach der Katastrophennacht noch 180 bis 190 rem pro Stunde.

Beides läßt darauf schließen, daß nur wenige Stunden Aufenthalt auf dem Kraftwerksgelände genügten, um die tödliche Strahlendosis zwischen 500 und 1000 rem zu erhalten.

Kaum möglich erscheint deshalb, daß «nur» insgesamt 204 Menschen schwere Strahlenverletzungen erlitten, wie Jewgeni Worobjew, stellvertretender Gesundheitsminister, auch am 6. Mai noch behauptete. Vielleicht entsprach aber der Wahrheit, daß, wie TASS am 10. Mai meldete, bis dahin erst zwei Menschen den Strahlentod gestorben waren, die Zahl der Todesopfer erst vier betrug. Aber gleichzeitig rangen möglicherweise Hunderte, vielleicht Tausende mit dem qualvollen Tod.

Nur ein technisches Wunder oder extrem unwahrscheinliche Witterungsbedingungen könnten hoffen lassen, die Zahl der Opfer bleibe so klein, wie in Moskau behauptet. Statt dessen lastet bei Redaktionsschluß dieses Buches ein furchtbarer Verdacht auf der sowjetischen Führung: Statt der Welt und ihrem Volk die grausamen Folgen einer Atom-Katastrophe zu offenbaren, könnte sie versucht haben, die Opfer zu verstecken. Möglich gewesen wäre es. Alle Evakuierten wurden mit Hilfe von mehreren tausend Ärzten und Krankenhauspersonal einem Bluttest unterzogen. Wer hoch verstrahlt war, weil er sich im Freien oder nahe dem Reaktor aufgehalten hatte, wurde auf die Krankenhäuser und Sanatorien in allen Landesteilen verteilt. So erging es zum Beispiel einem Teil des Kraftwerkpersonals, hieß es doch in einer TASS-Meldung vom 8. Mai, der «Operationsstab des Kernkraftwerks» sei in das 70 Kilometer von Kiew entfernte Sanatorium Lesnaja Poljana gebracht worden. Allerdings nicht ohne zu versichern, daß es sich «um ganz normal gesunde Leute» gehandelt habe. Am gleichen Tag hieß es in einer weiteren Meldung: «Alle Kinder aus den evakuierten Regionen werden als erste in Pionierlager, Erholungsheime und *Sanatorien* geschickt.»

Ein Dissident im Osten und viele Komplizen im Westen

Nur einer machte nicht mit im Verharmlosungs-Kartell: Georgÿ Arbatow, Leiter des Moskauer Instituts für die Vereinigten Staaten, auch der «Kissinger» des Ostens genannt. Zweimal meldete er sich zu Wort. Das erste Mal für den Westen, wohl, weil ihm klar war, daß all die mühsam aufgebaute Glaubwürdigkeit seines Parteichefs Gorbatschow mit jeder Falschmeldung regelrecht zerschlagen wurde: «Das Unglück war wie eine Atombomben-Explosion in der Atmosphäre», sagte Arbatow der britischen BBC in einem Interview am 5. Mai und bestätigte – nicht im technischen Sinn, aber im Umfang – die Befürchtungen der westlichen Öffentlichkeit über die Folgen des Unglücks. Weniger drastisch, aber genügend deutlich dann vier Tage später das Arbatow-Wort für das Sowjetvolk in der *Prawda*: «Das Unglück ist nach allem zu urteilen ziemlich ernst.» Aus dem gleichen Artikel erfuhr die Bevölkerung auch zum erstenmal, daß die radioaktive Wolke auch andere Länder und «nicht nur nahe liegende Gebiete erreicht hat». Zu verstehen sei deshalb «bei jedem normalen Menschen eine gewisse Unruhe», schrieb Arbatow weiter und sandte den Kiewer Bürgern so wenigstens ein Wort des Verstehens für die Unruhe, die mit der schleichenden Evakuierung der Zwei-Millionen-Stadt bei gleichzeitig steigender Strahlenbelastung einherging.

Doch noch während Arbatow die Schweigemauer durchbrach, konnten die Verharmloser des Kreml auf zunehmende Unterstützung aus dem Westen rechnen. So brach zum Beispiel schon in der ersten Woche die anfänglich wichtigste Informationsquelle der westlichen Medien schlagartig ab: die US-amerikanischen Geheimdienste. Keine sensationellen Satellitenfotos mehr, keine internen Protokolle, keine Angaben über die Zahl der Opfer. Und dies, obwohl doch Tausende von Funksprüchen in der Ukraine in diesen Tagen den professionellen Lauschern jedes nur erdenkliche Detail eröffnet haben müssen. Über die Motive läßt sich nur spekulieren: Möglich, daß es ein Agreement gab, um hüben wie drüben dem Streit um die Kernenergie, die Krone abendländischen Forschergeistes, nicht noch mehr Nahrung zu geben. Weniger «verschwörungstheoretisch» ist die Annahme, daß man aus diplomatischer Vernunft heraus übereinkam, die angeschlagene Sowjetunion nicht weiterhin publizistisch zu demütigen.

Noch mehr als auf das Schweigen der Geheimdienste konnte die Moskauer Propagandamaschine auf etwas anderes zählen: die Loyalität der internationalen Atomgemeinde, Tausender Nuklear-Experten, -Forscher und -Manager in aller Welt. Kein Wort des Zweifels an der von ihnen geschaffenen Risikotechnik erreichte die Öffentlichkeit, keine Information über das Ausmaß der zu erwartenden Strahlung und nicht einmal die auf den Hunderten internationaler Kongresse und gegenseitiger Besuche gewonnenen intimen Kenntnisse über das Innenleben der sowjetischen Reaktoren wurden preisgegeben. Allen voran stand Hans Blix, Präsident der Internationalen Atomenergie-Organisation, der auf sowjetische Einladung nach Moskau reiste und mit einem Hubschrauber das Unglücks-Gebiet überflog. Mehrfach betonte er, daß die sowjetischen Kollegen «sehr kooperativ» gewesen seien. Zum Dank wiederholten er und sein US-Kollege Morris Rosen zum Abschluß ihres Besuches brav, was, wie sie selbst wußten, ohnehin nicht stimmen konnte. Die Lage in Kiew sei normal, die Strahlenbelastung *am Reaktor* habe nach dem Unglück bei 35 Millirem pro Stunde gelegen und der Brand im Reaktor sei vollkommen gelöscht. Nur eines war glaubwürdig: Zu keinem Zeitpunkt waren die anderen elf Reaktoren des Typs «Graphitmoderierter Siedewasser-Reaktor» abgeschaltet worden.

Und nur wer ihre Aussagen, zunächst mittags in Moskau und später abends in Wien, genau verfolgte, bemerkte, daß die beiden altgedienten Atom-Lobbyisten zutiefst erschüttert oder zumindest verunsichert waren. Sie hatten einen Blick geworfen auf ein Inferno, das es in der Welt eines Nuklear-Technikers gar nicht geben darf.

Das Tschernobyl-Syndrom

Denn zur Zeit ihres Besuches, vom 5. bis 9. Mai, zwei Wochen nach Beginn des Unglücks, war die Lage im und um den Katastrophenreaktor noch immer dramatisch. Unentwegt flogen Helikopter über das Gelände und warfen an Fallschirmen Säcke mit Blei, Lehm, Sand und Bor ab, um mit mehreren tausend Tonnen Material den glühenden «Krater», so die *Prawda*, zu verschließen. Einziger Zweck der Aktion: den Strahlungspegel auf dem Gelände zu senken, um im Reaktorbereich überhaupt arbeiten zu können. Und das wurde mit jeder Stunde, die verstrich, immer dringender. Langsam, aber stetig fraß sich die glühende Reaktormasse in das Betonfundament und drohte auf verhängnisvolle Weise wahrzumachen, was Boris Schtscherbina zur gleichen Zeit (6. Mai) den westlichen Korrespondenten versprochen hatte, als er die Fortführung des sowjetischen Atomprogramms ankündigte: «Die Atomenergie ist nicht aufzuhalten.»

Wie dramatisch das Problem eines vollständig geschmolzenen Reaktorkerns ist, erfuhr auch die sowjetische Öffentlichkeit aus berufenem Munde am Donnerstag, dem 6. Mai. Jewgenij Welichof, führender Nuklear-Experte des Landes, war in Schtscherbinas Krisenkommission berufen worden und erklärte in einem *Prawda*-Interview: «Wir müssen versuchen, alle Eventualitäten vorherzusehen. Da sind Probleme zu lösen, mit denen sich niemals vorher jemand beschäftigt hat.» Und an anderer Stelle: «Unsere Spezialisten führen die Offensive gegen den Reaktor nicht nur von oben, sondern auch von unten ... Ziel ist es, ihn vollständig zu neutralisieren, ihn abzuwürgen.»

Gemeint war die Verzweiflungsaktion einiger Mannschaften in eigens aus Großbritannien herbeigeschafften Spezial-Schutzanzügen, in der ein Schacht oder Tunnel unter den Reaktor getrieben wurde, um darunter zusätzlichen Beton oder ein anderes Material zu pumpen.

Tatsächlich wußte weltweit niemand genau vorherzusagen, was geschehen würde, wenn die mehr als 1000 Grad heiße Schmelzmasse den nur knapp unterhalb des Fundaments liegenden Grundwasserspiegel erreichen würde. Eine gigantische Wasserdampfexplosion könnte die Folge sein, die ein weiteres Mal große Mengen Strahlung freisetzen würde. Möglich auch, daß das Wasser als «Moderator» wirken könnte, also freiwerdende Neutronen wieder auf die Geschwindigkeit bringen könnte, bei der sie Urankerne spalten. Die Folge wäre ein plötzliches Einsetzen der nuklearen «Kettenreaktion» und eine noch größere Explosion, die auch den benachbarten Reaktor zerstören würde. Dort, so hatte Boris Schtscherbina noch am 6. Mai eingeräumt, gab es ohnehin Probleme, denn die Blöcke 3 und 4 haben teilweise gemeinsame Steuereinrichtungen. All das wußten Hans Blix und Morris Rosen, als sie aus Moskau am Abend des 9. Mai nach Wien zurückkehrten, und bezeichnend waren ihre Antworten auf die Frage, ob die Situation denn überhaupt unter Kontrolle sei.

Blix in Moskau am Freitagmittag: «Der Brand ist vollkommen gelöscht, die Temperatur ist aber weiterhin ziemlich hoch.» Rosen zur gleichen Zeit: «Die Temperatur des Reaktors, wie sie mittels Infrarot-Messungen ermittelt wurde, *übersteigt* an einigen Stellen 300 °C. Diese Temperatur liegt unterhalb des Schmelzpunktes für Uran-Dioxid, doch kann vom physikalischen Standpunkt aus ein Durchschmelzen des Reaktors nicht vollkommen ausgeschlossen werden.» Außerdem: «Reaktor Nr. 3 ist nicht beschädigt worden.»

Rund acht Stunden später gaben die beiden in Wien eine weitere Pressekonferenz. Rosen noch einmal zur Lage in Tschernobyl: «Die Situation stabilisiert sich, man kann vielleicht optimistisch sein.» Zur Lage im benachbarten Reaktorblock 3 wurde er diesmal genauer: «Unter den Reaktor drei wird flüssiger Stickstoff gespritzt, um ihn zu kühlen.» Also hatte auch dort schon die Kühlung versagt.

Was immer sich Rosen und Blix gedacht haben mögen bei ihren vieldeutigen Mitteilungen an die Weltpresse, eines machten sie deutlich: Die endgültige Katastrophe, eine weitere Explosion, das

Durchgehen des benachbarten und der beiden weiteren Reaktoren konnten sie nicht ausschließen. Wenn all das nicht geschehen ist, dann verdanken die Ukrainer und die übrigen Völker Europas dies dem selbstmörderischen Einsatz der Menschen, die – mit welchen Mitteln auch immer – die Temperatur der glühenden Uran-Masse herunterkühlten und dabei mit dem Leben oder lebenslanger Invalidität bezahlen mußten.

Harrisburg war ähnlich

Trotz unterschiedlicher Reaktortypen und Sicherheitsnormen gibt es in der Atomenergie gesamtdeutsche Tendenzen: Auch in der DDR hat nach hochfliegenden Plänen eine gewisse Ernüchterung Platz gegriffen. Der Plan, in Lubmin die Kapazität auf 3520 Megawatt zu verdoppeln, wurde vorerst fallengelassen, und auch bei Stendal ist man bereits ein paar Jahre im Rückstand. «Die DDR setzt wieder voll auf Braunkohle», erklärt Professor Martin Jänicke, Leiter der Forschungsstelle Umweltpolitik am Westberliner Otto-Suhr-Institut. «Das sind in erster Linie wirtschaftliche Erwägungen, aber auch Sicherheitserwägungen. Seit Beginn der achtziger Jahre sind an der Qualität der sowjetischen Atomkraftwerke Zweifel aufgekommen.» Während die Braunkohleförderung in den letzten Jahren weit über Plan gesteigert wurde, sank der Anteil des Atomstroms zwischen 1980 und 1984 von 12 auf 10,7 Prozent.

Ein wesentlicher Rückschlag für die Atomindustrie – weltweit – war der Reaktorunfall von Harrisburg im Jahre 1979. Er offenbarte: Nicht nur sowjetische Behörden sind zögerlich, wenn es darum geht, die Bevölkerung über die tatsächliche Lage aufzuklären. Und: Nicht allein in sowjetischen Kraftwerken nehmen Unfälle ganz andere Verläufe als erwartet. Ein Blick zurück:

Mittwoch, 28. März 1979: Im Kühlwassersystem des Werks 2 von «Three Mile Island» (TMI 2) versagen kurz nach vier Uhr morgens mehrere Pumpen; zwei Stunden später schalten automatisch die Dampfturbine und der Generator ab.

Sechs Sekunden später endet automatisch der Kernspaltprozeß. Drei Notfall-Speisewasserpumpen beginnen ihren Betrieb – sie sollen den Reaktorkern kühlen. Nach sechs weiteren Sekunden bemerkt ein Mann des Bedienungspersonals, daß die Notpumpen laufen. Er übersieht jedoch zwei Lichtsignale, die anzeigen, daß die Ventile beider Not-Speisewasserrohre geschlossen sind.

Unbemerkt bleibt auch, daß ein Überdruckventil, das sich dreizehn Sekunden nach dem Beginn des Unfalls hätte schließen müssen, offen bleibt. Konstruktionsfehler: Auf der Schalttafel des Kontrollraums von TMI 2 zeigt ein Indikator lediglich an, daß der Strom, der das betreffende Ventil öffnet, abgeschaltet ist, nicht aber, in welcher Stellung das Ventil sich befindet. Es steht offen – bleibt während der nächsten zwei Stunden und 22 Minuten offen; ein Drittel des gesamten Kühlwassers entweicht in dieser Zeit.

Um 7 Uhr 45 beginnen – wie stets – die Beamten der Atomaufsichtsbehörde National Regulatory Commission (NRC) ihre Arbeit. Frühere Versuche, die Kontrollbehörde zu informieren, waren versandet: beim telefonischen Auftragsdienst.

Bereits um 7 Uhr 24 hatte Gary Miller, Direktor des Three Mile Island-Kraftwerkes, den allgemeinen Notstand erklärt, nach der Definition des Betreibers eine Situation, in der «ernsthafte Strahlengefährdungen für Gesundheit und Sicherheit der Bevölkerung» entstehen können.

Die Bevölkerung jedoch wird erst um 8 Uhr 25 informiert. Ein Reporter des Rundfunksenders WKBO in Harrisburg hatte den Polizeifunk abgehört – und erfahren, daß bei Polizei und Feuerwehr Alarm ausgelöst worden war. Um 9 Uhr 06 tickerte *Associated Press* eine erste Meldung. Politiker und Behördenvertreter, unter ihnen der Bürgermeister von Harrisburg, Paul Doutrich, erfahren erst jetzt von dem Unfall. Am späten Vormittag gibt der stellvertretende Gouverneur von Pennsylvania, William Scranton, ein Interview: «Es gibt und gab keine Gefahr. Alles ist unter Kontrolle.» Um 15 Uhr 50 wird im Kontrollraum ein merkwürdiges «Dröhnen» hörbar: eine Wasserstoffexplosion von zwei bar Stärke (wie der Computer registriert). Freilich wird die Explosion nicht als solche erkannt, die Experten meinen, ein Ventilator-Schieber schlage zu.

Donnerstag, 29. März: Die Pennsylvania Emergency Management Agency meldet mehrmals: «Keine Gefahr für die Öffentlichkeit»; «Lage bessert sich»; «kein Gesundheitsrisiko». Derweil ordnet die Elektrizitätsfirma «Met Ed» an, radioaktiv verseuchtes Wasser aus dem Kraftwerk in den Susquehanna-Fluß abzuleiten. Weder die Presse noch die flußabwärts liegenden Gemeinden werden informiert. Nachdem 150000 Liter in den Fluß gelangt sind, erfährt der NRC-Vorsitzende Joseph Hendric von dieser Verseuchung und ordnet an, sie zu unterbinden.

Freitag, 30. März: Hubschrauber, die den Reaktor am Morgen überfliegen, messen Strahlen von bis zu 1200 Millirem pro Stunde. Im Reaktorgebäude bildet sich eine Gasblase. Die Techniker wissen nicht, wie sie abgeleitet werden kann. Nimmt ihr Druck zu, dann öffnen sich automatisch Überdruckventile, das Gas entweicht, die Umgebung wäre ständiger Bestrahlung ausgesetzt. Würde die Gasblase in die Nebengebäude geleitet, dann bestünde Gefahr, daß sie dort durch Lecks entweicht.

Die NRC rät Gouverneur Richard Thornburgh, eine Evakuierung anzuordnen. Kurz nach 12 Uhr 30 gibt Thornburgh seine Anweisungen: Schwangere und Kinder im Vorschulalter im Umkreis von acht Kilometern um Tree Mile Island haben das Gebiet zu verlassen; alle Schulen im Umkreis sind zu schließen; die Bevölkerung wird aufgefordert, ihre Wohnungen nicht zu verlassen.

Gleichzeitig erklärt die NRC, es bestehe keine unmittelbare Katastrophengefahr. Ein Vertreter der Atomindustrie sagt im Fernsehen: «Wir sind keine nuklearen Feiglinge, wir machen weiter.»

Samstag, 31. März: Die NRC spricht erstmals von einer «kleinen Wasserstoff-Explosion» (am Mittwochnachmittag). Es bestehe die «entfernte Möglichkeit einer Katastrophe durch weitere Explosionen. Im Auftrag der Industrie eröffnet eine Versicherung in Harrisburg ein Büro und erstattet Frauen und Kindern die Evakuierungskosten.

Sonntag, 1. April: Die Gasblase im Reaktorkern wird explosiver: Experten rechnen: noch zwei Tage, bis der kritische Punkt erreicht ist. Der Bischof von Harrisburg erteilt allen Katholiken eine Generalabsolution. Die Behörden planen erneut eine allgemeine Evakuierung. In der unterirdischen Befehlszentrale des Gouverneurs werden Feldbetten aufgestellt. In den Krankenhäusern können nur noch die dringendsten Fälle aufgenommen werden – viele Ärzte und Schwestern erscheinen einfach nicht zum Dienst.

Im Reaktor wird die Hauptkühlpumpe in Betrieb gesetzt: Die Gasblase beginnt zu schrumpfen. Der Reaktor wird wieder «beherrschbar».

Sechs Jahre später erschien eine Studie des amerikanischen Energieministeriums mit einer guten und einer schlechten Meldung. Die gute: Es war weit weniger radioaktives Jod und Cäsium entwichen als erwartet – die Strahlenbelastung der Bevölkerung mithin geringer als befürchtet. Die schlechte: Die Uranbrennstäbe verflüssigten sich bei viel niedrigeren Temperaturen als zuvor berechnet; ein Fünftel des Reaktorkerns war bereits geschmolzen; die unkontrollierbare Kettenreaktion war also weit fortgeschritten.

Seit dem Unfall in Harrisburg wurde in den Vereinigten Staaten kein neues Kernkraftwerk mehr in Betrieb genommen. 1985 ereigneten sich zwölf größere Zwischenfälle in bestehenden Kraftwerken – das schlimmste Jahr seit Harrisburg. In einem Kraftwerk bei Toledo in Ohio bestand im Juni die Gefahr eines Durchschmelzens, als die Kühlung zwölf Minuten lang ausfiel.

aus: Die Zeit vom 9. Mai 1986

Der Preis des Atomzeitalters: Unfälle seit 1948

Im Jahre 1948 tritt im Atomversuchszentrum Hanford im US-Bundesstaat Washington eine radioaktive Wolke aus; 5500 Curie Jod 131 entweichen in die Atmosphäre. Die Bevölkerung wurde nicht unterrichtet, weil die Wissenschaftler davon ausgingen, daß Jod 131 unschädlich sei. Bekanntgegeben wurde dieser erste bekannte Strahlenunfall erst 1986 – nach 38 Jahren Geheimhaltung.

Im Mai 1952 und im März 1953 wurden aus der Wiederaufbereitungsanlage Windscale (Sellafield) große Mengen Plutonium in die Irische See geleitet – «um zu sehen, was passiert», schrieb der Observer. Doch 1957 kam es in Windscale zu einem der schwersten Unfälle: Ein Brand in der Wiederaufbereitungsanlage blieb drei Tage unentdeckt, große Mengen Radioaktivität drangen in die Atmosphäre.

Im Oktober 1958 werden bei einem Unfall im Institut für Atomforschung in Vinca bei Belgrad lebensgefährliche Neutronen- und Gammastrahlen freigesetzt. Ein Forschungsreaktor war außer Kontrolle geraten und gefährdete sechs Wissenschaftler.

Nach der Explosion einer Atommülldeponie im Ural im Winter 1957/58 wurden nach amerikanischen Untersuchungen über 30 Dörfer südlich von Swerdlowsk von der Landkarte getilgt; mehrere Seen wurden von ihren Abflüssen abgeriegelt. Ein in die USA emigrierter Sowjetwissenschaftler sprach in den 70er Jahren von mehreren hundert Toten. Auch auf dem Atomversuchsgelände von Kyschtym, am östlichen Ural, soll eine ungeplante Nuklear-Explosion stattgefunden haben.

Im Frühjahr 1966 kam es in der chinesischen Atomwaffenfabrik in der Wüste Gobi zu einem schweren Unfall mit radioaktiver Verseuchung des Fabrikgeländes. Mehr als 20 Arbeiter wurden zur Behandlung nach Peking gebracht. Erst Ende 1983 wurde dieser Vorfall bekannt.

Bei einem Reaktorunfall im belgischen Atomkraftwerk Tihange gerieten am 13. Januar 1978 etwa 80 Menschen in den radioaktiven Strahlungsbereich einer Überdosis Jod 131. Ebenfalls 1978 wurden durch einen Fehler im Kühlsystem eines Atomkraftwerkes in Platteville im US-Staat Colorado 15 Arbeiter von radioaktivem Gas verseucht.

Einer der schwersten Unfälle ereignete sich am 28. März 1979, als der Kernreaktor «Three Mile Island» bei Harrisburg im US-Staat Pennsylvania eine radioaktive Wolke freisetzte. Noch in 36 Kilometer Entfernung wurde erhöhte Strahlung gemessen. Acht Arbeiter kamen mit radioaktiven Dämpfen in Berührung, die sich – durch ein gebrochenes Ventil – mit verseuchtem Wasser gebildet hatten. 200000 Menschen mußten evakuiert werden, aber im Oktober 1985 wurde die Anlage wieder in Betrieb genommen. Im Dezember 1985 ließ ein defekter Stromgenerator erneut Radioaktivität ins Freie gelangen.

Die *Prawda* meldet am 20. Juli 1983 einen schweren Unfall in einer Reaktorfabrik in Wolgodonsk. Die Anlage produziert Ausrüstungen für das sowjetische Atomenergieprogramm, das von 1985–1990 sechs oder sieben neue Kraftwerke vorsieht.

Nach einem Bericht einer von Verbraucheranwalt Ralph Nader gegründeten Umweltschutzgruppe hat die amerikanische Atomaufsichtsbehörde von mehr als 5000 Pannen im Jahre 1983 allein 247 als «besonders bedeutsam» eingestuft.

Ein Brand am Schnellen Brüter in Kalkar, der sich am 22. November 1984 ereignete, wird nach zwei Wochen publik. Auf Grund eines Bedienungs- und möglicherweise eines Konstruktionsfehlers waren 50 bis 150 Kilogramm Natrium bei einem Test des Sekundärkreislaufs entwichen und in Brand geraten. Die Feuerwehr löschte zunächst mit Wasser – wodurch der Brand noch angeheizt wurde.

Im Norden von Wales wird Mitte Oktober 1985 nach einem Brand im Turbinengebäude ein Atomkraftwerk in Trawsfynnydd geschlossen. Die Verbindung zu dem etwa 50 Meter entfernten Reaktor wurde sofort unterbrochen.

In einer Uranverarbeitungsanlage im US-Staat Oklahoma wird am 4. Januar 1986 ein Tankbehälter statt mit 12470 Kilogramm mit 13280 des leicht radioaktiven Gases Uranhexafluorid gefüllt. Durch Überhitzung sollte die Überlastung korrigiert werden – der Behälter zerbricht jedoch und das ätzende Gas tötet einen Mann und verletzt 26 weitere Menschen. Ein Sprecher der Aufsichtsbehörde sagte, dies sei der schwerste Unfall, der in einem Werk dieser Art denkbar sei.

Klaus Schumann / Süddeutsche Zeitung vom 30. April 1986

Thomas Höfer-Bosse und Lutz Mez

Das Atomprogramm der UdSSR

Militärische und zivile Aspekte der sowjetischen Reaktoren

Kaum ein stromerzeugender Leistungsreaktor der Welt läßt sich in seinem Aufbau so direkt auf die ersten Atommeiler der vierziger Jahre zurückführen wie der Atomreaktor in Tschernobyl. Trotzdem handelt es sich keineswegs, wie nun von Vertretern der westlichen Atomwirtschaft gern behauptet, um ein «Fossil aus alten Zeiten». Reaktoren vom Typ RBMK-1000 sind konsequente Weiterentwicklungen der sowjetischen Urmeiler. Ihre Leistung wurde in den Jahren 1956 bis 1970 von 5 MW auf 1000 MW – wie in Tschernobyl –, dann auf 1500 MW erweitert, letztendlich bereits auf 2400 MW hochprojektiert. Der RMBK – zu deutsch: Röhrenreaktor großer Leistung – kann ohne prinzipielle technische Probleme in noch größere Leistungseinheiten weiterentwickelt werden. Andere Leichtwasserreaktoren lassen dies hingegen nicht zu. Für die Sowjetunion sind Reaktoren der Baulinie RBMK zukunftsweisend in Konstruktion, Wirtschaftlichkeit und Sicherheit. Um die Entwicklung dieser typisch sowjetischen Reaktoren nachzuvollziehen, sind kurze Darstellungen des Atomprogramms und des militärischen Atombereichs der UdSSR notwendig.

Der Beginn des sowjetischen Atomprogramms

Nach sowjetischen Quellen fanden Ende der dreißiger Jahre bereits intensive Arbeiten zur Kernspaltung statt. Es bestanden persönliche Kontakte russischer Physiker mit den Kollegen im Ausland, die aber durch den Zweiten Weltkrieg unterbrochen wurden. Bereits 1942, also zeitgleich mit der Entwicklung in den USA, soll mit einer Besprechung bei Stalin die Arbeit an der technischen Nutzung der Atomspaltungsenergie unter der Leitung von I. Kurtschatow begonnen worden sein. 1943, als sich in den USA die Atomfabriken von Oak Ridge und Hanford in zügigem Aufbau befanden, wurden in der UdSSR noch Arbeitsprogramme erstellt. Erst 1946 konnte der erste Atommeiler bei Moskau in Betrieb gehen. Einige der ersten sowjetischen Reaktoren entsprachen in Ausmaßen und Details fast haargenau amerikanischen Reaktoren.

Vergleich des ersten sowjetischen Atomreaktors mit dem Reaktor 305 Hanford (USA)

	Erster Sowjetreaktor	Reaktor 305 Hanford
Leistung	10 W	10 W
Querschnitt	5,8 m	5,5–6,1 m
Spaltmaterialabstand	20 cm	22 cm
Uranladung	> 25 t	27 t
Stabdurchmesser	3–4 cm	3,7 cm

Quelle: Kramish 1960

Eine Reihe von Spionagefällen und Reiseberichte von Vertretern der US-Regierung 1944 aus der UdSSR lassen eine enge Orientierung der sowjetischen an die amerikanische Entwicklung erkennen. US-Quellen unterstellen dabei Spionage; eine wissenschaftliche Parallelentwicklung ist jedoch keineswegs auszuschließen.

Im November 1947 wurde der erste sowjetische Reaktor zur Erzeugung von Plutonium kritisch, lief aber erst im Sommer 1948 für die Produktion dieses Elements, das für den Atombombenbau benötigt wird. Dieser Reaktor war fast baugleich mit dem Moskauer Reaktor, lag aber im Atomzentrum bei Kyschtym am Osthang des Urals (in US-Quellen als Tscheljabinsk-40 bezeichnet). Dort, sowie in Obninsk bei Moskau und in Suchumi an der Ostküste des Schwarzen Meers, arbeiteten bereits 1945 unter anderem auch deutsche Physiker und Chemiker am sowjetischen Atomprogramm (Grupp 1983). Aus Schriften von Kurtschatow könnte geschlossen werden, daß 1948 nur ein Reaktor – nämlich der in Kyschtym – betrieben wurde. Auf dem gleichen Gelände erstand auch eine Plutonium-Abtrennungsanlage, um das im Reaktor erbrütete waffenfähige Plutonium zu gewinnen.

Der erste vom Ausland ermittelte sowjetische Atomtest fand im September 1949 statt. Aber es existieren Hinweise auf eine frühere Atomexplosion (Kramisch 1960).

Wann in den vierziger Jahren eine Urananreicherungsanlage in

Kyschtym fertiggestellt wurde, ist nicht sicher bekannt. Spätestens 1953, mit der Explosion der ersten sowjetischen Wasserstoffbombe, müssen jedoch auch Anlagen zur Urananreicherung bestanden haben. Die erste transportable sowjetische H-Bombe wurde erst 1955 getestet.

Ähnlich der Entwicklung in den USA begann nach dem «nuklearen Patt» der Supermächte bei den Atombomben die Forschung und Entwicklung von Konzepten zur Energieerzeugung mit Hilfe der Atomspaltung. Während in den USA die Nutzung von Atomkraft für den Betrieb von U-Booten vorrangiges Ziel war, orientierten sich die Wissenschaftler in der UdSSR an Energieversorgungsproblemen entlegener ziviler und militärischer Anlagen. So erhielt der Atomforschungskomplex von Obninsk, 100 km südwestlich von Moskau, einen Reaktor, der von der Sowjetunion als «erstes ziviles Atomkraftwerk der Welt» gefeiert wird. Er besaß eine Leistung von 5 MW und diente wohl fast ausschließlich Forschungszwecken (Scheer 1982).

Alle Reaktoren der UdSSR waren bis dahin vom gleichen Typ. Sie bestanden aus vielen hundert gemauerten Graphitziegeln – also reinem Kohlenstoff. Sie wurden daher auch Atommeiler genannt. Die schnellen, bei der Atomspaltung entstehenden Neutronen wurden vom Graphit gebremst – moderiert –, und konnten dann weitere Atomspaltungen anregen. Gekühlt wurden die Reaktoren mit normalem – sogenannten «leichtem» – Wasser. Als Brennstoff diente Natururan.

Ab 1958 wurden diese Reaktoren in leistungsfähiger Form unweit von Kyschtym – bei Troitsk – errichtet (Zhelndev 1980). Bis 1963 wurden dort sechs derartige Reaktoren in Betrieb genommen (siehe Tabelle S. 56). Sie dienen überwiegend der Erzeugung von Waffenplutonium. Ihre Existenz war zunächst geheim (Kramish 1960).

Danach wurden solche mit Graphit moderierten Röhrenreaktoren nach zivilen Gesichtspunkten, aber weiterhin auch mit möglicher militärischer Nutzung, in Bjelojarsk (100 km nördlich von Kyschtym) 1964 und 1967 errichtet (siehe Tabelle S. 56). Weiter vergrößert wurden sie nun RBMK genannt, serienmäßig errichtet und in Betrieb genommen.

Mitte der fünfziger Jahre wurden neben den Graphitreaktoren auch Druckwasserreaktoren entwickelt. Ziel war die Versorgung von Nordmeer-Schiffen und U-Booten mit Atomkraft. 1959 stach der erste, von drei Atomreaktoren versorgte Eisbrecher «Lenin» in See (Semenov 1983). Es folgten kurze Zeit später Atom-U-Boote und dann weitere Eisbrecher: «Artika» 1974, «Sibir» 1977, «Rossia» 1986 (Semenov 1983; atw 1986 a). Aus diesem Reaktortyp wurden Druckwasserreaktoren zur Stromerzeugung entwickelt. Ihre Leistungen wurden fort-

Sowjetische Reaktoren für Forschungs- bzw. Sonderzwecke			
Jahr der Inbetriebnahme	Standort	Leistung MW	Nutzung/Reaktortyp
1954	Obninsk-1	5	Forschung
1958	Troitzk-1	100	Pu-Produktion
	Troitzk-2	100	Pu-Produktion
	Troitzk-3	100	Pu-Produktion
	Troitzk-4	100	Pu-Produktion
	Troitzk-5	100	Pu-Produktion
1962	Troitzk-6	100	Pu-Produktion
1964	Bjelojarsk-1	100	Röhrenreaktor
1965	Wolgodonsk	50	Siedewasserreaktor
1967	Bjelojarsk-2	200	Röhrenreaktor mit Dampfüberhitzung
1969	Wolgodonsk	12	Brüter
1973	Schewtschenko	350	Seewasserentsalzung/Brüter
1974	Bilibino-1	12	transportables Heizkraftwerk
	Bilibino-2	12	transportables Heizkraftwerk
	Bilibino-3	12	transportables Heizkraftwerk
1976	Bilibino-4	12	transportables Heizkraftwerk
1980	Bjelojarsk-3	600	Brüter
1990 (?)	Bjelolarsk-4	800	Brüter

In den fünfziger Jahren entstanden eine Reihe von Testreaktoren, deren Existenz derzeit nicht belegt werden kann (Kramish 1960, Semenov 1983).
Quelle: eigene Zusammenstellung aus diversen Angaben

laufend gesteigert. Über Zwischenentwicklungen mit 210 MW und 365 MW wurde die serienmäßige Reihenproduktion von 440-MW-Blöcken in den siebziger Jahren begonnen. Seit 1980 werden zusätzlich 1000-MW-Reaktoren in Betrieb genommen. Sie gleichen im Bauprinzip den westlichen Druckwasserreaktoren der Firmen Westinghouse und Kraftwerkunion. Die Teile dieser Atomkraftwerke vom Typ WWER werden nun in einer eigens dazu seit 1975 errichteten Fabrik «Atommasch» in Wolgodonsk am Wolga-Don-Kanal gefertigt. Reaktoren dieser WWER-Serie werden von der UdSSR auch exportiert, z. B. nach Finnland und in die Länder des RGW.

Sowjetische RBMK-1000-Reaktoren

Jahr der Inbetriebnahme	Standort/Bezeichnung
1973	Leningrad-1
1975	Leningrad-2
1976	Kursk-1
1977	Tschernobyl-1
1978	Kursk-2
1978	Tschernobyl-2
1979	Leningrad-3
1980	Leningrad-4
1981	Tschernobyl-3
1982	Kursk-3
1982	Smolensk-1
1983	Tschernobyl-4
1983	Ignalina-1*
1985	Smolensk-2
1985	Kursk-4
1986 (?)	Ignalina-2*
1986 (?)	Tschernobyl-5
1986 (?)	Smolensk-3
1986 (?)	Kostroma-1*
1987 (?)	Kostroma-2*
1988 (?)	Tschernobyl-6
(?)	Smolensk-4*

* elektrische Leistung 1500 MW
Quelle: eigene Zusammenstellung aus diversen Angaben

Die Entwicklung weiterer Reaktorlinien

Auch Schnelle Brüter werden in der UdSSR errichtet: so 1969 eine kleine 12-MW-Anlage, später eine 350-MW-Anlage am Kaspischen Meer und 1980 ein 600-MW-Brüter in Bjelojarsk, dessen Bau bereits 1969 begann (atw 1986b).

Eine große Zukunft wurde dem sowjetischen Brüterprogramm noch bis 1980 zugesprochen. Wegen finanzieller, technologischer, aber auch soziologischer Folgeprobleme wurde das Programm sogar kritisch öffentlich diskutiert. In einem Artikel in *Kommunist* wurde auf Grund dieser Schwierigkeiten angedeutet, daß der Schnelle Brüter erst gegen Ende des Jahrhunderts zur Serienreife gelange (Mez 1981). Zur Jahreswende 1985/86 begannen nach offiziellen Angaben die Bauarbeiten zur Errichtung eines 800-MW-Brüters in Bjelojarsk (atw 1986c). Der Baubeginn war ursprünglich für einen 1600-MW-Typ vor-

Sowjetische WWER-Reaktoren in Betrieb (Stand 1986)

Jahr der Inbetriebnahme	Leistung MW	Standort/Bezeichnung
1964	210	Novo-Woronesch-1
1970	365	Novo-Woronesch-2
1972	440	Novo-Woronesch-3
1973	440	Novo-Woronesch-4
1973	440	Kolsk-1
1975	440	Kolsk-2
1976	408*	Armenian-1
1980	408*	Armenian-2
1980	1000	Novo-Woronesch-5
1981	440	Rowno-1
1982	440	Rowno-2
1982	440	Kolsk-3
1982	1000	Nikolajew-1
1984	1000	Kalinin-1
1984	1000	Saporoschje-1
1984	440	Kolsk-4
1985	1000	Nikolajew-2
1985	1000	Balachowo-1
1985	1000	Saporoschje-2

* 440-MW-Reaktor steht in einer Höhe von über 1000 m.
Quelle: eigene Zusammenstellung aus diversen Angaben

gesehen (Born 1983). Die fortdauernden Probleme mit den beiden laufenden Brutreaktoren – mit Natriumbränden bereits Anfang der siebziger Jahre und langen Stillstandszeiten – scheinen den Plan einer serienmäßigen Errichtung solcher Kraftwerke von 1990 an gestoppt zu haben. Trotzdem wurde auf dem 27. Parteitag der KPdSU aber gerade diese Reaktorlinie als zukunftsweisend dargestellt.

Sowjetische Brutreaktoren werden anders als die im Westen bekannten Typen mit hochangereichertem Uran 235 an Stelle von Plutonium betrieben. Dafür gibt es vor allem zwei Gründe.

Bis heute besitzt die UdSSR keine Möglichkeit, Plutonium aus Brennelementen der großen Leistungsreaktoren abzutrennen. Eine «Wiederaufarbeitungsanlage» besteht nur für kleine, hochreine Uran-Plutonium-Stäbe im Rüstungsbereich. Die enorme Atomwaffenrüstung erlaubt aber keine Abzweigung von Waffenplutonium in den zivilen Bereich. Daher wird zur Erstbeladung hochangereichertes Uran verwandt.

Außerdem bestehen aus der Zeit der frühen H-Bomben-Herstel-

Geplante WWER-1000-Kraftwerke in der UdSSR

Standort/Bezeichnung	Jahr
Aktasch-1	1986
Aktasch-2	1988
Balachowo-2	1986
Kalinin-2	1986
Kama-1	1989
Kama-2	1990
Kmelnitzki-1	1986
Kmelnitzki-2	1986
Nikolajew-3	1986
Nishnekamsk-1	1986
Nishnekamsk-2	1987
Odessa-1	1986
Odessa-2	1987
Rostow-1 (Wolgodonsk)	1986
Rostow-2	1987
Rowno-3	1986
Rowno-4	1987
Saporoschje-3	1987
Saporoschje-4	1988

Quelle: eigene Zusammenstellung aus diversen Angaben

lung große Uran-Anreicherungskapazitäten in Sibirien, die nach international gleichlaufender Entwicklung durch die Entwicklung von Plutonium-gestützten H-Bomben freiwurden. Auch in den USA entstanden in den fünfziger Jahren freie Anreicherungskapazitäten, die zur Brennstoffproduktion für Leistungsreaktoren genutzt werden. Die Versorgung mit waffenfähigem Plutonium blieb angespannt.

Derzeit scheinen die vorhandenen Anreicherungskapazitäten den Bedarf der RGW-Länder zu überschreiten, da diverse westliche Länder angereichertes Uran aus der UdSSR beziehen (Mez 1981). Diese «Lohnanreicherung» – der Käufer schickt Uran in die UdSSR und erhält das angereicherte sowie das abgereicherte Uran zurück – bringt der UdSSR z. B. im Warenverkehr mit der BRD rund 10 % der Devisenerlöse. Der größte westliche Einzelkunde ist die Rheinisch-Westfälische Elektrizitätswerk AG (RWE) aus Essen (AG Atomindustrie/AK Chemische Industrie 1984).

Die Errichtung des 800-MW-Brüters in Bjelojarsk – trotz bestehender technischer Probleme – war sicherlich auch aus militärischen Gründen notwendig (Born 1983). Die Lebenszeit der Reaktoren zur Plutoniumerzeugung in Troitzk geht nach einem Vierteljahrhundert

Vergleich der Daten von sowjetischen Atomreaktoren mit 1000-MW-Leistung

	WWER-1000	RBMK-1000
Kühlprinzip	Druckwasser	Siedewasser
Turbinenantrieb	Sekundärkreis über Wärmetauscher	Primärkreis über Dampf
Thermische Leistung	3000 MW_{th}	3200 MW_{th}
Wirkungsgrad	33 %	30,4 %
Brennstoffbeladung	66 t Uran	192 t Uran
durchschn. Urananreicherung	3,8 %	1,8 %
Mittlerer Abbrand	26–40 000 MWd/t	18 100 MWd/t
Druck im Primärkreislauf	160 at	65 at
Temperatur im Primärkreislauf	290–320 °C	280 °C
Turbinen	2 × 500 MW	2 × 500 MW

Quelle: Born 1983

ihrem sicheren Ende entgegen. Bei wachsender Nutzung der Atomstromerzeugung in der UdSSR müssen die militärisch nutzbaren RBMK-Blöcke zunehmend im Wechsellastbetrieb laufen – eine Erzeugung von waffenfähigem Plutonium wird so weitgehend vereitelt. Brutreaktoren, insbesondere die vom sowjetischen Typ, eignen sich hervorragend für die militärische Nutzung. Möglicherweise hängt der plötzliche Baubeginn im Frühjahr 1986 in der Nähe der sowjetischen Atomwaffenfabrik eng mit der rüstungspolitischen Debatte zwischen den Regierungen der USA und der UdSSR zusammen. Gorbatschows Erklärung, in der Atomrüstung mithalten zu wollen, wenn keine Vereinbarungen getroffen werden würden, war für die Fachkreise in den USA solange unglaubhaft, wie die derzeitigen sowjetischen Kapazitäten zur Herstellung von Waffenplutonium diese Perspektive nicht ermöglichten. Mit zwei Brutreaktoren in Bjelojarsk ist die Versorgung der Roten Armee für lange Zeit abgesichert.

Der Aufbau des Atomkraftwerkes in Tschernobyl

Hochleistungs-Druckröhren-Reaktoren (RBMK) werden in der UdSSR vor allem nach wirtschaftlichen Gesichtspunkten errichtet (Dollezhal 1980). So ist es zu erklären, daß die Reaktoren in immer größeren Leistungsbereichen gebaut werden. Mittelsparend werden sie in herkömmlichen Metallbau-Industriehallen mit einem betonierten Unterbau errichtet (Dobrowolskij 1977). Jeweils zwei Reaktoren werden in einem gemeinsamen Gebäudekomplex untergebracht. Er besteht aus zwei 50 m hohen Hallen, in denen sich die eigentlichen Reaktoren befinden. Im Sockelgebäude der Hallen liegen jeweils die äußeren Kühlkreisläufe, die Hauptumwälzpumpen (7) und die Dampferzeuger (4). Zwischen den Reaktorgebäuden steht der Schornstein. In einem langgestreckten, vorgelagerten, rund 30 m hohen Gebäude sind die Turbinen, die Reaktorwarte und andere technische Einrichtungen untergebracht – das sogenannte Maschinenhaus. Neben 2000 MW Strom werden aus diesem Maschinenhaus auch 140 Gcal Heizenergie pro Stunde abgegeben. Letztere wird nicht nur zur Fernheizung, sondern wie in Kursk auch zur Produktion von Fischen und Champignons genutzt (atw 1986c). Die Verzahnung beider Reaktoren findet nicht nur gebäudemäßig, sondern auch energetisch statt. Für Havarie-Noteinspeisungen von Wasser bzw. Strom kann ein Reaktorblock dem geschädigten Leistung erbringen. Auf Grund der engen Verbindung beider Blöcke besitzt eine RMBK-Anlage eine Reaktorwarte für zwei Reaktoren, die zwischen den beiden 50 m hohen Hallen im Maschinenhaus liegt. Seit Mitte der siebziger Jahre besitzt ein Doppelblock ein gemeinsames Sicherheitssystem (Wenzel 1974). Besonderer Schwerpunkt ist dabei die Kühlung des Reaktorkerns bei einem Totalspannungsausfall, da die Kühlwasserpumpen 24 MW Energie benötigen und somit nicht an ein Notstromdiesel angeschlossen werden können. In den ab Mitte der siebziger Jahre errichteten RBMK-Kraftwerken fördern die Kühlwasserpumpen beider Reaktoren in ein gemeinsames Zwischensammelbecken, das über dem Niveau des Kühlkreislaufes liegt. Bei Verlust des Hauptkühlmittels kann dann Wasser vom zweiten Reaktor eingespeist werden. Zunächst wird die Schwerkraft ausgenutzt, nach zehn Sekunden fördern die Pumpen 1,1 t/s Kühlwasser.

Funktionsweise des RBMK

Die Abbildung zeigt einen Querschnitt durch einen Reaktor der Baureihe RBMK-1000. Die Schnittzeichnung gibt einen Blick auf die Reaktorhalle vom Dach des Maschinenhauses wieder. Dr Reaktorbehälter (11, 12, 13) ist $21{,}6 \times 21{,}6 \times 25{,}5$ = ca. 12000 m^3 groß. Die acht Hauptumwälzpumpen (7) sind ca. 10 m hoch. Die Reaktorhalle erreicht 50 m Bauhöhe.

Im Zentrum befindet sich der Reaktorkern (1). Durch ihn verlaufen 1690 Arbeitskanäle von jeweils 22 m Länge, die vom Kühlwasser durchflossen werden. In den Arbeitskanälen befinden sich die 3,5 m langen Brennelemente, die aus 18 Brennstäben zusammengesetzt sind. Sie können von einer Lade-

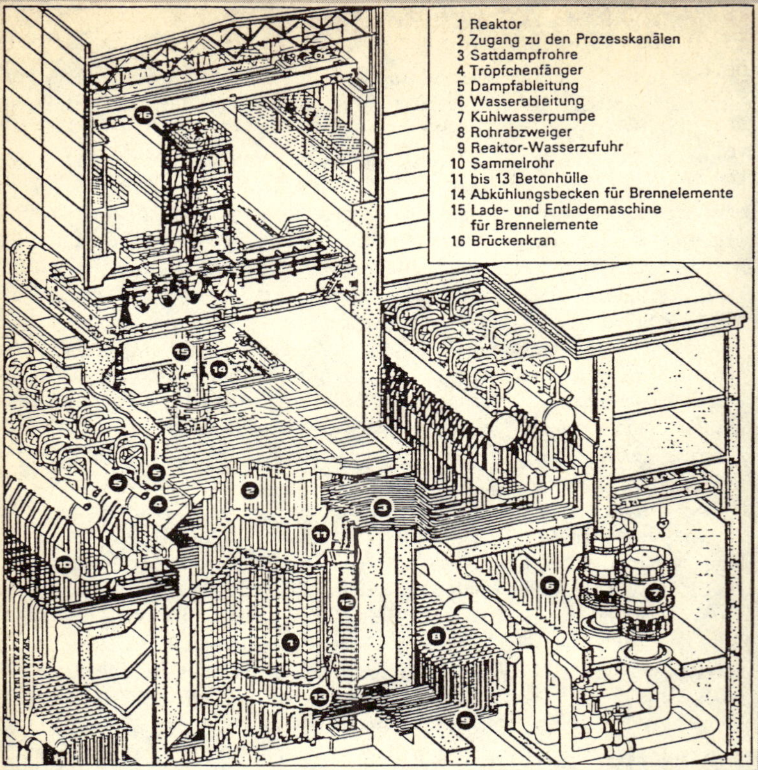

und Entlademaschine (15), die an einem Brückenkran (16) hängt, gekühlt in das neben dem Reaktor befindliche Abklingbecken (14) befördert werden. Außerdem gibt es noch etwa 180 Steuerstäbe, die von unten in den Reaktor eingefahren werden. Das Kondenswasser aus den Turbinen wird im Vorwärmeregelungselement (10) mit dem Wasser aus dem Dampfseperator (4) gemischt und fließt über Wasserröhren (6) zu den acht Hauptumwälzpumpen (7) mit je 5400 t/h. Das Wasser wird nun durch einen Verteilungssammler (8) und Wasserkommunikatoren (9) in die Arbeitskanäle (1) gepreßt. Das Wasser-Dampf-Gemisch von ca. 280 °C gelangt über Wasserdampfkommunikatoren (3) in den Dampfseperator (4). Der Wasserdampf wird dort vom Wasser getrennt und über Dampfkollektoren (5) zu den Turbinen geleitet. Der Dampf aus dem rechten und linken Kühlkreislauf gelangt auf zwei Turbinensätze zu je 500 MW Stromerzeugungskapazität. Die Wärmeenergie wird für ein Fernwärmenetz genutzt. Der Reaktor besitzt keinen Kühlturm. Das Wasserkondensat aus beiden Turbinen gelangt über einen Entlüfter und eine Speisewasserpumpe (37500 t/h) in den Vorwärmeregler (10) und zurück in den Reaktor. Es bestehen getrennte Kühlsysteme mit speziellen Reinigungen für Spezialarbeitskanäle, die teilweise mit Neutronenreflektoren ausgerüstet sind.

Der 7 × 11 m große zylindrische Graphitblock wird kontinuierlich von einem Schutzgas umspült, um Entzündungen und Erzeugung von radioaktiven Gasen zu verhindern. Pro Reaktor werden etwa 180 t Uran eingesetzt. Das Uranoxid ist in Tablettenform in 13,5 mm starken Hüllrohren aus einer Zirkaloy-Legierung (Wenzel 1974).

Vorteile des RBMK gegenüber anderen Reaktoren

Der hohe Anteil der Atomkraftwerke vom Typ RBMK beruht auf einer Reihe von Vorteilen dieser Reaktorlinie. Kanalreaktoren benötigen keine großen Hochdruckbehälter für die Aufnahme des Reaktorkerns. Gerade dieser Behälter ist bei Siedewasser- und Druckwasserreaktoren notwendig und erzwang in der UdSSR die Errichtung der spezialisierten Fabrik in Wolgodonsk und die Erneuerung der Izhorski-Werke in Leningrad. Dagegen werden Kanalreaktoren aus herkömmlichen Kraftwerkskomponenten erbaut. Für die UdSSR entsteht daraus ein großer Vorteil, da insbesondere hochspezialisierte Stahlverarbeitungsfabriken im Land bisher fehlen. Billiger sind RMBK deshalb aber, so wird vielfach betont, nicht.

Die Verläßlichkeit und Betriebsstabilität des ganzen Systems ist dank vielfacher Kontroll- und Steuerungsmöglichkeiten der einzelnen Arbeitskanäle und Kühlwasserrohre sehr hoch. Reaktoren dieser Bauart können selbst während des Betriebs in Bereichen überholt werden. Einzelne Kühlmittel-Leitungen können abgestellt und einzelne Brennelemente entnommen bzw. ausgetauscht werden. Der Reaktor kann auch partiell betrieben werden. Diese vielfältigen Eingriffsmöglichkeiten, die auch mit einem geänderten Reaktivitätsfluß einhergehen, benötigen aber außerordentlich geschultes und erfahrenes Personal.

Die Möglichkeit, Brennelemente oder Bestrahlungselemente während des Betriebes zu entladen, ermöglicht auch eine militärische Nutzung des Reaktors. Bombenfähiges Plutonium 239 erfordert größte Reinheit, die nur bei definierten Bestrahlungsbedingungen von Uran 238 (abgereichertem Uran) und relativ kurzen Abbrandzeiten gewährleistet ist. Die Supermächte stellen ihr Plutonium daher überwiegend in speziellen Produktionsreaktoren her. Im RBMK-Kraftwerkstyp ist dies möglich. Ob aber jedoch diese Anwendung tatsächlich stattfindet, bleibt im dunkeln. Vorgesehen für diesen Zweck sind offensichtlich randständige, spezielle Arbeitskanäle mit getrennter Kühlung, die im Bereich gleichförmigen Neutronenflusses im kühleren Bereich des Reaktorkerns liegen. Sie enthalten neutronenspiegelndes Material. Es ist denkbar, daß diese Kanäle auch der Tritium-Produktion dienen, das ebenfalls für die H-Bomben-Produktion verwendbar ist.

Der RBMK eignet sich nicht nur hervorragend zur Erzeugung von Plutonium, sondern auch ohne große Umstellungsprobleme für andere Spaltprozeßvarianten, z. B. einen Thorium-Uran-Brennstoffzyklus. Ein großer Teil des Graphitmoderators kann durch schweres Wasser ersetzt werden, wodurch der Betrieb mit Natururan möglich wird (Wenzel 1974).

Der Kühlkreislauf des Kraftwerks kann in kleinere isolierte Gruppen von Kanälen aufgetrennt werden. Viele Kühlleitungen sind separat abstellbar. Für die Sicherheit geben diese Möglichkeiten aber nur geringe Vorteile, da eine Verknüpfung der Kühlmittelflüsse über zentrale paarige Verteiler bzw. Dampferzeuger läuft. Es bleibt auf Grund bisheriger Veröffentlichungen unklar, ob ein Teil des paarigen Kühlkreislaufs ausreicht, den Reaktor im Unglücksfall zu kühlen.

Das Verringern oder Erniedrigen der Leistung, auch gerade das Abschalten – der Scram – führen in Reaktoren zu starken Belastungen der Stahlteile und zu Verschleiß. Nicht so beim graphitmoderierten Druckröhrenreaktor. Der große Graphitblock stabilisiert die Wärmeabgabe an das Kühlmittel.

Außerdem, dies betrifft die Anwendungsbereiche in der Industrie, ermöglicht die Reaktorkonstruktion eine Dampfüberhitzung auf über 500 °C. Dies entspricht den Möglichkeiten von westlichen Hochtemperaturreaktoren und findet im Atomkraftwerk von Bjelojarsk-2 statt (Kurtschatow 1974).

Wirtschaftlich gesehen waren die Kanalreaktoren erfolgreich. Sie erbrachten um 75 % ihrer Jahresleistung bei Stromgestehungskosten von 9,66 Kopeken/kWh gegenüber 0,86 Kopeken/kWh für entsprechende Druckwasserreaktoren.

Insbesondere im europäischen Teil der UdSSR, wo der Anteil der Atomkraftwerke an der installierten Leistung zur Stromerzeugung sehr hoch ist, besteht ein zusätzliches Problem. Die Kraftwerkskapazität wird im Bereich der Spitzenlast durch Pumpspeicherwerke und andere Wasserkraftwerke zwar erhöht, im Bereich der Niedriglast aber, an Feiertagen und in der Nacht, müssen Kraftwerke zurückgefahren werden. Dies ist bei Druck- und Siedewasserreaktoren jedoch kaum möglich. Kanalreaktoren können dagegen sogar nur mit einem Fünftel der Nennleistung, d. h. mit 200 MW statt 1000 MW betrieben werden.

Nachteile des RBMK gegenüber anderen Reaktoren

Eine Reihe von Vorteilen schlagen bei schweren Störfällen aber unter Umständen in Nachteile des RBMK um.

Bei Ausfällen von Teilen des Kühlsystems oder der Stromversorgung können die vielen möglichen Steuerungs- und daher auch Kontrollmöglichkeiten die Bedienung unübersichtlich machen. Der große Graphitblock heizt auch noch nach dem Abschalten und erhöht damit die Reaktornachwärme, die durch Kühlung abgefangen werden muß. Arbeiten am laufenden Reaktor, insbesondere das Ausladen heißer, nachglühender Brennelemente, kann bei Unfällen zu problematischen Zwischenfällen führen.

Zudem ist der Aufbau der Spaltzone und der Arbeitskanäle kompliziert und teuer, die Qualitätsanforderungen an den Graphitblock sind hoch (Wenzel 1974).

Die Reaktorkonstruktion selbst ist nicht für stärkste Schadensverläufe ausgelegt. Dies entspricht aber der sowjetischen Sicherheitsphilosophie.

Beim RBMK-1000 bestehen keine wirklich doppelten Sicherheiten bei der Reaktorkühlung. Es gibt zwar acht Hauptkühlmittelpumpen; sie sind jedoch zu Gruppen von vier über einen Verteilungssammler zusammengeschaltet. Der Reaktorkern besitzt zwar zwei Kühl- und Dampfkreisläufe – bei vollständigem Ausfall eines Systems kommt es trotzdem zur lokalen Überhitzung und Schädigung des gesamten Reaktors.

Graphit, reiner Kohlenstoff, entzündet sich bei ca. 700–800 °C bei Anwesenheit von Sauerstoff. Daher muß der Graphitblock von einem Edelgas-Stickstoffgemisch durchspült und umschlossen werden. Bei Schäden an Arbeitskanälen, die zum Austritt von Schutzgas und zur Überhitzung führen, kann sich das Graphit entzünden. Ein Zufluß von Kühlwasser führt in dieser Situation nicht zur Kühlung, sondern zur Explosion – einer Zersetzung von Wasser u. a. in Sauerstoff, der sogleich wieder Graphit entzündet. Da sich das Graphit nicht in einem Druckbehälter befindet, ist ein Luftabschluß des Feuers nicht möglich. Es ist anzunehmen, daß Schäden oder Leckagen an Kanälen im Reaktorblock, von denen es im RBMK-1000 fast 2000 gibt, vorkommen. Über Schadensabläufe gibt es bisher keine veröffentlichten Beschreibungen. Die Reparatur an mehreren tausend Rohrleitungen und den 1700 Arbeitskanälen ist zwar prinzipiell einfach, kann aber praktisch zu ganz erheblichen Problemen führen (Wenzel 1974).

Das sowjetische Atomprogramm und die Umwelt

Atomkraftwerke werden von offizieller Seite auch im Osten als besonders umweltfreundlich bezeichnet. Eine öffentliche Diskussion von Problemen gibt es bisher kaum.

In den letzten Jahrzehnten wurden die sowjetischen Atomkraftwerke fast ausschließlich im dichtbevölkerten Gebiet westlich des Urals errichtet. Der Direktor des wissenschaftlichen Instituts für Energie und Technik, N. Dollezhal, schrieb 1980: «Bisher war es nicht notwendig, zwischen der Größe der Kraftwerke und ihrem möglichen Einfluß auf die Umwelt abzuwägen. (...) Heute ist es nicht länger möglich, so weiter zu verfahren» (Dollezhal/Koryakin 1980). Er führte insbesondere den Verbrauch von Wasser als problematisch an. Die sowjetischen Kraftwerke brauchen jährlich 100 m^3 Wasser. Davon gehen nach seinen Angaben 2 % verloren, dies hat ökologische Folgen. Unerwähnt blieb die Aufwärmung der Flüsse und Seen, obwohl die Kraftwerke fast nie Kühltürme besitzen.

Ein zweites Problem, das Dollezhal darstellte, betraf den Schutz vor radioaktiver Strahlung. Westlich der Linie Wolga-Ostsee-Wasserweg leben 60 % der sowjetischen Bevölkerung. Die wichtigsten agrarwirtschaftlichen Nutzflächen und Kulturdenkmäler befinden sich in diesem Raum. Ohne größte anzunehmende Unfälle zu erwähnen, wies Dollezhal darauf hin, daß Ressourcen oft austauschbar, aber Lebensbereiche solcher Art nicht wieder ersetzbar seien. Er plädierte für den Bau großer Kraftwerkszentren – einschließlich der atomaren Infrastruktur – weitab von bevölkerungsreichen Gebieten. Nach der Katastrophe von Tschernobyl erlangen diese Vorschläge sicher auch im Kreml neues Gewicht.

Auch ohne schwere Zwischenfälle geben die Atomkraftwerke große Mengen Radioaktivität ab. Vor allem die Druckröhrenreaktoren, deren Dampf direkt aus dem Reaktorkern in die großen Leistungsturbinen strömt, kontaminieren die Umwelt. Der Atomkraftwerk-Komplex in Tschernobyl emittiert besonders große Mengen Radioaktivität. Auch im Vergleich zu anderen RBMK-Blöcken handelt es sich um ein besonders dreckiges Atomkraftwerk (siehe folgende Tabelle). Es ist anzunehmen, daß gerade die technisch-konventionelle Bauweise zum Austausch radioaktiver Stoffe führt. Die vielen zu öffnenden Druckröhren, viele Tausende von Rohrverbindungen und die Nutzung herkömmlicher Turbinensätze führen offensichtlich zu gigantischen Radionuklid-Freisetzungen.

Jahresabgaben radiaoktiver Stoffe aus sowjetischen Atomkraftwerken mit der Abluft

Atomkraftwerk	Gas 10^3 Ci/Jahr		Jod 131 Ci/Jahr	
	1979	1980	1979	1980
Kola (4 WWER)	2	2	1	1
Novo-Woronesch (5 WWER)	2	2	4	11
Kursk (2 RBMK)	68	89	66	458
Tschernobyl (2 RBMK)	133	280	290	5000

Quelle: Atomnaja Energia 1983

Tschernobyl ist nicht die erste Katastrophe beim sowjetischen Atomprogramm. 1958 wurden Teile der riesigen militärischen Anlage in Kyschtym durch eine große Explosion zerstört (Medwedjew 1979). Die gesamte Anlage mußte geschlossen werden, weite Landstriche wurden evakuiert und bis heute nicht wieder besiedelt. Nach Berichten verschiedener Quellen handelte es sich um einen Kritikalitätsstörfall, bei dem es zu einer atomaren Explosion kam. Ein Areal von einigen 100 km^2 wurde abgesperrt.

Eine Reihe von wissenschaftlichen Veröffentlichungen zeigt indirekt, daß riesige Mengen Cäsium 137, Strontium 90 und Strontium 89 freigesetzt wurden. Große Seen von bis zu 100 ha, aber auch Nahrungsketten, in denen eine Reihe von Säugetierspezies vorkommen, dienten in den sechziger und Anfang der siebziger Jahre als Basis für radioökologische Studien. Die Strahlendosen waren noch Jahre nach dem Unglück so hoch, daß Wachstums- und Entwicklungsschäden – bis zum Absterben – bei Bäumen analysiert werden konnten. Es ist anzunehmen, daß somit in der UdSSR die größten Erfahrungen mit den Auswirkungen schwerster Atomunfälle bestehen.

Damals wurden aus Kamenez-Uralskij fast 100000 Menschen evakuiert – wie heute aus dem Gebiet um Tschernobyl. Im rund 80 km weit entfernten Tscheljabinsk wurden Lebensmittel auf Radioaktivität untersucht und teilweise vernichtet. Noch Jahre später sollte auf der Hauptdurchgangsstraße zwischen Tscheljabinsk und Swerdlowsk nicht gehalten werden. An Flußufern standen Schilder, die auf eine Verseuchung hinwiesen. Nach Berichten sollen die Dörfer und Höfe in diesem Gebiet später von der Armee zerstört worden sein.

Obwohl sehr viele Indizien dafür sprechen, daß es sich bei der Katastrophe von Kyschtym um die Explosion von Atommüll aus der Waffenproduktion handelt, ist doch ein Reaktorunfall nicht ausgeschlossen. Es ist anzunehmen, daß in der Nähe der alten Atombombenanlage eine neue errichtet wurde. Die militärisch relevanten Reaktoren werden, wie der Brüter, weiterhin in Bjelojarsk errichtet. Die Stadt liegt ca. 100 km vom Katastrophengebiet entfernt.

Möglicherweise ähneln sich die Ausmaße der Katastrophen von Kyschtym und Tschernobyl. Die Nachrichtensperre in beiden Fällen verhindert präzise Abschätzungen. Erste Extrapolationen der Werte von radioaktivem Jod, Cäsium, Strontium, Barium und kurzlebigen Spaltprodukten in Westeuropa auf die Situation nördlich von Kiew sprechen dafür, daß die Menschen der Sowjetunion die zivile Nutzung der Atomspaltung mit einem weiteren verseuchten Gebiet bezahlen müssen. Die militärische Nutzung verstrahlte bereits den Raum Semipalatinsk (H-Bomben-Tests), Novaya Zemlja (H-Bomben-Tests) und Kyschtym (Bombenherstellung).

Es ist zu hoffen, daß die Regierung der UdSSR ihre Informationspolitik besonders in Sachen Atomenergie und Atomrüstung ändert. Nur eine kritische und grundsätzliche Diskussion über Sicherheitsfragen und die Problematik des «technischen Fortschritts» an sich kann die Sowjetunion vor weiteren tragischen Fehlentwicklungen schützen.

Literatur

AG Atomindustrie/AK Chemische Industrie (Hg.): *RWE – Ein Riese mit Ausstrahlung*, Köln 1984

atw 30 (6), 321–323, 1985

atw 31 (1), 6, 1986c

atw 31 (3), 148–156, 1986a

atw 31 (4), 8, 1986b

Born, H. P.: «Kernenergie in der Sowjetunion», in: atw 28 (12), 645–648, 1983

Dobrowolskij, W. N.: *RBMK*, Kiew 1977

Dollezhal, N./Koryakin, Y.: «Nuclear power engineering in the Soviet Union», in: *Bulletin of Atomic Scientists*, Heft 1, 33–37, 1980

Grupp, H./Schmalenströr, A.: *Atome für den Krieg*, Köln 1983

Hallerbach, J.: «Comecon – Hammer, Sichel und Atom», in: Mez, L. (Hg.): *Der Atomkonflikt*, S. 54–82, Reinbek 1981

Knübel, H.: «Kernkraftwerke in der Sowjetunion», in: *Geographische Rundschau* 35 (11), 590–593, 1983

Kramish, A.: *Atomic Energy in the Soviet Union*, Stanford, ca. 1960

Kurtschatow, I. W.: *Zweiter Block des Belojarsker Kernkraftwerkes*, Vneshtorgizdat 1974

Medwedjew, Z.: *Bericht und Analyse der bisher geheimgehaltenen Atomkatastrophe in der UdSSR*, Hamburg 1979

Mez, L.: Nachwort: «Der Atomkonflikt», in: Mez, L. (Hg.): *Der Atomkonflikt*, S. 339–372, Reinbek 1981

Scheer, J./Heuler, W.: *Das sowjetische Atomprogramm*, Bremen 1982

Semenov, B. A.: «Nuclear Power in the Soviet Union», in: *IAEA Bulletin* 25 (2), 47–59, 1983

Wenzel, P./Zabka, G.: «Graphitmoderierte wassergekühlte Druckröhrenreaktoren in der UdSSR», in: *Kernenergie* 17 (12), 361–367, 1974

Zhelndev, I. S./Konstantinov, C. V.: «Nuclear Power in the USSR», in: *IAEA Bulletin* 22, (2), 34–45, 1980

Die Reaktion

Dekontamination an Transportfahrzeugen aus EG-Ländern, die aus Ostblockländern kommen (Foto: dpa)

Klaus Traube

Ist der Super-Gau bei uns wirklich «auszuschließen»?

In der Nacht zum 26. April 1986 ereignete sich im Atomkraftwerk Tschernobyl ein Störfall, der sich in der Folge zur Katastrophe entwickelte. Drei Tage später, am 29. April, wies die Analyse der Radioaktivitäten in der Luft über Westeuropa aus, daß es sich um einen Kernschmelzunfall handeln mußte. Am Abend dieses 29. April nahmen die beiden zuständigen deutschen Bundesminister im Fernsehen zu dieser Katastrophe Stellung. Auf die Frage: «Läßt sich ausschließen, daß es ein vergleichbares Unglück auch in der Bundesrepublik geben könnte?» antwortete Innenminister Zimmermann in der *Tagesschau*: «Das läßt sich ausschließen.» Auf die Frage: «Ist eine derartige Katastrophe auch in Deutschland möglich, auch in Deutschland denkbar?» antwortete Forschungsminister Riesenhuber in der Fernsehsendung *Monitor*: «Das will ich hier für Deutschland ausschließen.»

Diese eindeutigen Antworten zeugen entweder von Ignoranz oder bewußter Irreführung der Öffentlichkeit. Es ist in der Fachwelt völlig unumstritten, daß ein Kernschmelzunfall mit katastrophaler Freisetzung von Radioaktivität in die Umgebung auch bei den deutschen Kernkraftwerken nicht ausgeschlossen werden kann. Dies bestätigen selbst die Ergebnisse der offiziellen deutschen «Risikostudie Kernkraftwerke». Eine Kontroverse gibt es unter den Fachwissenschaftlern lediglich zu der Frage, mit welcher Wahrscheinlichkeit eine solche Katastrophe zu erwarten ist.

Die Diskussionen um den Kernschmelzunfall begann in der Fachwelt Mitte der sechziger Jahre zunächst in den USA. Es stellte sich bald heraus, daß es keine praktikablen Sicherheitssysteme geben kann, die einen Kernschmelzunfall «beherrschen» könnten. Beherrschen würde heißen, mit Sicherheit zu verhindern, daß nach Eintreten eines Kernschmelzunfalls die riesigen Mengen an radioaktiven Spaltprodukten, die dabei freigesetzt werden, in die Umgebung gelangen. Daher wurden ab Mitte der sechziger Jahre sogenannte Notkühlsysteme entwickelt, die dafür sorgen sollen, daß unter allen denkbaren Umständen bei Ausfall der normalen Kühlung die Wärmeabfuhr aus dem Reaktor langfristig gesichert ist, das Kernschmelzen also verhindert wird. Dieser Nachweis gilt seitdem als Voraussetzung zur Genehmigung eines Atomkraftwerks – in Ost und West. Sowohl für das Kraftwerk in Harrisburg wie für das in Tschernobyl ist er geführt worden. In Ost und West hat die Praxis den «Nachweis» widerlegt. Auch in Harrisburg trat Kernschmelzen auf, der Reaktorkern war einige Stunden lang nicht gekühlt. Die wiedereinsetzende Kühlung hatte dort das Schlimmste gerade noch verhindert.

Harrisburg hatte vor Augen geführt, was für Fachleute ohnehin selbstverständlich war: Es gibt keine absolut sicheren Maßnahmen gegen das Kernschmelzen. Wie können die verantwortlichen Politiker, Behörden, Unternehmen, Wissenschaftler mit diesem Risiko umgehen, dessen Dimensionen im Prinzip seit langem bekannt sind, durch den Unfall in Tschernobyl der Welt aber drastisch vor Augen geführt wurden? Grundsätzlich gibt es dazu drei Möglichkeiten außer der, gegen die Atomenergie Front zu machen:

1. Die zwar zynisch erscheinende, aber noch relativ redliche Haltung leugnet das Risiko nicht, sondern bejaht es als das kleinere Übel gegenüber dem Verzicht auf die Nutzung der Atomenergie. Für diese Haltung stehen einige renommierte Physiker, etwa Alvin Weinberg in den USA, Maier-Leibnitz in Deutschland. Sie halten an dem einst nahezu widerspruchslos verbreiteten Postulat fest, «die Menschheit» oder mindestens «die Industriegesellschaft» benötige die Kernenergie zur Sicherung ihrer Existenz. Die späte, aber eindeutige Absage Carl Friedrich von Weizsäckers an diese Position unterstreicht die Isolierung dieser unbeirrten Vorkämpfer der «friedlichen Nutzung der Kernenergie».

2. Die zweite, in der Atomgemeinde dominierende Haltung stellt die Eintrittswahrscheinlichkeit des Kernschmelzunfalls als so extrem gering dar, daß er als lediglich theoretische, praktisch aber bedeutungslose Möglichkeit erscheint. Einer computergläubigen Gesellschaft vermittelt man dies durch computererrechnete Analysen über die statistische Wahrscheinlichkeit des Kernschmelzunfalls. Vorreiter waren die USA: Die 1975 publizierte, von der Atomenergiebehörde veranlaßte «Rasmussen-Studie» verwies den Kernschmelzunfall für amerikanische Leichtwasserreaktoren in den Bereich von einmal in 10000 Jahren. Vier Jahre später ereignete er sich in Harrisburg. Doch

da in Harrisburg der große Knall ausblieb, nahm die Öffentlichkeit nicht so recht wahr, daß hier die angeblich nur in säkularen Zeitläufen denkbare Katastrophe bereits eingeleitet, lediglich in letzter Minute verhindert worden war. Die Atomgemeinde wertete Harrisburg gar als Beleg dafür, daß die Schrecken der Kernschmelz-Katastrophe praxisfern sind.

Dem amerikanischen Vorbild folgte die Bundesrepublik mit einer «Deutschen Risikostudie Kernkraftwerke». Sie wurde im Auftrag des Forschungsministeriums unter der Federführung des Instituts für Reaktorsicherheit durchgeführt. Dieses Institut wird im Auftrag des Bundes und der Länder in allen wesentlichen Problemen in atomrechtlichen Genehmigungsverfahren zu Rate gezogen und trägt so Mitverantwortung für die Genehmigung von Kernkraftwerken. Es sollte also gleichsam die Grundlagen des eigenen Handelns überprüfen. Im Jahre 1979 legte es seine Ergebnisse vor: Ungerührt vom Harrisburg-Unfall verwies das Institut den Kernschmelzunfall für deutsche Kernkraftwerke in den gleichen Bereich numerischer Unwahrscheinlichkeit wie zuvor die amerikanische Studie.

Der seinerzeit vergleichsweise liberale Staat ermöglichte den Kernenergie-Kritikern vom Öko-Institut später eine kritische Bewertung dieser Studie, die vernichtend ausfiel. Ich will mit meiner Meinung, die auf fast zwei Jahrzehnte Erfahrung in leitender Stellung bei Entwicklung und Bau von Kernkraftwerken fußt, nicht hinterm Berg halten: Risiko-Studien mögen sinnvoll sein zur Aufdeckung von Schwachstellen und Verbesserung der Sicherheit von Kernkraftwerken. Aber es ist der Sündenfall der Fachwissenschaftler, wenn sie sich unter dem Druck der Auftraggeber zur Beruhigung der Öffentlichkeit dazu hergeben, das Gesamtrisiko von Kernkraftwerken mit absoluten Zahlen zu beziffern. Die Öffentlichkeit in ihrer Wissenschaftsgläubigkeit mag solche Antworten erwarten – eine *redliche* Wissenschaft kann und darf diese Erwartung nicht erfüllen. Jede Zahlenangabe über die Eintrittswahrscheinlichkeit eines Kernschmelzunfalls ist pseudowissenschaftlich verkleideter Unsinn.

Die dritte und primitivste Möglichkeit, mit dem Risiko des Kernschmelzunfalls umzugehen, haben die beiden verantwortlichen deutschen Bundesminister angesichts der Tschernobyl-Katastrophe wie zitiert vorgeführt: Das Risiko wird «ausgeschlossen», und zwar «hier», den Atomkraftwerken selbst wohnt es nicht inne, und wenn es eintritt, ist es die technische Unfähigkeit der anderen. Diese anderen waren 1979, nach dem Unfall in Harrisburg, die Amerikaner, jetzt sind es die Sowjets. Der damalige französische Ministerpräsident Barré hat dieses Rezept schon wenige Stunden nach Bekanntwerden des Unfalls in Harrisburg praktiziert. Selbst die Spezialisten vor Ort wußten noch nicht, was vorgefallen war, da erklärte er schon, ein derartiger Unfall könne bei französischen Atomkraftwerken nicht vorkommen.

Der Bundesinnenminister verkündete nach dem zitierten Ausspruch «Das läßt sich ausschließen» am 29. April in der *Tagesschau* weiter: «Ein solcher Reaktor, wie ihn die Sowjetunion hier gefahren hat und wo das Unglück passiert ist, wäre bei uns in der Bundesrepublik überhaupt nicht genehmigungsfähig. Er hat ein Kühlsystem, wir haben vier. Wir haben eine vierfache Sicherheit. Deshalb sind die deutschen Reaktoren die teuersten, aber auch die besten in der Welt.»

Auch seinen Ausspruch «Das will ich hier für Deutschland ausschließen» begründete der Forschungsminister mit deutscher Technik. Er hob insbesondere den Druckbehälter hervor, «in dem, wenn wirklich etwas austreten sollte, dies eingefangen wird».

Diese Darstellungen machten im Handumdrehen Schule. Hinzu kam der Hinweis auf die offensichtlich von deutschen Reaktoren verschiedene Konstruktion des Reaktors in Tschernobyl: Graphit kann in deutschen Reaktoren schon deswegen nicht brennen, weil es ihn (außer im Hochtemperatur-Reaktor) dort gar nicht gibt. In der Folge beeilten sich auch die gegenüber der Atomkraft kritisch eingestellten Kommentatoren, zunächst einmal auf die Andersartigkeit und Primitivität der sowjetischen Reaktortechnik hinzuweisen, ehe sie danach fragten, ob ein solcher Unfall bei uns denn wirklich ausgeschlossen werden könne. In dieser Stimmungslage konnte Franz Josef Strauß am 4. Mai in Tuttenhausen das Problem auf den Punkt bringen: zu kritisieren sei das sowjetische System, das eine solch primitive Technik hervorbringe, nicht die Technik als solche.

Die unterschiedlichen Konstruktionsprinzipien deutscher Leichtwasser-Reaktoren und des Reaktors in Tschernobyl verlieren hinsichtlich des Unfallgeschehens allerdings viel von ihrer scheinbaren Bedeutung, wenn man sich das Charakteristische eines Kernschmelzunfalls vor Augen führt. Er entsteht, wenn infolge irgendeiner Kette unvorhergesehener Ereignisse die Kühlung des Reaktorkerns über längere Zeit ausfällt. Bei den deutschen Leichtwasser-Reaktoren wie beim Tschernobyl-Reaktor heißt dies, daß die uranhaltigen Brennstäbe, die den Kern bilden, nicht länger von Wasser umspült werden.

Die Brennstäbe bestehen bei den deutschen Leichtwasser-Reaktoren wie auch beim Tschernobyl-Reaktor aus langen, dünnen Hülsen aus Zirkonmetall, die mit keramischem Urandioxyd gefüllt sind. Im

Uran entsteht beim Betrieb des Reaktors durch die atomare Kettenreaktion Wärme, die durch Kühlwasser abgeführt wird und zur Erzeugung elektrischer Energie im Turbogenerator des Kraftwerks dient. Weiter entstehen dabei in dem von Natur aus nur schwach radioaktivem Uran hochaktive Produkte, die sich zum kleineren Teil als Gase in der Zirkonhülle ansammeln, zum weitaus überwiegenden Teil aber im keramischen Urandioxyd gebunden bleiben.

Wird der Reaktor abgeschaltet, also die Kettenreaktion unterbrochen, so findet zwar die wärmeerzeugende Uranspaltung nicht mehr statt. Aber es verbleibt eine Wärmeerzeugung, die «Nachwärme», von der Größenordnung fünf Prozent des Niveaus beim vorherigen Betrieb. Sie rührt aus dem Zerfall der bei der Kettenreaktion gebildeten Spaltprodukte her und klingt nur sehr langsam ab.

Fällt nun die Wasserkühlung aus, werden also die Brennstäbe nicht länger von Wasser umspült, so wird bei den deutschen Leichtwasser-Reaktoren damit auch die Kettenreaktion unterbrochen. Dies geschah auch – sowjetischen Berichten zur Folge, die in diesem Punkt glaubwürdig erscheinen – zu Beginn des Unfalls in Tschernobyl. Es handelte sich also nicht etwa um eine nukleare Exkursion, ein «Durchgehen» des Reaktors. Aber nun beginnt die Uranmasse in den Brennstäben sich aufzuheizen, weil die Nachwärme mangels Wasserkühlung nicht abgeführt wird. Mit steigender Temperatur verlieren dann bald die Zirkonhüllen ihre Festigkeit. Sie platzen, die gasförmigen radioaktiven Produkte können entweichen. Zudem reagiert der noch im System vorhandene Wasserdampf mit dem heißen Zirkon; es bildet sich Wasserstoff. Beim Zusammentreffen mit Sauerstoff kann dies zu Explosionen führen. Schließlich erreicht das Urandioxyd seine sehr hohe Schmelztemperatur von fast 3000 °C, es beginnt zu schmelzen. Dies setzt nicht gleichzeitig im ganzen Reaktor ein, sondern beginnt an den hochbelasteten Stellen des Kerns und setzt sich langsam fort, erfaßt aber schließlich, wenn das Kühlwasser ausbleibt, die gesamte Urandioxydmasse von der Größenordnung 100 Tonnen bei einem großen Kernkraftwerk – 180 Tonnen in Tschernobyl. Beim Schmelzen werden die riesigen Mengen an hochaktiven Produkten freigesetzt, die während des Reaktorbetriebs entstanden und zum überwiegenden Teil in der keramischen Urandioxydmasse gebunden sind, solange sie in festem Zustand ist.

Dieser hier beschriebene Vorgang kann sich in den westlichen wie in den sowjetischen leichtwassergekühlten Kernkraftwerken ereignen. Diese Art von Kernkraftwerken macht etwa 90 Prozent der Kernkraftwerkkapazität in der Welt aus.

Im Unterschied zu den westlichen Leichtwasser-Reaktoren und

auch zu den sowjetischen Druckwasser-Reaktoren befinden sich die Brennstäbe beim Tschernobyl-Reaktor nicht alle gemeinsam in einem großen, mit Wasser gefüllten Behälter – den «Reaktordruckgefäßen» –, sondern in etwa 1700 einzelnen von Wasser durchströmten Zirkonröhren – den «Druckröhren». Diese sind in einem zylindrischen Graphitblock von etwa zwölf Metern Durchmesser und sieben Metern Höhe angeordnet. Der Graphitblock mit den Druckröhren bildet den Reaktor. Er wird von einem gasdichten Stahlblechmantel umhüllt, der mit einem Helium-Stickstoff-Gemisch gefüllt ist, um zu verhindern, daß der Graphit mit Luftsauerstoff in Berührung kommen und sich entzünden kann. Der Stahlblechmantel wiederum sitzt in einem Betonblock innerhalb des Kraftwerkgebäudes.

Zur Zeit dieser Niederschrift, zwei Wochen nach Beginn der Katastrophe, ist über die Ursachen ihrer Einleitung nur wenig bekannt. Es ist auch fraglich, ob die sowjetische Untersuchungskommission die einleitenden Vorfälle schon präzise rekonstruieren konnte. Den bisherigen Aussagen zur Folge sei der Reaktor zuvor wegen Wartungsarbeiten nur bei etwa 20 Prozent seiner vollen Leistung betrieben worden. Sollte dies über längere Zeit so gewesen sein, dann wäre auch die Wärmeerzeugung nach dem Unfall erheblich geringer gewesen, mithin das Kernschmelzen langsamer vonstatten gegangen, als bei Einleitung des Unfalls aus dem Normalbetrieb heraus.

Es wurde weiter erklärt, das auslösende Ereignis sei *vermutlich* eine chemische Explosion gewesen, die wiederum *vermutlich* ausgelöst worden sei durch ein mechanisches Versagen («Bruch eines kleinen Teilchens»). Die Explosion verursachte einen Brand im Kraftwerksgebäude. Außerdem geriet der Graphitblock in Brand. Vermutlich ist der Stahlblechmantel im Verlauf der Entwicklung des Unglücks beschädigt worden, so daß Luft zutrat und der heiße Graphit sich entzündete. Der Brand stand bei der Berichterstattung über die Ereignisse im Kraftwerk im Vordergrund. Von grundlegender Bedeutung für die Freisetzung der riesigen Mengen an Radioaktivität ist aber nicht der Brand, sondern der beschriebene Kernschmelzunfall, der einen Ausfall der Kühlwasserzufuhr voraussetzt. Wie dieser Ausfall zustande kam, ob er etwa die Folge der Explosion war oder deren Ursache – was infolge der beschriebenen Wasserstoffbildung nach Ausfall der Kühlung denkbar wäre –, das ist bisher nicht bekannt. Die Wärmeentwicklung infolge des Graphitbrands mag den Vorgang des Kernschmelzens unterstützt haben, das wesentliche Ereignis ist aber der beschriebene Kernschmelzvorgang infolge der nicht abgeführten Nachzerfallswärme. Die *Einleitung* dieses Vorgangs ist durch die speziellen Konstruktionsmerkmale des Reaktors bestimmt. Sein weiterer Verlauf gehorcht aber den Gesetzen, die für alle leichtwassergekühlten Reaktoren gelten.

So war die Einleitung des Kernschmelzvorgangs in Harrisburg gewiß völlig anderer Natur als in Tschernobyl. In Harrisburg hatte ein Ausfall des Kühlwasserumlaufs im Turbinenkreislauf dazu geführt, daß sich ein Ventil im Reaktorsystem öffnete und wie ein kleines Leck wirkte, welches erst nach mehr als zwei Stunden durch ein anderes Ventil geschlossen wurde. Dies führte dazu, daß der Reaktorkern zeitweise nicht oder nur teilweise mit Wasser bedeckt war. Einige Stunden nachdem das Ventil wieder geschlossen war, hatten die Notkühlpumpen aber das Druckgefäß wieder mit Wasser gefüllt und die weiter entstehende Nachwärme konnte abgeführt werden. In diesem Zeitraum von einigen Stunden waren infolge nicht abgeführter Nachwärme die Zirkonhüllen der meisten Brennstäbe zerstört worden, hatte das heiße Zirkon mit dem verbliebenen Wasserdampf reagiert und Wasserstoff gebildet, hatte das Uran teilweise zu schmelzen begonnen. Große Mengen an Radioaktivität sowie ein Teil des gebildeten Wasserstoffs waren durch das Leck entwichen in das Reaktorgebäude, das von einer Stahlkugel, dem «Sicherheitsbehälter», umschlossen ist. Nachdem das Ventil geschlossen und die Kühlung wieder in Gang gesetzt war, explodierte der Wasserstoff im Gebäude. Glücklicherweise hielt die Stahlkugel dieser Explosion stand, so daß der größte Teil der in das Gebäude entwichenen Radioaktivität in der Stahlkugel verblieb. Ein kleinerer Teil dieser Aktivität entwich jedoch durch verschiedene Rohrleitungen, die aus der Stahlkugel herausführen, und gelangte schließlich in die Umgebung.

Dies ist eine aufs äußerste verkürzte Darstellung des in der Realität sehr komplexen Geschehens in Harrisburg 1979. Vor Ort hatten das Betriebspersonal und auch die eingeflogenen Experten das Geschehen nicht durchschaut. Daß der Unfall rechtzeitig gestoppt wurde, war mehr Zufall als Methode. Fünf Tage lang befürchteten die anwesenden Experten noch eine weitere Wasserstoffexplosion mit katastrophalen Folgen. Eine regierungsamtliche Kommission benötigte Monate, um den Unfallverlauf aufzuklären, der sich als eine komplizierte Kette von großenteils banalen technischen Ereignissen rekonstruieren ließ, die niemand hätte voraussehen können.

Die Analyse vieler glimpflich verlaufener Beinahe-Unfälle in Kernkraftwerken zeigt häufig das gleiche Bild: Das Aufeinandertreffen ganz und gar unvermuteter banaler Vorfälle ist der wahrscheinlichste Grund für die Auslösung eines schweren Unfalls. Die Kombinationsmöglichkeiten von einzelnen Mechanismen technischen Versagens und menschlicher Fehlhandlungen sind angesichts der Komplexität von Kernkraftwerken schier unbegrenzt. Darin liegt letztlich der Grund dafür, daß trotz hohen Aufwands für Sicherheit mit dem katastrophalen Kernschmelzunfall gerechnet werden muß und daß vor allem Prognosen über die Wahrscheinlichkeit dieses Unfalls unsinnig sind.

In Harrisburg waren die mechanischen Systeme, mit deren Hilfe der Unfall beendet wurde, noch intakt, obwohl das Kernschmelzen schon eingesetzt hatte. In Tschernobyl gelang es nicht, das Kernschmelzen noch rechtzeitig zu stoppen. Noch ist nicht zu übersehen, ob die heißen Uranmassen den Boden des Reaktorgebäudes durchschmelzen, dies kann, muß aber nicht nach einem Kernschmelzunfall geschehen. Die Folgen wären verheerend, weil sich dann die radioaktiven Produkte über das Grundwasser ausbreiten könnten.

Wenn sich, wie gezeigt, prinzipiell der gleiche Kernschmelzunfall wie in Tschernobyl auch in den deutschen Kraftwerken ereignen kann, so bleibt die Frage, ob infolge eines geringeren Stands der sowjetischen Sicherheitstechnik die Wahrscheinlichkeit seines Eintretens oder seine Folgen für die Umgebung vergleichsweise hoch sind.

Hier fällt zunächst ins Auge, daß die westlichen Leichtwasser-Reaktoren ein gasdichter stählerner Sicherheitsbehälter umschließt, den Reaktor in Tschernobyl dagegen nicht. In diesem Behälter wird, so der zitierte Ausspruch unseres Forschungsministers, «wenn wirklich etwas austreten sollte, das eingefangen». Wie bereits erwähnt, hat der Sicherheitsbehälter in Harrisburg tatsächlich den größten Teil der dort aus dem Reaktorsystem ausgetretenen Aktivität zurückgehalten. Es war aber lediglich ein glücklicher Umstand, daß die Wasserstoffexplosion im Sicherheitsbehälter nicht einen erheblich höheren Druck (als die registrierten 2 bar) erzeugte, der ihn hätte zerstören können.

Tatsächlich sind die Sicherheitsbehälter gar nicht für den Kernschmelzunfall konstruiert. Sie sollen vielmehr bei «milderen» Unfällen bis hin zum sogenannten GAU intakt bleiben. Das Auftreten solcher Unfälle, insbesondere von Lecks im Reaktorsystem, wird bei der Sicherheitsbegutachtung unterstellt. Es ist der Nachweis zu führen, daß die Sicherheitssysteme diese Unfälle beherrschen. Das heißt, die Kühlung des Reaktorkerns soll gesichert sein und die – im Vergleich zum Kernschmelzunfall geringen – aus dem Reaktor entweichenden Radioaktivitäten sollen größtenteils im Sicherheitsbehälter verbleiben.

Der Sicherheitsbehälter soll also dem GAU, aber nicht dem «Super-GAU» – wie der Kernschmelzunfall auch genannt wird – widerstehen. Es ist in der Fachwelt unbestritten, daß er das auch gar nicht kann, was den Forschungsminister freilich nicht hinderte, das Gegenteil zu behaupten. Die am Beispiel Harrisburg erwähnte Wasserstoffexplosion ist nur einer unter einer Reihe möglicher Mechanismen des Versagens dieses Behälters nach einem Kernschmelzunfall, ein anderer wäre das Durchschmelzen der heißen Uranmassen durch den Behälterboden. Leckagen von Radioaktivität durch eine oder mehrere der hundert Rohrleitungen, die aus dem Sicherheitsbehälter herausführen, sind nach einem Kernschmelzunfall praktisch unvermeidlich, große Leckagen, die ähnlich einem Platzen der Behälter wirken, nicht auszuschließen. Spätestens wenige Tage nach einem ausgebildeten Kernschmelzunfall platzt der Sicherheitsbehälter auf jeden Fall, weil die Aufheizung der Atmosphäre und die Freisetzung von Gasen aus den aufgeheizten Betonmassen den Druck im Behälter ständig steigern.

Der Sicherheitsbehälter kann also bestenfalls die Freisetzung der Radioaktivität in die Umgebung nach einem Kernschmelzunfall um wenige Tage verzögern, und selbst das ist nicht gesichert. Verhindern kann er die Freisetzung jedenfalls nicht.

Freilich könnte eine Verzögerung von hoher Bedeutung sein im Hinblick auf die Evakuierung der Menschen aus der Umgebung des Kraftwerks nach einem Kernschmelzunfall. In Tschernobyl wurde erst die nächstgelegene Stadt evakuiert, später – unverständlich spät – alle Orte in einem Radius von 30 km um das Kraftwerk, insgesamt 84000 Menschen. Das ist für deutsche Verhältnisse eine extrem dünne Besiedlung, etwa 30 Menschen je Quadratkilometer. Kein deutsches Atomkraftwerk liegt in einer derart menschenleeren Gegend. Im Umkreis von 30 km um Atomkraftwerke wie Biblis, Philippsburg, Stade wohnen etwa eine Million Menschen und mehr. Die Millionenstadt Kiew ist 130 km von Tschernobyl, die Millionenstadt Hamburg keine 30 km von Stade entfernt.

Für jeden Atomkraftwerkstandort gibt es Katastrophenschutzpläne mit Evakuierungsvorschriften. Aber man stelle sich die Straßen in und um Hamburg nach einer Katastrophe in Stade vor. Wie wahrscheinlich ist die Ordnung, die Voraussetzung für eine Evakuierung von einer oder gar zwei Millionen Menschen wäre? Die Sicherheitshülle, die vielleicht – vielleicht auch nicht – mehr Zeit zur Evakuierung läßt, ist bestenfalls ein minimales Korrektiv für eine Standortpolitik, wie die Bundesrepublik sie sich leistet.

Die *Atomwirtschaft*, das Zentralorgan der deutschen Atomgemeinde, berichtete im Dezember 1983 zur Sicherheit der sowjetischen Kernkraftwerke, sie seien «gegen Naturkatastrophen (Orkane, Überschwemmungen, Erdbeben etc.) und gegen Flugzeugabsturz und Druckwellen von außen ausgelegt. Die Sicherheit wird noch durch die in Rußland mögliche Standortauswahl, Kernkraftwerke in gewisser Entfernung von größeren Ortschaften zu erstellen, erhöht.»

Von dem Sicherheitskriterium der Bevölkerungsdichte in der Umgebung von Kraftwerken, das massiv gegen die Sicherheit bei einer Reaktorkatastrophe in Deutschland spricht, habe ich in den vergangenen zwei Wochen seit der Katastrophe nichts gehört oder gelesen. Dabei ist dieses Problem doch wohl auch für den technischen Laien verständlich, während die Sicherheitstechnik eines Atomkraftwerks nur von ausgesprochenen Fachleuten bewertet werden kann. Aber daß die sowjetische Sicherheitspolitik primitiv, schlampig oder dergleichen sei, die deutschen Reaktoren hingegen Sicherheitsspitze, das wußten nahezu sämtliche Kommentatoren, auch solche, die ich sonst als kritisch schätze. Woher wußten sie das eigentlich?

Ich habe in der deutschsprachigen, westlichen Fachpresse geblättert, und einige Kollegen taten dies auch. Das Bild, das dabei in Eile zustande kam, mag unvollständig sein. Wir fanden jedenfalls in der Fachpresse keinen Artikel, der Kritik an der Sicherheit der sowjetischen Kernkraftwerke übte. Zu dem Reaktortyp in Tschernobyl waren die Äußerungen sogar betont positiv. So hob der schon zitierte Artikel in der *Atomwirtschaft* die Anordnung der Brennelemente in den einzelnen Druckröhren statt in einem «tonnenschweren Hochdruckbehälter» als Vorteil hervor; daher sei «die Verläßlichkeit des ganzen Systems sehr hoch dank der Überwachungs- und Kontrollmöglichkeiten der einzelnen Kanäle». Im gleichen Sinne äußerte sich die *Neue Zürcher Zeitung* am 23. Januar 1980 in einer ausführlichen Beschreibung dieses Typs. Im Konferenzbericht «Kernenergiepolitik der RWG-Länder» des Bundesinstituts für osteuropäische und internationale Studien findet sich gar ein Aufsatz zum Tschernobyl-Typ, der «diesem Reaktortyp auf Grund seiner Konstruktion eine größere inhärente Sicherheit» als dem Druckwasser-Reaktor zuspricht.

Mich beeindrucken solche Darstellungen nicht sonderlich. Ich weiß zudem, daß auch in der Atomgemeinde eine Krähe der anderen nicht so schnell ein Auge aushackt. Da es in der Sowjetunion keine nennenswerte öffentliche Kernenergie-Kontroverse gibt und die Erfahrung gelehrt hat, daß die Kontroverse in Deutschland und den USA Druck in Richtung verbesserter Sicherheitsmaßnahmen ausgeübt hat, vermute ich, daß in der Sowjetunion tatsächlich ein niedrigerer Stand der Sicherheitstechnik herrscht. Wohlgemerkt: ich vermute. Aber die Kommentatoren *wußten* dies, darunter viele, die Herrn Zimmermann und der Atomgemeinde sonst nicht jedes Wort glauben. Vielleicht glaubten sie einem als Atomkritiker bekannten Physiker, der tatsächlich schon vor der Katastrophe den Tschernobyl-Typ für besonders gefährlich erklärt hatte, weil er zu nuklearen Exkursionen neige? Das mag so sein, aber was geschah, war kein Unfall dieser Art.

Die Katastrophe in Tschernobyl ist schlimm für die Menschen in Westeuropa. Aber eine Katastrophe ist es für die Menschen in der Ukraine, dort wo der Reaktor steht. Eine vergleichbare Katastrophe beträfe in Deutschland noch sehr viel mehr Menschen in der Umgebung des Reaktors, das ist sicher. Daß die Wahrscheinlichkeit für den Eintritt der Katastrophe in Deutschland wegen besserer Sicherheitstechnik geringer sei als in der Sowjetunion, ist dagegen Spekulation. Wer sagt, eine solche Katastrophe sei bei uns auszuschließen, versteht entweder nichts von der Materie oder sagt bewußt die Unwahrheit.

Mehr Amerikaner gegen Kernkraft

Meinungsumfragen

Die Reaktorkatastrophe in Tschernobyl stand bis Montagabend in den amerikanischen Nachrichtensendungen in Rundfunk und Fernsehen an erster Stelle. ... Die Menschen fühlen sich offenbar von diesem Reaktorunfall persönlich stärker betroffen als von der Challenger-Katastrophe Ende Januar. Eine soeben von der Zeitschrift *Newsweek* beim Gallup-Institut in Auftrag gegebene Meinungsumfrage führte zu dem Ergebnis, daß der Prozentsatz derjenigen, die der Ansicht sind, ein Atomreaktor könne ohne schwerwiegende Unfälle betrieben werden, seit Juni 1985 von 55 auf 50 Prozent zurückgegangen, der Prozentsatz der «Pessimisten» dagegen von 35 auf 39 Prozent gestiegen ist. Seit April 1979, als der amerikanische Reaktor bei Three Mile Island radioaktive Wolken wegen Überhitzung aussandte, ist der Prozentsatz der Gegner von Atomreaktoren in Amerika von 60 auf 70 Prozent gestiegen. Die Zeitschrift *Time* hat dagegen festgestellt, die Zahl der Atomkraftwerksgegner habe sich nach dem Unfall in Tschernobyl nicht wesentlich erhöht.

In den Vereinigten Staaten sind derzeit rund 100 Atomreaktoren in Betrieb, 30 sind im Bau und zwei sind bestellt. Schon unmittelbar vor dem Reaktorunfall in Tschernobyl hatte sich eine starke Opposition gegen die Genehmigung von zwei neuen Reaktoren in Shoreham (Long Island) und in Seabrook (New Hampshire) gebildet. Der Widerstand gegen neue Reaktoren verstärkt sich jetzt. Ein Zusammenschluß von Verbraucherorganisationen, von Umweltschützern und Wissenschaftlern hat jetzt die Schließung von Atomkraftwerken in den Vereinigten Staaten gefordert.

Zugleich wurde ein Bericht der Regierungskommission für Atomkraftwerke veröffentlicht, in dem eine Reihe von Reaktorunfällen in den Vereinigten Staaten in den letzten beiden Jahren im einzelnen dargestellt werden. Durch diesen Bericht wird die Diskussion über die Reaktorsicherheit in den Vereinigten Staaten und die Vorkehrungen, die bei einem Unfall getroffen werden müssen, noch mehr entflammt werden. In Amerika wird unverhohlen zum Ausdruck gebracht, daß sowohl Regierungsstellen als auch Betreiber von Atomkraftwerken in ihrer Wachsamkeit nachgelassen haben.

aus: Frankfurter Allgemeine vom 7. Mai 1986

Friedrich W. Husemann

Der Bonner Info-Super-GAU

Die Atomkatastrophe in der Ukraine bescherte der Bundesrepublik nicht nur die strahlenden Abfälle, die aus allen Wolken fielen. Das Bersten des Reaktors von Tschernobyl hatte vor allem in der Bundeshauptstadt eine Kettenreaktion der Widersprüche und Hilflosigkeiten zur Folge: Die Politiker, die das Sagen haben in Bonn, sprachen oder ließen sprechen, daß dem Bürger das Hinhören verging. Auf dem Gebiet der Information registrierten nicht nur Experten eine Super-GAU-Situation – die *G*rößte *A*nzurichtende *U*nsicherheit mit Langzeitwirkung. Die folgenden Bonner Kalenderblätter sind nur eine Blütenlese und erheben nicht den Anspruch, das volle Ausmaß der Irritation zu belegen.

Mittwoch, 30. April 1986

«Die Bundesregierung stellt fest, daß eine Gefahr für die Bundesrepublik Deutschland nicht besteht und auch nicht eintreten wird. Eine gesundheitliche Gefährdung für die Bevölkerung der Bundesrepublik Deutschland ist nach allen vorliegenden Erkenntnissen ausgeschlossen.»

Norbert Schäfer, stellvertretender Sprecher der Bundesregierung

«Wir messen laufend. Ich will das auch nicht verniedlichen. Aber es gibt keine konkrete Gefährdung der Bundesrepublik Deutschland, weder von der Distanz her noch von dem, was wir sonst wissen, sondern ganz im Gegenteil: Es gibt Hinweise, wonach es den Sowjets gelungen sein könnte, daß der Brand mittlerweile gelöscht wäre.»

Dr. Michael-Andreas Butz, Sprecher des Bundesinnenministeriums.

«In ganz geringem Umfang kommen Spuren von schweren Stoffen über Staubpartikel auch in die Luft, aber sonst nichts. Ob es dieser oder jener Fall – Graphit- oder Kernschmelze – ist, ist gehopst wie gesprungen aus der Sicht der Bundesrepublik Deutschland.»

Dr. Werner Gries, Sprecher des Bundesforschungsministeriums

«Aber auch die schwedischen Werte sind derart minimal für die Gesundheitsgefährdung, daß einer, der von Hamburg nach Saarbrücken umzieht, aufs Jahr gerechnet eine größere Dosis an Belastung erleidet, als wenn er sich vierzehn Tage jetzt unter der Wolke in Schweden aufhält.» Dr. Werner Gries, Sprecher des Bundesforschungsministeriums

«Für den Katastrophenschutz sind die Bundesländer zuständig. Und Sie müßten gegebenenfalls Nordrhein-Westfalen fragen, was für Pläne vorgesehen sind.» Dr. Michael-Andreas Butz, Sprecher des Bundesinnenministeriums

Freitag, 2. Mai 1986
«Seit Mittwoch hat die Bundesregierung eine Reihe von Vorsorgemaßnahmen eingeleitet ... Vorsorgemaßnahmen sind auch deshalb erforderlich, weil die Sowjetunion weiterhin nicht bereit ist, rückhaltlose Informationen über Art und Umfang des Unglücks zu liefern.»

Norbert Schäfer, stellvertretender Sprecher der Bundesregierung

«Wir haben keine Katastrophe. Hier geht es nicht um die Anwendung der Katastrophenschutzgesetze. Die vorbeugenden Maßnahmen, die vorher zu treffen sind, auch die Gesundheitsvorsorgen, sind ebenfalls in der Zuständigkeit der Länder.»

Dr. Michael-Andreas Butz, Sprecher des Bundesinnenministeriums

«In den sechziger Jahren, als noch Kernwaffenversuche in der Atmosphäre vorgenommen wurden, war die Dauerbelastung der Bevölkerung erheblich größer. Allerdings wurden damals in der Bundesrepublik Deutschland nicht solche Spitzenwerte, wie jetzt regional festgestellt, gemessen.» Dr. Michael-Andreas Butz, Sprecher des Bundesinnenministeriums

«Die Meßzahlen, die genannt worden sind, beziehen sich auf die Radioaktivität. Welche Wirkungen das auf den menschlichen Organismus hat, ist eine andere Frage. Das wird durch diese Umrechnungsfaktoren mit rem zum Ausdruck gebracht. Aus den Meßzahlen können Sie nicht entnehmen, wie gefährlich die biologisch sind.»

Dr. Werner Gries, Sprecher des Bundesforschungsministeriums

«Aus Gründen der Vorsorge sollte jede mit einfachen Mitteln durchführbare Maßnahme ergriffen werden, um die Strahlenexposition durch diese praktikablen Maßnahmen zu minimieren.»

Prof. Erich Oberhausen, Vorsitzender der Strahlenschutzkommission beim Bundesinnenminister

«Frischmilch aus Molkereien sollte nur dann an die Bevölkerung ausgegeben werden, wenn die Aktivitätskonzentration der abgegebenen Milch den Wert von 500 Becquerel pro Liter Jod 131 nicht überschreitet.»
Prof. Erich Oberhausen, Vorsitzender der Strahlenschutzkommission

«Wir sind im Bereich geringer Strahlendosen. Die Wissenschaft hat keine einheitliche Meinung, ob durch diese kleinen Strahlendosen ein Krebsrisiko verursacht wird oder nicht.»

Prof. Erich Oberhausen, Vorsitzender der Strahlenschutzkommission

«Ich habe am Mittwoch von der akuten Gefahr gesprochen, so wie ich heute auch davon gesprochen habe. Mir war aber auch zu diesem Zeitpunkt nicht bekannt, daß diese Entwicklung, die mit dem, was ich gesagt habe, zunächst nichts zu tun hat, daß diese Entwicklung anstand oder möglich gewesen ist. Sonst hätte ich das hinzugefügt.»

Norbert Schäfer, stellvertretender Sprecher der Bundesregierung

«In Gebieten, wo eine relativ hohe Aktivität ist, würde ich Müttern mit Kindern empfehlen, auf Trockenmilch auszuweichen, bis die Maßnahmen angelaufen sind.»

Franz Kroppenstedt, Staatssekretär im Bundesinnenministerium

«Ich bin kein Molkereifachmann. Die Meßwerte, die an den von uns, der Strahlenschutzkommission, empfohlenen Richtwert herangehen, stammen aus dem, was gestern abend bzw. heute früh gemolken wurde. Wenn ich richtig informiert bin, steht das, was da gemolken wurde, frühestens morgen, übermorgen zur Auslieferung an. Ich nehme an, daß bis dahin die Messungen gegriffen haben.»

Prof. Erich Oberhausen, Vorsitzender der Strahlenschutzkommission

Sonntag, 4. Mai 1986

«Möglich, daß nicht nur unsere Frischmilch, sondern auch unsere Ernte zu einem Teil radioaktiv verseucht ist und deshalb vernichtet werden muß.»

Dr. Wolfgang von Geldern, Parlamentarischer Staatssekretär im Bundeslandwirtschaftsministerium

«Zum Teil widersprüchliche Angaben über die Strahlenbelastung haben zu erheblichen Irritationen und Unsicherheiten in der Bevölkerung geführt.»
Gerhart Baum, stellvertretender FDP-Vorsitzender

«Herr Baum sollte es vermeiden, die Bundesregierung mit der russischen Regierung zu verwechseln.»

Dr. Michael-Andreas Butz, Sprecher des Bundesinnenministeriums

Schluß mit der Verwirrung

Die Strahlenverwirrung ist komplett: Bonn warnt vor Milch; die Länder vor Regen; die Städte vor dem Sandkasten.

Und wonach soll sich die Hausfrau, die ratlose Mutter richten?

Wir brauchen eine zuverlässige Stelle, bei der wir alle erfahren, was nun wirklich gefährlich ist, was wir tun sollen. Radioaktivität richtet sich nicht nach Ländergrenzen.

Man stelle sich bloß einmal vor, wir hätten eine wirklich bedrohliche Katastrophe in der Bundesrepublik. Wäre das dann in Bayern schlimm und in Hessen harmlos?

Bild vom 7. Mai 1986

Dosierte Informationen

Tschernobyl ist wirklich nicht überall. Aber seit der Katastrophe von Tschernobyl ist vieles anders. So müssen wir uns mit neuen Vokabeln vertraut machen, die bisher nicht zu unserem Alltags-Wortschatz gehörten: Gammadosisleistung, Störfallgrenzwert, Dekontamination, Ganzkörperdosis. Wir müssen uns wohl auch an Fernsehbilder gewöhnen von Leuten, die in schwarzen Strahlenschutzanzügen Autos abspritzen. Und wir werden die verschiedenen Meßeinheiten für radioaktive Konzentrationen erlernen müssen: Millirem und Mikroröntgen, Picocurie, Becquerel und Sievert …

Die Bonner Politiker und Beamten waren auf diesen ersten ernsten Reaktor-Störfall in Europa unvorbereitet. In ihrer Hilflosigkeit beteuerten sie erst einmal, bei uns sei bestimmt «alles sicher». Und sie beschwichtigten: «Akute Gefahren» für die Gesundheit der Menschen seien hier «auszuschließen». Aber dann: Die Strahlenschutzkommission empfahl Vorsorgemaßnahmen und Verhaltensregeln. Da ist es kein Wunder, wenn viele Menschen mißtrauisch und ängstlich werden und den Politikern, denen sie ohnehin wenig (oder alles) zutrauen, jetzt noch weniger Glauben schenken.

Da ist von unterschiedlichen Meßverfahren die Rede – sind denn die veröffentlichten Ergebnisse überhaupt vergleichbar? In Berlin wurde DDR-Milch sichergestellt, die den festgesetzten Becquerel-Grenzwert weit überschritt; und Lastwagen aus Osteuropa müssen an der hessischen Grenze umkehren, während westliche Laster «dekontaminiert» (entseucht) weiterbrummen dürfen – ist denn östliche Radioaktivität gefährlicher als westliche? Warum wird vor Nebenwirkungen von Jod-Tabletten gewarnt, während Milch bis zu einer 500 Becquerel Jod-Konzentration unschädlich sein soll? Und was verleitete das Außenministerium zu der Fehlinformation über einen «Alarmzustand» in Rumänien?

Widersprüche und Ungereimtheiten, die irritieren und verunsichern. Zu einem sinnvollen Katastrophenschutz – wenn es den überhaupt gibt – gehören verständliche, unzweideutige, verläßliche Informationen.

hll (Bonn) / Frankfurter Rundschau vom 5. Mai 1986

Montag, 5. Mai 1986

«Seit Tagen ist die Bundesregierung nicht in der Lage, eindeutige und klare Empfehlungen auszusprechen, was die Menschen in der Bundesrepublik jetzt tun und was sie jetzt lassen sollten.»

Volker Hauff, stellvertretender Vorsitzender der SPD-Bundestagsfraktion

«Für die Bevölkerung der Bundesrepublik besteht weiterhin keine akute Gefahr. So war es und so ist es. Zugleich ist die Bundesregierung bemüht, durch entsprechende Vorsorgemaßnahmen die Strahlenbelastung, die weiterhin unter jeder Gefahrengrenze liegt, zu minimieren, sie so niedrig wie möglich zu halten.»

Norbert Schäfer, stellvertretender Sprecher der Bundesregierung

«Es ist in der Tat so, daß einzelne Länder andere Werte als 500 Becquerel sich zu eigen gemacht haben. Das ist auch das gute Recht der Länder, weil die Länder dafür zuständig sind. Was der Bund hier macht, das ist eine Koordinierungs- und Empfehlungsfunktion.»

Hartwig Möbes, Sprecher des Bundesgesundheitsministeriums

«Diese Vorsorgemaßnahmen sind deshalb sinnvoll, weil wir nicht genau wissen, ob in dem Reaktor nicht noch Kettenreaktionen stattfinden.»

Dr. Werner Gries, Sprecher des Bundesforschungsministerums

«Der Kleingärtner soll sein Gemüse und seinen Salat selbstverständlich ernten, ordentlich waschen und dann verzehren.»

Hartwig Möbes, Sprecher des Bundesgesundheitsministeriums

«Wenn ein Transport mit Hähnchen aus Polen ankommt – wie wollen Sie das messen? Sie müssen die Kühlkette durchbrechen, Sie müssen da hinein. Das geht im Einzelfall gar nicht. Oder bei einer Ladung Tomaten, da müßten Sie in den Waggon hinein. Das heißt: Den letzten Grenzwert zu ermitteln, das ist weder vom Personellen noch vom Technischen her überhaupt möglich.»

Norbert Schäfer, stellvertretender Sprecher der Bundesregierung

«Tatsächlich gibt es ja erhebliche Unterschiede zwischen der Versicherung, das alles sei mehrere tausend Kilometer entfernt, und der Aufforderung, keine Frischmilch zu trinken und den Feldsalat zu meiden. Merkwürdig mutet auch das Bild eines mit Geigerzählern untersuchten Lastwagens an, der dann abgeräumt wird, wobei dann das offenbar radioaktiv kontaminierte Wasser in die öffentliche Kanalisation oder in den Boden läuft. Die wechselnden Erklärungen von Bund und Ländern ergeben eine eindrucksvolle Dokumentation.»

Dr. Burkhard Hirsch, innenpolitischer Sprecher der FDP-Bundestagsfraktion

«Der Bundesinnenminister hat es versäumt, die Maßnahmen der einzelnen Bundesländer zu koordinieren. Dies hat dazu geführt, daß es unterschiedliche und widersprüchliche Maßnahmen und Empfehlungen gibt.» Harald B. Schäfer, Obmann der SPD-Fraktion im Innenausschuß des Bundestages

«Es ist entlarvend, wenn hier interessierte Kreise statt der Sowjetunion die Bundesregierung einer unzureichenden Informationspolitik bezichtigen. Bei sofortiger und umfassender Unterrichtung durch die Sowjetunion hätten unsere Behörden noch schneller reagieren können.» Dr. Paul Laufs, innenpolitischer Sprecher der CDU/CSU-Bundestagsfraktion

«Besser als die Bundesregierung, gestützt auf die Meßergebnisse der Länder, gestützt auf die Empfehlungen von Reaktorsicherheits- und Strahlenschutzkommission, besser kann sie nicht informieren. Wenn es eine Vielfalt der Meinungen in dieser offenen Gesellschaft gibt, dann liegt das am System dieser offenen Gesellschaft, vor allem am föderalistischen System, weil für viele dieser Dinge die Länder und auch kommunale Behörden unterhalb der Länderebene, auf der Ebene der Kreise, zuständig sind.»

Dr. Friedrich Zimmermann, Bundesinnenminister

Dienstag, 6. Mai 1986

«Das Schwierigste ist, eine Sprache zu finden, der Bevölkerung diese Gefahren, Gefährdungen und Risiken verständlich zu machen. Wir haben im Innenausschuß des Bundestages erlebt, daß die Wissenschaftler diese Sprache nicht sprechen. Wir müssen also als Politiker die Gefährdungssituation, die Lagebeurteilung in eine allgemeinverständliche Sprache übersetzen, und es hat daran gefehlt.»

Gerhart Baum, stellvertretender FDP-Vorsitzender

«Ich glaube auch gar nicht, daß man der Bundesregierung vorwerfen kann, mit vielen Zungen zu reden.» Dr. Wolfgang Schäuble, Kanzleramtsminister

«Frische Trinkmilch, die von Molkereien angeboten wird, kann ohne Bedenken getrunken werden.»

Dr. Wolfgang von Geldern, Parlamentarischer Staatssekretär im Bundeslandwirtschaftsministerium

«Ihre Kinder sollten vorerst Sandkästen meiden und beim Spielen auf Wiesenflächen möglichst wenig Hautkontakt mit dem Boden bekommen. Gegen Spielen im Freien bestehen im übrigen keine Bedenken. Waschen oder duschen Sie Ihre Kinder nach dem Spiel im Freien.»

Auszug aus einer Zeitungsanzeige der Landesregierung von Nordrhein-Westfalen

«Wir haben natürlich den Begriff ‹Krisensitzung›, ‹Krisenstab› und ähnliches schon deshalb vermieden, weil unsere Bürger dann aus solchen Begriffen natürlich ableiten würden, es liege eine konkrete Gefahrenlage vor, von der ich noch einmal sagen muß: Sie hat zu keinem Zeitpunkt vorgelegen.» Dr. Wolfgang Schäuble, Kanzleramtsminister

«Diejenigen, die zu Recht die sowjetische Informationspolitik beklagen, müßten jetzt dazu beitragen, ein Durcheinander der Information im Inland zu vermeiden. Andernfalls sind sie auch mitverantwortlich für die Verwirrung der Bürger.»

Manfred Petroll, Sprecher des Deutschen Atomforum e. V.

«Ich bin der Auffassung, daß nach den Maßnahmen der Länder und den Informationen, die an die Bevölkerung gedrungen sind, eine Verunsicherung eingetreten ist, die es dringend erforderlich macht, noch einmal klärend und auch der Bevölkerung klar sagend zu erklären, in welcher Situation wir uns befinden und was getan worden ist.»

Prof. Rita Süßmuth, Bundesgesundheitsministerin

«Für den Strahlenschutz in den Ländern sind im allgemeinen nicht die Innenminister zuständig (weil immer nach den Innenministern gerufen wird), sondern es ist unterschiedlich geregelt: Gesundheitsminister oder Umweltminister. Deshalb hätte die Einberufung der Innenminister nicht sehr viel gebracht außer bunten Bildern vielleicht für das Fernsehen. Wichtig ist hierbei nicht in erster Linie, daß die Minister hier in Bonn zusammenkommen, sondern die Arbeitsebene der Fachleute.» Norbert Schäfer, stellvertretender Sprecher der Bundesregierung

Mittwoch, 7. Mai 1986

«Obwohl wir über keine genauen Informationen verfügen, ist die Lage bei uns unter Kontrolle, weil wir über die Daten unserer Meßstellen verfügen und sachverständige Wissenschaftler haben, die daraus die richtigen Schlußfolgerungen ziehen.»

Dr. Friedrich Zimmermann, Bundesinnenminister

Treppenwitze taugen nicht zum Lachen, zumal in einem Ernstfall. Und wie ein Treppenwitz mutet es an, daß sich Friedrich Zimmermann mit seiner «Erklärung zu den Vorsorgemaßnahmen nach dem schweren Unfall im sowjetischen Kernkraftwerk Tschernobyl» über alle Rundfunk- und Fernsehsender an die Bevölkerung der Bundesrepublik wandte, als diese Hinwendung zum Volk bestenfalls noch als Nachsorge verstanden werden konnte. Am Abend des 7. Mai, als die allgemeine, regierungsamtlich geförderte Verwirrung eine Woche alt war, verkündete der Bundesinnenminister über Bildschirm und Lautsprecher, «nach den vorliegenden Erkenntnissen» hätte es keine Gefahr gegeben und gäbe es keine Gefahr: «Die kurzzeitig angestiegene Radioaktivität in der Luft ist inzwischen gesunken und hat vielerorts bereits wieder den Normalwert erreicht.»

Entwarnung also und Übergang zur Tagesordnung? Doch wohl nicht, denn es hat jenen Ernstfall gegeben, den es – wenn überhaupt – in ein paar tausend Jahren erst hätte geben dürfen. Ein im fernen Tschernobyl geborstener Atomreaktor offenbarte schlagartig die völlige Hilflosigkeit der Regierenden wie der Regierten fern vom Schauplatz der eigentlichen Katastrophe.

Selbst böswillige Kritiker der Bonner Politik und der dafür verantwortlichen Politiker werden nicht behaupten, die Bundesminister und Regierungssprecher, die Profis und die Professoren hätten in tückischer Absicht die Öffentlichkeit hinters Licht geführt oder sie wider besseres Expertenwissen dort belassen. Die Politiker selbst sind bei ihrer blinden Gratwanderung zwischen Panikmache und Abwiegelei aus dem Tritt geraten und haben sich beim Absturz noch verrenkt. Sie haben tagelang wortgewaltig bejammert, wie schlimm es sei, daß die Sowjetunion keine umfassenden Informationen liefere – und merkten dabei gar nicht, was sie selbst bei den Leuten im Land mit den Ungereimtheiten anrichteten, die sie als Information unters Volk brachten.

Schlimmer noch: Es war für den verunsicherten Laien in der Krise, die ja angeblich keine war, nie erkennbar, daß sich der politische und naturwissenschaftliche Sachverstand kurzfristig und unbürokratisch um einen runden Tisch versammelt hätte, ohne falsch verstandene Rücksicht auf Ländergrenzen oder Kreisdirektorenstolz, um eine gemeinsame Linie zu finden.

Es ist ein Treppenwitz (und darum gar nicht zum Lachen), daß sich eine «Bundesregierung üb.» Jahr für Jahr zu makabren Planspielen in die fiktive Kriegs-Welt ihres Eifelbunkers zurückzieht, um den militärischen Ernstfall im Sandkasten durchzuspielen. Der zivile Ernstfall dagegen, der an jedem Friedenstag ausbrechen kann, wie uns das «unmögliche» Ereignis von Tschernobyl gezeigt hat – der zivile Ernstfall einer atomaren Katastrophe bei uns wird a) für undenkbar gehalten und fällt b), so er sich doch ereignen sollte, nicht in die Zuständigkeit des Bundes. In einer Broschüre des Bundesinnenministeriums (*Zivilschutz heute für den Bürger mit dem Bürger*) kann man es nachlesen: «Für Maßnahmen zur Abwehr von Gefahren und Schäden bei Katastrophen im Frieden sind ausschließlich die Länder (einschließlich der Gemeinden und Gemeindeverbände) zuständig. Sie haben hierzu Katastrophenschutz-, Feuerschutz- und Rettungsdienstgesetze erlassen.»

Daß da die Dimensionen nicht stimmen, ist erst durch das jüngste Bonner Verwirrspiel so drastisch klar geworden. Einer, der einmal Regierungsverantwortung trug in Bonn, der frühere Innenminister Gerhart Baum (FDP), meinte am Tag nach der Sondersitzung des Bundestags-Innenausschusses wegen der Atomkatastrophe von Tschernobyl: «Wir diskutieren mit großer Energie die Gefahren, die von Raketen ausgehen können, aber die Gefahren, mit denen wir täglich leben, bleiben unbeachtet.»

Kampagne des Kanzlers gegen die Atom-Angst

Bundeskanzler Helmut Kohl hat bereits mit Bundesforschungsminister Heinz Riesenhuber abgesprochen, wie eine von der Bundesregierung geplante Kampagne gegen die Angst vor Atomkraftwerken aussehen soll. Vor allem unabhängige Wissenschaftler sollen sich im Fernsehen, auf Versammlungen und in Pressekonferenzen zur Frage der Sicherheit äußern.

Riesenhuber warnte am Samstag in einem Gespräch mit *Welt am Sonntag* vor «Bestrebungen aus verschiedenen politischen Richtungen zur Emotionalisierung der Bevölkerung gegen Atomkraftwerke». Er sagte: «Die weltweite Kernenergienutzung müssen wir zur Kenntnis nehmen, ob wir es wollen oder nicht. Deutschland hat nur sechs Prozent der weltweiten Kernkraftwerks-Kapazität. Es geht darum, die Kernenergie so sicher wie möglich zu nutzen.» (...)

Ein Ausstieg ändere auch nichts an möglichen Gefahren der Kernenergie, die von außen kämen: «Unsere Aufgabe besteht darin, die Kernenergie weltweit deutschen Sicherheitsstandards anzupassen. Unser Sicherheitsstandard sollte in Ost und West allgemein akzeptiert werden.»

Welt am Sonntag vom 4. Mai 1986

Die Folgen

Seit dem 26. April 1986 nicht mehr länger unbedenklich genießbar: diverse Milchprodukte, Eier und frisches (Blatt-)Gemüse (Foto: Paul Langrock)

Ewald Gaul

Strahlendosis und Auswirkungen*

Die bisherigen Änderungen der jeweils festgesetzten «maximal zulässigen», «unschädlichen», «tolerierbaren» oder «zumutbaren» Strahlendosis beweisen das ganze Ausmaß unwissenden und leichtfertigen Umganges mit gefährlicher radioaktiver Strahlung. Gibt es für ionisierende Strahlen eine Dosis, die den Menschen gesundheitlich nicht gefährdet? Gibt es also innerhalb eines Toleranzbereiches unschädliche energiereiche Strahlung? Die Antwort lautet eindeutig und unabdingbar: Nein.

Im Jahre 1902 hielt man 2500 Röntgen (r) für ungefährlich, 1920 wurde diese Dosis um das 25fache auf 100 r herabgesetzt. 1931 waren nur noch 50 r «erlaubt», 25 r hielt man 1936 für «unschädlich». 1948 entschied man sich für 15 r, 1956 waren es 5 r, also ein Fünfhundertstel der Dosis aus dem Jahre 1902.[1] Beruflich Strahlenexponierte dürfen jährlich 5 rem, und Menschen, die sich dauernd in Überwachungsräumen (z. B. dort wohnen) oder die sich zu Ausbildungszwecken in Strahlenfeldern (Kontrollbereichen) aufhalten müssen und noch nicht 18 Jahre alt sind, 500 Millirem (Milliröntgen) im Jahr erhalten.

1959 setzte man die «zulässige Bevölkerungsdosis» von 170 mrem fest. Von 1902 bis 1959 wurde die «ungefährliche» Strahlendosis von 2500 r auf 170 mrem, also um etwa das 14705fache herabgesetzt. Die neuesten Vorschläge der US-AEC vom 9. 6. 1971[2] zielen darauf ab, die Dosis von 170 mrem/a auf 5 mrem zu verringern. Die US-Staaten Maryland und Minnesota reduzierten die z. Z. noch geltende Dosis von 170 mrem/Jahr noch drastischer: «Im Genehmigungsverfahren

* Dieser Beitrag ist ein Auszug aus dem 1974 in der Reihe rororo aktuell erschienenen Buch von Ewald Gaul: *Atomenergie oder Ein Weg aus der Krise? Von der lebensbedrohenden Leichtfertigkeit der Energieplaner,* Reinbek 1974, das inzwischen vergriffen ist.

für das Kernkraftwerk Calvert Cliffs der Baltimore Gas & Electric Co. setzte das Department of Water Resources des Staates Maryland eigene maximal zulässige Werte für die Abgabe radioaktiver Stoffe, die nur etwa 1/100 der von der US-AEC zugelassenen Werte betragen. Ebenso wurde eine spezielle Temperaturbegrenzung für die Kühlwasserabgabe festgesetzt, ohne Berücksichtigung einer Mischzone. Nach der Festsetzung ähnlicher Werte seitens des Staates Minnesota ist Maryland der zweite Staat der USA, der damit die rechtliche Zuständigkeit der US-AEC für die Zulassung von Abgabewerten in Frage stellt.»[3]

Die Behauptung der Befürworter der industriellen Nutzung von Atomenergie, es gäbe eine «unschädliche» Strahlendosis, hat sich längst selbst widerlegt. Jede bisher als «unschädlich» und «zulässig» offiziell verkündete Strahlendosis wurde spätestens in dem Augenblick auch amtlich als schädlich und unzulässig bestätigt, als man eine neue «unschädliche» und «zulässige» Strahlendosis festsetzte, die um ein Vielfaches unter der vorausgegangenen Dosis lag, bis auch dieser verringerte Wert das gleiche Schicksal erlitt und erneut herabgesetzt werden mußte.

Seit der Amerikaner H. J. Muller, «Begründer und heute wohl der beste Kenner der Strahlengenetik»[4], im Jahr 1926 nachwies, daß ionisierende Strahlen die Erbmasse verändern können und die strahleninduzierte Mutationsrate der Dosis proportional ist, steht fest, daß auch kleinste Strahlendosen den menschlichen Organismus schädigen: «Die Verlängerung der ermittelten Dosiseffektkurven in den Bereich kleinster Dosen führten unmittelbar durch den Nullpunkt. Ein Schwellwert, d. h. also eine genetisch indifferente Dosis, existierte nicht. Jede einzelne Ionisation mußte mit einer gewissen Wahrscheinlichkeit als wirksam angesehen werden.»[5]

Was für die Keimzellen gilt, gilt auch für andere Körperzellen, die sich teilen, mit der Folge spezifischer Organschäden. Alle verantwortlichen Gremien, die sich mit der Strahlengefahr beschäftigen, gehen davon aus, daß die Schäden der Strahlendosis proportional sind bis hin zu den geringsten Dosierungen. Mit anderen Worten: Wenn eine Strahleneinheit einen Krebsfall verursacht, richtet sich die Zahl der Krebsfälle jeweils nach dieser Strahlendosis, d. h. 1:1, 2:2, 3:3, ...10:10 usw.

Deshalb spricht man auch nicht mehr von «unschädlichen» oder «ungefährlichen», sondern von «tolerierbaren» bzw. «zulässigen» Strahlenmengen, wobei der letztgenannte Begriff unverändert irreführend ist, da er den Laien darüber täuscht, daß sich hier nicht ein unschädlicher und daher von den Verantwortlichen zugelassener Vorgang vollzieht, sondern im Rahmen der für «sicher» gehaltenen Strahlendosis eine schädigende Wirkung legalisiert wird.

Der Selbstwiderspruch bestimmt die Praxis jeder Behörde, die für die radioaktive Belastung der Umwelt sog. «erlaubte» Werte festlegt. Prof. Gofman wirft der amerikanischen Atomenergie-Kommission (AEC) zu Recht vor, sie hielte an zwei sich gegenseitig ausschließenden Behauptungen fest. Einmal müsse sie die Grundregel akzeptieren, daß kleinste Strahlendosen die Gesundheit schädigten, während sie zur gleichen Zeit versuche, der Bevölkerung einzureden, daß 170 mrem «sicher» seien: «Diese beiden Behauptungen sind absolut unvereinbar. Die Ursache, weshalb sich die AEC in einer solch schwierigen Situation befindet, liegt darin, daß sie Zehntausende zusätzlicher Krebs- und Leukämiefälle jährlich bei den Strahlendosen kalkulieren müßte, die sie selbst für vertretbar hält.»[6]

In der gleichen Weise löst die Internationale Strahlenschutzkommission (ICRP = International Commission on Radiological Protection) ihre widersprüchlichen Aufgaben bei der Festsetzung fiktiver «höchstzulässiger Dosen» für die Strahlenbelastung der Bevölkerung: «Es ist von der allergrößten Bedeutung, daß jetzt nichts geschieht, das sich später als ernste Gefahr herausstellt, wenn eine Korrektur nicht mehr möglich oder extrem kostspielig würde» (ICRP Pub. 9:15). Bisher hat die ICRP ihre «höchstzulässige Dosis» noch immer ändern müssen und ist durch ihre jeweils «erlaubte» Strahlenbelastung verantwortlich für Krankheit, vorzeitigen Tod und irreparable Erbschäden vieler Menschen.

Die Strahlenschutzkommission mißachtet die somatische und genetische Gesundheit der Bevölkerung, die – abgesehen von unvermeidlichen Fällen der Strahlenanwendung in der Medizin – nicht die geringste Strahlenbelastung zuläßt. Die Phantomwerte der «höchstzulässigen Dosis» schaffen lediglich einen Spielraum für die industrielle Anwendung der Atomenergie zum Nachteil der Volksgesundheit: «Die Kommission ist der Ansicht, daß dieser Wert (5 rem pro Generation) einen *annehmbaren Spielraum* für die Atomenergie-Programme der absehbaren Zukunft schafft. Es sollte hervorgehoben werden, daß dieser Wert möglicherweise wegen der Unsicherheiten in der Abschätzung der möglichen Schäden und der wahrscheinlichen Vorteile kein richtiges Gleichgewicht zwischen Schäden und Nutzen repräsentiert.»[7]

Die Festsetzung von «zulässigen» Bestrahlungsdosen, die eine kleine internationale Kommission der gesamten Menschheit zugunsten der Kernphysik vorschreibt, die sich in rücksichtsloses Profitinteresse und naturwidrige Sendungsillusionen aufteilt, veranlaßte

Albert Schweitzer, den Theologen, Philosophen und Arzt, bei der Festsetzung «erlaubter» Höchstwerte der Strahlenbelastung zu fragen: «Wer hat es denn erlaubt? Wer ist denn befugt, es zu erlauben?» Der große Humanist bestreitet den Physikern «das entscheidende Wort» in Fragen, für die Ärzte und Biologen zuständig seien.[8]

Somatische Schäden durch Strahleneinwirkung

Unter somatischen Schäden versteht man die Auswirkungen, die – im Gegensatz zu Erbschäden – nicht erst bei nachfolgenden Generationen, sondern schon bei Personen oder Personengruppen auftreten, die der Strahlenbelastung im Einzelfall ausgesetzt waren oder ständig davon betroffen sind.

Auf eine ausführliche Darstellung somatischer Frühschäden kann hier verzichtet werden; sie treten nur dann auf, wenn im medizinischen Bereich, in radiochemischen Laboratorien oder in der reaktortechnischen Industrie durch mangelnde Sorgfalt oder wie immer verursachte beträchtliche Unfälle zu hohe Dosen energetischer Strahlen freigesetzt werden. Bei extrem hoher Strahlenbelastung tritt bald der Tod ein. Sonst zeigt sich das charakteristische Bild der «akuten Strahlenkrankheit», deren Beginn, Verlauf und Ausmaß von der Strahlendosis, der Strahlenart, aber auch der individuellen Strahlenempfindlichkeit des Betroffenen abhängt. Folgende Symptome kennzeichnen diese Erkrankung: Veränderungen des Blutbildes, Schädigung der Blutgefäßwände und Blutaustritt, Störung der Gerinnungsfähigkeit des Blutes, verminderte Widerstandskraft gegen Infektionen aller Art, Haarausfall u. a. m.

Etwa drei bis vier Monate nach der Strahleneinwirkung kann eine «kachektische Phase», das heißt ein Zustand mit fortschreitendem Kräfteverfall und schwerer Abmagerung, mit Ödemen und Ascites (Bauchwassersucht, Ansammlung freier Flüssigkeit in der Bauchhöhle) und kräftigen Diarrhöen eintreten. Schwere Fälle sprechen auf keine Therapie mehr an und verlaufen auch noch nach Monaten tödlich.[9]

«Besondere Berücksichtigung bei allen Fragen des Strahlenschutzes bedarf die außerordentlich hohe Strahlenempfindlichkeit der Leibesfrucht gegenüber durchdringenden Strahlen.»[10]

Bei wachsendem oder profilierendem Gewebe, sog. Mausergewebe, das sich teilt, ist der Zellkern während der Teilung besonders strahlenempfindlich. Es wird aber heute stillschweigend übergangen, daß das keimende Leben gegenüber äußerer Strahlenbelastung oder von der Mutter durch Luft, Wasser und Nahrung aufgenommener radioaktiver Stoffe sehr empfindlich ist, obgleich über Entwicklungsstörungen derLeibesfrucht durch Bestrahlung der Mutter in der Fachliteratur verhältnismäßig frühzeitig berichtet wird. Nach einer Zusammenstellung von H. Wintz aus dem Jahr 1933[11] waren von 139 Fällen nach Schwangerschaftsbestrahlung 58 Kinder = 41,7 % geschädigt. Die Mißbildungen betrafen vor allem den Kopf und das Zentralnervensystem: «Mikrocephalie (abnorm kleiner Schädel durch Stillstand der Entwicklung), Blindheit, Mikrophthalmus (verkleinerter Augapfel), Kolobome (Spalt der Lider, der Iris), Linsentrübungen, Choridretinitis (Ader- und Netzhautentzündung), Ankyloblepharon (angeborene Verwachsung der Lidränder), Strabismus (Schielen, Schwachsinn), Hydrocephalus (Wasserkopf), Mongolismus (mongolenartiger Typus bei Idiotie), Spina Bifida (angeborene Spaltbildung der Wirbelsäule), Schädel- und Extremitätenmißbildungen.[12]

Dr. Moskalew et al. (Institut für Biophysik in Moskau)[13] haben experimentell nachgewiesen, daß zum Beispiel etwa 38 % des Strontiums bei Ratten und 66 % des Cäsiums über die Plazenta den Embryo erreichen. Die Leibesfrucht wird im frühesten Stadium ihrer Entwicklung der vielfachen radioaktiven Konzentration ausgesetzt. Hinzu kommt die besondere Empfindlichkeit des Mausergewebes während der schnellen Zellteilung.

Die in einem Land behördlich «erlaubte» maximale Strahlendosis für die künstliche radioaktive Belastung durch die Atomindustrie besagt in ihrer staatlichen Verallgemeinerung nichts über die ungleich höhere Strahlenexposition einzelner Bevölkerungsgruppen in der unmittelbaren Umgebung kerntechnischer Anlagen. In diesen Gebieten ist die künstliche Radioaktivität erheblich größer und damit schädlicher als im Landesdurchschnitt.

Der Mensch ist das Endglied einer Nahrungskette, in der pflanzliche und tierische Produkte, die er verzehrt, in einem Ausmaß auch mit Radionukliden angereichert sein können, das jede sogenannte «zulässige Belastungsdosis» ad absurdum führt.

«Die wichtigsten Bereiche der Radioökologie sind die Erforschung der Anreicherung von Radionukliden aus der Umwelt in den Lebewesen, die Rolle der Organismen bei der Verteilung und Verbreitung der künstlichen Radioaktivität und schließlich die Auswirkungen der resultierenden Strahlenbelastung auf die Lebensgemeinschaften.»[14] Chemisch nahe verwandte Elemente werden bei

Stoffwechselvorgängen oft nicht unterschieden und in gleicher oder ähnlicher Weise im Organismus angereichert. Eine der lebenswichtigsten Skelettsubstanzen ist das Calcium, das beispielsweise Fische mit dem Wasser aufnehmen. Je geringer der Calcium-Gehalt des Wassers ist, um so größer ist der Anteil des chemisch sehr ähnlichen Radionuklides Strontium 90, das im Skelett angereichert wird.

Obwohl das radioaktive Abwasser der Hanford-Werke am Columbia River in den USA durch Filter, Absetzen und Koagulation (Ausflockung, Gerinnung) aufbereitet wird und über große Rückhaltebecken wieder in den Strom zurückfließt, kommt es zu gefährlichen Anreicherungen radioaktiver Substanzen. Sie betragen im Vergleich zur radioaktiven Belastung des Flußwassers: bei Plankton das 2000fache, bei Flußenten das 40000fache. Flußfische enthalten die 150000fache Konzentration und im Eigelb von Vögeln ist die 1,5millionenfache Menge enthalten. Die Radioaktivität der Pflanzen und Tiere war 20 km von dem Hanford-Reaktor entfernt erst auf die Hälfte abgesunken. Bei einem Arbeiter der Hanford-Reaktoranlage stellte sich eine radioaktive Verseuchung mit Zink 65 heraus. Die Ursache war der Genuß von Austern aus dem 250 Meilen entfernten Pazifischen Ozean, in den der Columbia River mit den radioaktiven Abwässern der Hanford-Anlage mündet. Dort hatte sich das aus dieser Anlage stammende radioaktiv gewordene Zink 65 gegenüber dem umgebenden Seewasser um das 20000fache angereichert. Hätte sich dieser Tatbestand nicht zufällig bei einem ständig medizinisch überwachten Arbeiter einer Kernenergie-Anlage herausgestellt, wäre nie offenkundig geworden, daß die Bevölkerung radioaktiv verseuchte Austern verzehrte.

Die Abwässer der «Plutoniumfabrik» Windscale werden wegen der dichten Besiedelung Englands ins Meer abgeleitet. Obwohl Wirbelströmungen sie sogleich noch mehr verdünnen, ergeben sich bei Fischen und eßbarem Seetang Konzentrationen, die Menschen durch potenzierte Wirkung der Radioaktivität sehr gefährlich werden können.[15]

Wie die Gefahrenlage durch biologische Kreisläufe und Akkumulation radioaktiver Substanzen kompliziert und vergrößert wird, beweist auch folgendes Beispiel:

Kühe weiden jeden Tag nicht unerhebliche Futterflächen ab und nehmen dabei radioaktive Stoffe auf, die mehr oder weniger in oder auf den Pflanzen deponiert sind. 1/20 bis 1/30 der mit dem Futter inkorporierten Radioaktivität wandert in die Milch, die zu etwa 1/8 von Kleinkindern konsumiert wird. Das Radiojod reichert sich in der Schilddrüse an; diese wiegt bei der Kuh 35 g, beim Erwachsenen

20 g, beim Kleinkind dagegen nur 1,5 g. Das Knochensystem als Ablagerungsorgan für das Radiostrontium wiegt bei der Kuh 55 kg, beim Erwachsenen 7 kg und beim Kleinkind 0,75 kg. Da die Akkumulationsorgane beim Kind sehr klein und im frühen Entwicklungszustand besonders strahlenempfindlich sind, wirken bei ihm radioaktive Strahlen ungleich schädlicher als beim Erwachsenen: «Eine Abschätzung der Gefahren durch verseuchte Milch für das Kleinkind darf also auf keinen Fall durch die Brille konventioneller Höchstmengen radioaktiver Substanzen in Luft und Wasser gesehen werden.»[16]

Die Forschung folgert daraus, «daß eine der potentiellen Gefahren der Kernenergiegewinnung durch die Übertragung freigegebener radioaktiver Abfälle durch die verschiedenen Formen terrestrischen Lebens entsteht».[17]

A. Stewart konnte an Hand umfangreichen statistischen Materials bei 19 Millionen englischen Kindern, die zwischen 1943 und 1965 geboren wurden, den Anstieg von Leukämie und Krebs nachweisen. Mit der Verdoppelung der Röntgenaufnahmen verdoppelte sich auch das Krebsrisiko.[18]

Ein zusätzliches Krebsrisiko besteht bei Kindern unter 10 Jahren, deren Mütter während der Schwangerschaft geröntgt wurden. Das ergab die Auswertung der Daten von mehr als 7000 Kindern, die an Krebs oder Leukämie gestorben sind.[19] Auf die Gefahr radioaktiver Stoffe für das keimende Leben, die die Mutter über Luft, Wasser und Nahrung aufnimmt, hat Knelson hingewiesen.[20]

Anreicherungen von Radionukliden in der Hypophyse des Embryos und schon geringfügige Schädigungen dieses endokrinologisch wichtigen Organs beeinflussen den Reifungs- und Entwicklungsprozeß u. a. der Lunge, deren Lipoidproduktion in bestimmten Zellen durch die Hirnanhangdrüse gesteuert wird. Solche im übrigen normalen Säuglinge werden mit leichtem Untergewicht geboren, sterben aber kurz nach der Geburt an Atemstörungen.

Inkorporierte Radionuklide schädigen das keimende Leben viel nachhaltiger als bisher angenommen wurde.[21] Es ist also nur zu berechtigt, daß Feine und Hug[22] darauf hinweisen, daß «der Schutz keimenden Lebens vor jeglicher Strahlenbelastung im Frieden und im Krieg ein dringendes Postulat» sei.

Das Säuglings-, aber auch das Kindes- und Jugendalter ist für die Entstehung von Strahlenkrebs weit anfälliger als spätere Lebensphasen. Typische Spätschäden, die durch die kleinste Strahlendosis ausgelöst werden können, sind Leukämie und alle Arten von Krebs. Die Leukämie (Blutkrebs) galt in der Anfangsphase der Röntgenologie und des Umganges mit radioaktiven Stoffen als die einzige strahleninduzierte Späterkrankung. Zunächst trat auch bei den Überlebenden von Hiroshima und Nagasaki Leukämie auf mit einer Latenzzeit von fünf bis zehn Jahren. Erst später stellten sich auch die übrigen Krebsarten ein.

Die Ausbreitung der industriellen Anwendung von Atomenergie trägt dazu bei, daß die Zahl strahleninduzierter Erkrankungen unausweichlich zunehmen wird. Neben Leukämie und Krebs wird die Bevölkerung in steigendem Maße auch die vielen anderweitigen Folgen ionisierender Strahlen tragen müssen: «Biologische Wirkungen energiereicher Strahlen sind hinsichtlich ihrer beobachtbaren Effekte sehr mannigfaltig. Grundsätzlich sind sie schädlicher Natur. Sie üben selbst direkt zerstörende Wirkung aus, beeinflussen den Stoffwechsel und die den Stoffwechsel regelnden Fermentsysteme ...»[23]

Die lebensverkürzenden Wirkungen der Strahlen sind noch nicht hinreichend erforscht: «Meistens hängen sie mit langandauernden Strahlenbelastungen mit relativ kleinen Dosisleistungen zusammen.»[24]

Auch Prof. Aurand, Bundesgesundheitsamt Berlin, erwähnt mit Vorliebe – was niemand bestreitet – die Bevölkerung sei unterschiedlichen Dosiswirkungen natürlicher Strahlung ausgesetzt. Wenn alle Komponenten der kosmischen Strahlung berücksichtigt würden, betrüge in unseren Breiten die jährliche Dosis in Meereshöhe 35 mrem und im topographischen Durchschnitt 110 mrem/Jahr. Die Bevölkerung in 800 m Höhe werde im Vergleich mit Küstenbewohnern allein von der stärker wirksamen kosmischen Strahlung zusätzlich mit ca. 30 mrem/Jahr belastet, «einer Strahlendosis, die bei den Genehmigungsverfahren für Kernkraftwerke als maximal zulässige Einwirkung über die Abluft festgesetzt ist».[25]

Der Versuch der Beweisführung läuft auf die Behauptung hinaus, die Bevölkerung erhalte in höheren Wohnlagen natürliche Strahlendosen, die der Belastung der Bewohner tiefer gelegener Gebiete durch die künstliche Radioaktivität aus kerntechnischen Anlagen entspräche. Das trifft nicht zu: Aurand «vergißt» dabei, daß die künstliche radioaktive Belastung aus Abluft und Abwässern der kerntechnischen Industrie sich nicht auf die Art kosmischer Strahlen (Gamma-Strahlen) beschränkt, sondern künstliche Radionuklide sich über Luft, Wasser und Boden im Biosystem anreichern. Solche radioaktiven Substanzen, die der Mensch inkorporiert, können durch innere Bestrahlung erhebliche Schäden verursachen. Hier muß exakt unterschieden werden, daß ein Mensch in 800 m Höhe im Vergleich zur Meereshöhe zwar einer Mehrbelastung von 30 mrem/

Jahr an Gamma-Strahlen ausgesetzt ist, daß ihn aber nicht die viel gefährlichere Strahlung der zahlreichen, in der Umgebung von Atomkraftwerken freigesetzten und besonders wirksamen Radionuklide trifft. Der Vergleich Aurands wäre gerechtfertigt, wenn die Bewohner unterschiedlicher Höhenlagen völlig gleicher radioaktiver Umweltbelastung durch natürliche und künstliche Strahlung ausgesetzt wären mit Ausnahme der höhenbedingten Gamma-Strahlen. In dieser Richtung liegen aber keinerlei langfristige statistische Untersuchungen vor. Auch bescheidene Logik erlaubt es nicht, aus dem Fehlen entsprechender Untersuchungen auf das Fehlen von Strahlenschäden in höheren Wohnlagen zu schließen.

Der Umgang mit der «natürlichen» Strahlung bringt die Atomenergie-Propaganda in manche Verlegenheit: In der weitverbreiteten Werbeschrift «Zum besseren Verständnis der Kernenergie: 66 Fragen – 66 Antworten», herausgegeben von den Hamburgischen Electricitäts-Werken AG, Nordwestdeutsche Kraftwerke AG, wird neben anderen Abwegigkeiten behauptet, die Gonadendosis (Keimdrüsenbelastung) betrage bei Menzenschwand (Hochschwarzwald) 1800 mrem/Jahr. Diese Belastung ist jedoch nicht, wie man irrigerweise aus der Schrift entnehmen muß, etwa in diesem kleinen Dorf zu verzeichnen. Man müßte sich vielmehr das ganze Jahr hindurch auf dem Schutt vor den zwei entfernt gelegenen, längst aufgelassenen Uranstollen aufhalten. In neueren topographischen Spezialkarten sind diese Stollen nicht nur nicht verzeichnet, sondern die Zufahrt ist sogar untersagt.[26]

Weit über die somatischen Schäden hinaus reichen die Wirkungen, die ionisierende Strahlen auf die Erbmasse des Menschen in der Generationenfolge ausüben.

Erbschäden durch Strahleneinwirkung

Das «genetische Risiko» durch die natürliche kosmische und terrestrische radioaktive Strahlung ist uns schicksalhaft auferlegt.

Selbst die weitestgehende Abschwächung jeder zusätzlichen künstlichen Strahlenexposition würde aber an der genetischen Strahlenwirkung nichts ändern, weil schon die kleinste Strahlendosis die menschliche Erbsubstanz gefährdet und Mutationen auslösen kann. Mutationen nennt man Änderungen des Keimplasmas, die plötzlich auftreten, unabänderlich sind und sich unbegrenzt auf die Nachkommenschaft vererben. Sie akkumulieren ohne «Schwellenwert». 99% der Mutationen wirken in vielfältiger Form schädlich – von schweren Mißbildungen über jeden Grad geistiger und körperlicher Defekte bis zur allgemeinen Herabsetzung der Widerstandskraft und als Ursache vieler Infektionskrankheiten: «Und es ist allgemein bekannt, daß die überwältigende Mehrheit von Mutationen sich schädlich und sogar tödlich auswirkt.»[27] Julian Huxley beklagt die Verschlechterung der Qualität der Weltbevölkerung durch genetische Defekte; hinzu komme eine Menge neuer Mutationen durch zunehmende Radioaktivität.[28]

Das «genetische Risiko» der kleinsten künstlichen Strahlendosis haben wir voll zu verantworten: in der Gegenwart und vor der Zukunft. Jede Erhöhung der Mutationsrate in der menschlichen Bevölkerung vergrößert menschliches Leiden.

Der Begründer der Strahlengenetik, H. J. Muller – Nobelpreis für Physiologie und Medizin 1946 – wies schon 1926 im Tierversuch nach, daß Bestrahlungen der Drosophila (Fruchtfliege) die normale Mutationsrate bis zum 150fachen erhöhen kann.[29] Dabei ist zu beachten, daß die Strahlenempfindlichkeit mit der Differenziertheit des Organismus zunimmt: Die Letaldosis, d. h. die Dosis, die bei 50% der Fälle zum Tode führt, beträgt für die Amöbe 10000 Röntgen (r), für die Schnecke 20000 r, den Hamster 900 r, das Schwein 480 r und die Ziege 350 r.[32] Muller warnte auch rechtzeitig vor den sozialen Auswirkungen des mutagenen Erbverfalles. Der kumulative Effekt beharrlicher Wirkung auch nur geringer Strahlendosen, die bei der industriellen Anwendung der Atomenergie unvermeidbar freigesetzt werden, führt schließlich zum erbbiologischen Zusammenbruch.[30]

Atomphysiker, die interessierte Atomenergie-Industrie und Regierungen, die mit Milliarden-Beträgen aus Steuermitteln die Experimente der industriellen Anwendung der Atomenergie erst ermöglichen, verstehen entweder nichts vom genetischen Risiko der radioaktiven Umweltbelastung oder aber sie nehmen unausweichliche erbliche Gesundheitsschäden der Bevölkerung bewußt in Kauf.

Im Jahre 1959 wurde als sog. Richtwert für die «zulässige» Belastbarkeit durch radioaktive Strahlung pro Person und Jahr 0,17 rad (= Röntgen absorbiert = rem) festgesetzt. Damals dachte man bei der Frage der Verursachung erblicher Veränderungen durch radioaktive Strahlung an gewisse seltene Krankheiten, wie z. B. die Hämophilie (Bluterkrankheit) oder die Kinderkrankheit der Phenylketonurie (eine Form angeborener geistiger Entwicklungshemmung, hervorgerufen durch eine einfach-rezessive erbliche Störung des

Aminosäurestoffwechsels). Hierher gehören auch die zur Zeit noch verhältnismäßig seltenen, aber zunehmenden Beispiele auffälliger erblicher geistiger und physischer Schwäche und geistigen Zurückgebliebenseins. Erst etwa in den letzten zehn Jahren wurde erkannt, daß auch den häufigen Krankheiten und möglicherweise allen Krankheiten ein genetischer Faktor zugrunde liegt: «Somit ist das tatsächliche Vererbungsproblem 50- bis 100mal größer als medizinische Behörden noch vor zehn Jahren annahmen.»[31] Die Vererbung der häufigsten Krankheiten ist nicht so einfach wie die der sehr seltenen Erkrankungen, z. B. der Hämophilie. Bei der Vererbung der auffälligsten Erkrankungen sind zwei oder mehr Gene betroffen, die in Verbindung mit Umweltfaktoren wirken. Die Multi-Gen-Grundlage dieser Krankheiten erschwert es sehr, ihren Stamm nachzuweisen. Zehn Jahre nachdem die «Sicherheitsnormen» für die Strahlenbelastung angenommen wurden, stellten sich u. a. folgende wichtige Krankheiten als genetisch bedingt heraus: Herzkranzattacken (in den USA sterben daran jährlich mehr als doppelt soviel Menschen als an sämtlichen Krebskrankheiten), Bluthochdruck, Diabetes und rheumatoide Arthritis. Nicht zuletzt gehört hierher die Schizophrenie mit der sozialen Katastrophe für den einzelnen und seine Familie.

Wenn ein 30jähriger von Geburt an jedes Jahr die «zulässige» Strahlendosis von 0,17 rem erhält, hätten sich 30 × 0,17 rem oder etwa 5 rem angesammelt, d. h. sowohl die Hoden der Männer als auch die Eierstöcke der Frauen haben 5 rem empfangen. Alle Erbkrankheiten in der Bevölkerung wurden durch mehr oder weniger weit zurückliegende genetische Mutationen bei unseren Vorfahren erzeugt. Zahlreiche Behörden, einschließlich des United Nations Scientific Committee on the Effects of Atomic Radiation haben geschätzt, eine Strahlenbelastung zwischen 10 und 100 rem verdoppele die Häufigkeitsrate der von selbst entstehenden, natürlichen genetischen Mutationen. Demnach steigt bei der derzeitig erlaubten Belastungsdosis die genetische Mutationsrate zwischen 5 und 50 % an. Das bedeutet, daß nach einigen Generationen die genetische Todesrate um 5 bis 50 % größer sein wird. Wenn diese Wirkung eintritt und die Bevölkerungszahl der Bundesrepublik Deutschland sich bei gleichbleibend ausgeglichenem Verhältnis zwischen Geburten- und Sterberate nicht wesentlich verändert, bedeutet das: 5%iges Anwachsen der Mutationen führt zu 30 000 zusätzlichen genetischen Todesfällen im Jahr. Bei 50%iger Steigerung der Mutationen müßten jährlich 300 000 Menschen mehr an Erbkrankheiten sterben. Joshua Lederberg, einer der bedeutendsten Genetiker der Welt, Professor für Genetik und Biologie an der Stanford University – Nobelpreis für Medizin 1958 –, hat wiederholt vor dem House Appropriations Committee und vor dem Public Service Board of Vermont vor dem genetischen Strahlenrisiko gewarnt. Durch die gegenwärtig «zulässige» radioaktive Strahlung wachse die Mutationsrate um 10% an. Die dadurch verursachte höhere Zahl genetischer Todesfälle koste die Amerikaner späterer Generationen an Gesundheitseinbuße und medizinischer Behandlung jährlich 10 Milliarden Dollar. Lederberg räumt ein, es sei möglich, daß die der Gesellschaft auferlegte Last 1 Milliarde, aber ebensogut auch 100 Milliarden Dollar jährlich betragen könne. Die mutationsbedingte, genetische Tragödie liegt auf der ganzen Skala erbbedingter Leiden und Todesfälle. Bis heute sind Atomphysiker, Atomenergie-Industrie und Regierungen jeden Beweis dafür schuldig geblieben, daß es auch nur einen einzigen phantastischen Vorteil der Atomenergie gibt, der ein derartig ungeheuerliches Anwachsen von menschlichen Sterbefällen, von Siechtum, Leid und Minderung der Volksgesundheit rechtfertigen könnte: «Wir beginnen gerade, uns darüber klarzuwerden, daß wir lediglich noch eine geringe Zahl von zusätzlichen Mutationen der Gene oder Chromosomen als Resultat technologischer Gifte in Kauf nehmen können, wenn die Menschheit weitere Generationen menschlichen Lebens hervorbringen soll.»[32]

Gäbe es in Politik und Wirtschaft, in Wissenschaft und Forschung, in Kirche und Kultur das Maß an Vernunft und Verantwortungsbewußtsein, ohne das keine freiheitliche Gesellschafts- und Wirtschaftsordnung dauerhaft existieren kann, wäre es undenkbar, kommenden Generationen eine riesige Bürde körperlicher und geistiger Gebrechen, schweren persönlichen Leides und trauriger Einzelschicksale leichtfertig aufzuerlegen. Ein ständig wachsender Krankenstand, gesteigerte Frühinvalidität, allgemeiner Leistungsverfall und unerfüllbare Anforderungen an die Sozialleistungen kennzeichneten eine solche Gesellschaft. Noch nie in der Geschichte hatte Friedrich Nietzsches prophetisches Wort soviel Aussicht verwirklicht zu werden, wonach jedermann jedermanns Krankenpfleger sei. Welchen Sinn glaubt denn eine Gesellschaft, die in dieser Weise kommende Generationen belastet, der leidenschaftlichen Debatte um den § 218 StGB ernsthaft beimessen zu können?

Es ist ein Widerspruch in sich: Einerseits versucht die Regierung im Jahre 1973 endlich, die Gefahren und Schädigungen durch Röntgenstrahlen im Wege einer Rechtsvorschrift einzudämmen. Andererseits aber unterstützt sie mit Milliardenbeträgen die Kernforschung und läßt zu, daß ein Atomkraftwerk nach dem anderen gebaut wird mit der Folge zunehmender radioaktiver Verseuchung der Umwelt, ansteigender Krebsmortalität und mannigfacher Erbschäden.

Die schon heute erwiesene ständige Zunahme von Erbkrankheiten als Folge steigender Strahlenbelastung ist in der Sicht verantwortungsbewußter Genetiker das größte biologische, medizinische und soziale Problem, das sich die Menschheit durch die industrielle Nutzung der Atomenergie selbst auferlegt. Eine an der Kernenergie ausgerichtete Energiepolitik wird sich in voller Verantwortung der Warnung stellen müssen, die der Genetiker R. W. Kaplan bereits anläßlich des Symposiums über die wissenschaftlichen und technischen Grundlagen des Strahlenschutzes vom 6.–8. 6. 1956 in Frankfurt a. M. ausgesprochen hat. Kaplan gab zu bedenken, wir müßten uns klar darüber sein, daß wir heute mit entscheiden darüber, «was die Menschheit in den nächsten 1000 Jahren an Erbkrankheiten und erblich bedingtem Versagen erleiden wird».

Anmerkungen

1 Friedrich Wagner, *Die Wissenschaft und die gefährdete Welt*, 1964/68, S. 302.
2 Vorschläge der US-AEC zur Herabsetzung der Strahlendosis vom 9. 6. 1971.
3 *atw*, 12/1970, S. 556.
4 H. J. Schmermund, «Klinisches Bild der Strahlenschäden», in: *Wissenschaftliche Grundlagen des Strahlenschutzes*, 1957, S. 9.
5 H. Beck, H. Dressel, H. J. Melching, *Leitfaden des Strahlenschutzes*, 1959, S. 143.
6 John W. Gofman, A. Tamplin, *Poisoned Power*, 1971, S. 297.
7 *ICRP Publication*, 9:15.
8 Albert Schweitzer, *Friede oder Atomkrieg*, 1958, S. 13 u. 15.
9 Riezler-Walcher, *Kerntechnik*, 1958, S. 373.
10 U. Feine und O. Hug, «Die pathologische Anatomie der akuten Strahlenschäden», in: Rajewski, *Wissenschaftliche Grundlagen des Strahlenschutzes*, 1957, S. 101.
11 Nachkommenschaftsschädigung durch Röntgenbestrahlung, in: Veit-Stöckel, *Handbuch der Gynäkologie*, 1933, IV, 2. Hälfte, 1. Teil, S. 323.
12 U. Feine, O. Hug, a. a. O., S. 101.
13 Y. J. Moskalew et al., «Experimental Study of Radionuclide Transfers through the Placenta and their Biological Action on the Fetus. Radiation Biology of Fetal and Invenite Mammal». Atomic Energy Commission, Symposium Series, Proceedings of the 9th Hanford Biological Symposium, Vol. 17, S. 153–166, May 1969.
14 Weish und Gruber, *Atomenergie und Umweltsituation*, 1973, S. 26.
15 Friedrich Wagner, a. a. O., S. 497.
16 Herbst, «Radioaktive Verseuchung von Boden, Wasser und Nahrung», in: Rajewski, a. a. O., S. 276.
17 W. C. Hanson, H. A. Kornberg, «Radioactivity in Terrestrial Animals Near an Atomic

Energy Site», Proceedings of the International Conference on the Peaceful Uses of Atomic Energy, 1955, XIII, S. 281.

18 A. M. Stewart, G. W. Kneale, «Radiation Dose Effects in Relation of Obstetric X-Rays and Childhood Cancers», *The Lancet,* 1970, S. 1185–1188.

19 A. M. Stewart, a. a. O.

20 J. H. Knelson, «Environmental Influence on Intrauterine Lung Development», *Arch. Intern. Med.,* 1971, S. 421–425.

21 Weish, Gruber, a. a. O., S. 62.

22 U. Feine, O. Hug, a. a. O., S. 101.

23 Riezler-Walcher, a. a. O., S. 368/69.

24 Riezler-Walcher, a. a. O., S. 372.

25 Karl Aurand, in: *Kernenergie, Nutzen und Risiko*, S. 71.

26 Weish und Gruber, a. a. O., S. 25.

27 G. H. Beale, *Unsere Welt 1985*, 1967, S. 65.

28 Sir Julian Huxley, «Die Zukunft des Menschen, Aspekte der Evolution», in: *Der Mensch*, 1963, S. 47.

29 Charles Oberling, *Krebs*, S. 44.

30 H. J. Muller, «Genmutation & Evolution», *Universitas*, 1947, 5, S. 569–576.

31 John W. Gofman, «Hazards and Biological Effects Associated with Fast Breeder Reactors», 14. 10. 1972, Presented under Auspices of the Cooperative Extension Service of Pennsylvania State University.

32 John W. Gofman, A. Tamplin, *Poisoned Power*, S. 74 ff.

Ulrike Fink

Radioaktivität

Physikalische und biologische Grundlagen

Bei der Reaktorkatastrophe von Tschernobyl sind ungeheure Mengen von radioaktiven Stoffen in die Umgebung freigesetzt worden, schätzungsweise 10^{19} Becquerel nach dem ersten Tag. Die genauen Mengen wissen wir heute noch nicht: möglicherweise handelt es sich um das 100fache und mehr der Radioaktivität, die beim Abwurf der Atombombe über Hiroshima freigeworden ist.

Radioaktivität und die Spaltung von Atomkernen

Die radioaktiven Stoffe sind im Reaktor durch die Spaltung von Uran 235* entstanden: Die Atomkerne von Uran 235 werden durch Neutronen in Bruchstücke, sogenannte Spaltprodukte, aufgespalten, die ihrerseits wiederum radioaktiv sind, das heißt sie zerfallen weiter unter Aussendung von energiereicher Strahlung.

Ein Teil der Neutronen wird von Uran 238 «eingefangen». Auf diese Weise entstehen die sogenannten Aktiniden oder Transurane wie Neptunium oder der Bomben«rohstoff» Plutonium. Je länger die Brennelemente im Reaktor bleiben, desto größer wird der Anteil dieser schweren Elemente.**

Zu welchem Zeitpunkt ein bestimmter Atomkern eines radioakti-

* Die Ziffer hinter einem Element gibt an, wie viele Protonen und Neutronen in einem Atomkern vorhanden sind.

** Auch andere Elemente können Neutronen einfangen; daraus entstehen die sog. Aktivierungsprodukte wie z. B. Cobalt 60.

ven Stoffes zerfällt, kann man nicht vorhersagen. Es läßt sich nur angeben, wann die Hälfte einer vorliegenden Menge zerfallen ist. Diese Zeit nennt man *Halbwertszeit*.

Beispiel: Von 100 Gramm Jod 131 ist nach Ablauf einer Halbwertszeit (8 Tage) noch die Hälfte, also 50 Gramm, vorhanden, nach Ablauf einer weiteren Halbwertszeit noch 25 Gramm, nach einer weiteren Halbwertszeit 12,5 Gramm usw.

Nach 10 Halbwertszeiten ist nur noch etwa 1/1000 der ursprünglichen Menge (und Aktivität) übriggeblieben.

Die Halbwertszeiten sind für jeden radioaktiven Stoff unterschiedlich. Manche Stoffe zerfallen innerhalb weniger Sekunden vollständig, andere wiederum erst innerhalb von Milliarden von Jahren, strahlen also nach menschlichen Maßstäben ewig.

Die folgende Tabelle zeigt die Halbwertszeiten einiger radioaktiver Stoffe, die in Atomreaktoren entstehen. Die mit einem ▷ versehenen wurden Anfang Mai 1986 nach der Katastrophe von Tschernobyl in der Bundesrepublik *nachgewiesen*.

	H 3	Tritium (radioaktiver Wasserstoff)	12,3	Jahre
▷	Co 60	Cobalt 60	5,3	Jahre
▷	Sr 90	Strontium 90	28,5	Jahre
▷	Zr 95	Zirkon 95	64	Tage
▷	Nb 95	Niob 95	35	Tage
▷	Mo 99	Molybdän 99	66	Stunden
▷	Tc 99m	Technetium 99 meta	6	Stunden
▷	Ru 103	Ruthenium 103	39,4	Tage
▷	Ru 106	Ruthenium 106	368	Tage
▷	Sb 125	Antimon 125	2,8	Jahre
	I 129	Jod 129	15700000	Jahre
▷	I 131	Jod 131	8,04	Tage
▷	Cs 134	Cäsium 134	2,06	Jahre
▷	Cs 136	Cäsium 136	13,2	Tage
▷	Cs 137	Cäsium 137	30,2	Jahre
▷	Ba 140	Barium 140	12,8	Tage
▷	Ce 144	Cer 144	285	Tage
	Np 237	Neptunium 237	2140000	Jahre
▷	Np 239	Neptunium 239	2,4	Tage
	Pu 239	Plutonium 239	24000	Jahre
	Pu 240	Plutonium 240	6550	Jahre
	Pu 241	Plutonium 241	14,4	Jahre
	Am 241	Americum 241	432,6	Jahre

Die Gesetzmäßigkeit des radioaktiven Zerfalls läßt sich durch

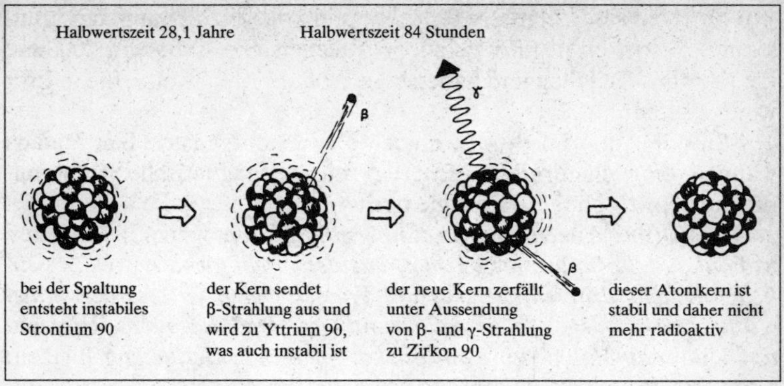

keine Maßnahme beeinflussen, weder durch Erhitzen oder Verglühen oder Verdünnen: Man kann an dem radioaktiven Zerfall nichts ändern.

Nachdem ein Atomkern seine Strahlung abgegeben hat (z. B. ein Beta-Teilchen und Gamma-Strahlung, wie im Fall des Jod 131), bleibt der restliche Kern zurück. In diesem Beispiel ist aus dem Kern nun ein stabiler Kern geworden (Xenon 131), der keine Strahlung mehr aussenden wird.

Andere radioaktive Atomkerne, zum Beispiel das Strontium 90, zerfallen nicht sofort in stabile Atomkerne, sondern wandeln sich jeweils in instabile Kerne um (das heißt, sie bleiben weiterhin radioaktiv). Der neu entstandene radioaktive Stoff wandelt sich schließlich in einen neuen Stoff um, bis ein stabiler Kern entstanden ist. Dies ist ein Beispiel für eine radioaktive Zerfallsreihe.

Die verschiedenen Arten radioaktiver Strahlung

Es gibt verschiedene Arten, wie die Atomkerne Strahlung abgeben können. Die wichtigsten Arten nennt man Alpha-(α), Beta-(β), Gamma-(γ) und Neutronen-Strahlen.

α-Strahlen sind Teilchen, die mit großer Geschwindigkeit aus dem Atomkern herausgeschleudert werden. Sie bestehen aus vier Kernbausteinen (je zwei Protonen und Neutronen = Atomkern des Heliums) und sind vergleichsweise «dick». Ihre Reichweite in Materie ist sehr klein: in Luft reichen sie nur wenige Zentimeter weit, in menschlichem Gewebe nur etwa 0,1 Millimeter. Dies hat Auswirkungen bezüglich ihrer Gefährlichkeit, die weiter unten besprochen werden sollen.

β-Strahlen sind ebenfalls Teilchen, und zwar Elektronen, das heißt kleine, elektrisch negativ geladene Teilchen. Sie sind etwa 7000mal kleiner als α-Teilchen und haben eine größere Reichweite, die in Luft wenige Meter beträgt.

γ-Strahlen sind im Prinzip dasselbe wie Röntgenstrahlen, Radarwellen oder auch normales Licht, eine elektromagnetische Strahlung, die nur sehr viel höhere Energie besitzt.

Wenn unsere Augen für γ-Strahlung empfindsam wären, würden wir radioaktive Stoffe leuchten sehen; aus dem Reaktorinnern würde ein heller Schein dringen; verseuchtes Wasser, verseuchte Lebensmittel würden mehr oder weniger hell schimmern. Daß dies nicht so ist und daß man radioaktive Stoffe nur mit komplizierten Geräten nachweisen kann, macht einen Teil ihrer Gefährlichkeit aus.

γ-Strahlen haben Reichweiten (in Luft) bis zu eltichen tausend Metern. Sie lassen sich im Gegensatz zu α- und β-Strahlen nur sehr schlecht abschirmen, noch am besten mit dicken Bleiwänden (10 Zentimeter Blei bewirken etwa eine Abschwächung auf ein Tausendstel [bei 1MeV-γ-Energie]). Sie entstehen fast immer zusammen mit α- und β-Strahlung.

Neutronenstrahlung besteht aus elektrisch nicht geladenen Kernbausteinen, die hauptsächlich bei Kernreaktionen ausgesandt werden. Sie lassen sich auch durch Blei nur schlecht abschirmen, dagegen gut mit großen Mengen Wasser oder Paraffin.

Von Bedeutung ist die Neutronen-Strahlung zum Beispiel für die Arbeiter, die sich in der unmittelbaren Nähe des geschmolzenen Reaktorkerns in Tschernobyl aufgehalten haben und aufhalten.

Physikalische und biologische Maße für Radioaktivität und Strahlenbelastung

Die physikalische Maßeinheit für die Stärke der Radioaktivität eines Stoffes, also für seine *Aktivität*, ist das Becquerel:

1 Becquerel (Bq) = 1 Zerfall pro Sekunde

(früher war die Einheit für die Aktivität das Curie:

1 Curie [Ci] = 37 Milliarden Zerfälle pro Sekunde).

Die Angabe in Becquerel sagt jedoch nichts darüber aus, wie schädlich die Strahlung auf Mensch, Tier und Pflanze wirkt. Die Gefährlichkeit hängt nicht nur von der Radioaktivität, sondern u. a. von der

Lebensdauer des radioaktiven Stoffes und von der Art der Strahlung ab. Dies wird beim Vergleich der radioaktiven Stoffe Jod 129 und Jod 131 deutlich. Wenn beim Ausstoß aus einer Anlage zu Beginn von beiden die gleiche Aktivität vorliegt, reduziert sich diese beim Jod 131 nach etwa 8 Tagen auf die Hälfte, nach 16 Tagen auf ein Viertel usw., wohingegen die Aktivität des Jod 129 erst nach 15,7 Millionen Jahren auf die Hälfte gesunken ist.

Für die *Wirkung* der radioaktiven Strahlung gibt es kein einheitliches Maß. Die Wirkungen sind sehr verschiedenartig, je nachdem, was von der radioaktiven Strahlung getroffen wird (Mensch, Tier, Pflanze, tote Materie oder auch Haut, Lunge, Keimdrüsen, Gene usw.). Teilweise sind sie auch noch völlig unerforscht. Um trotzdem die Wirkung und Gefahr *abschätzen* zu können, wurde eine Hilfsgröße eingeführt.

Das rad (Energiedosis)
Die Einheit rad (rad = *r*adiation *a*bsorbed *d*ose) gibt an, wieviel Energie im von der Strahlung getroffenen Material steckenbleibt. 1 rad bedeutet, daß in 100 Kilogramm eines beliebigen Stoffes die Energie von 0,01 Joule steckengeblieben ist. Diese Energiemenge ist sehr klein. Die gleiche Menge, die als radioaktive Strahlung einen Menschen sicher töten würde, 1000 rad, könnte als Wärmeenergie den Körper nur um einige tausendstel Grad erwärmen.

Das rem (Äquivalentdosis)
Man hat aber schon bald erkannt, daß die Angabe der vom Material aufgenommenen Energie einer Strahlung ihre Wirksamkeit nicht ausreichend beschreibt, schon gar nicht, wenn es um die biologische Wirkung geht. Diese hängt zum Beispiel auch von der Art der radioaktiven Strahlung ab. Wie im vorigen Abschnitt gezeigt wurde, gibt es vier wesentliche Strahlungsarten. Diese schätzt man verschieden wirksam ein. Etwas wissenschaftlicher ausgedrückt: man bewertet sie mit Faktoren für ihre *r*elative *b*iologische *W*irksamkeit (RBW-Faktoren).

Strahlenart	RBW-Faktor	
α	20	
β	1	
γ	1	
Neutronen	2 … 20	(je nach Geschwindigkeit)

Durch einfaches Malnehmen (rad × RBW-Faktor) erhält man dann die biologisch wirksame Dosis, das rem (rem = *r*oentgen *e*quivalent *m*an). 1 rem sind 1000 millirem (mrem). α-Strahlen sind demnach also etwa 20mal «wirksamer» einzuschätzen als γ-Strahlen. (Physikalisch hängt das damit zusammen, daß die Energie der α-Teilchen auf einer sehr viel kürzeren Wegstrecke abgegeben wird – und damit Zerstörungen bewirkt – verglichen mit β- oder γ-Strahlen).

Allerdings ist die Wirklichkeit komplizierter: Die RBW-Werte hängen nicht allein von der Art der Strahlung ab, sondern zum Beispiel auch von der Höhe der jeweiligen Dosis oder ihrer zeitlichen Verteilung. Das rem ist eine physikalisch-biologische Mischgröße; der Zahlenwert täuscht eine Genauigkeit vor, die tatsächlich nicht gegeben ist. Daß noch weitere «Unsicherheiten» in die Berechnung – oder besser Abschätzung – der Strahlenbelastung in rem eingehen, wird weiter unten gezeigt.

Mit Hilfe dieser unsicheren Angaben in rem werden nun die gesundheitlichen Folgen einer Bestrahlung abgeschätzt (z. B. die entstehenden zusätzlichen Fälle von Krebs, Leukämie, Mißbildungen und Erbschäden).

Die Auswirkung der Strahlung auf den Menschen

Treffen die radioaktiven Strahlen auf den Menschen, so können sie dort Zellen abtöten oder schädigen, Moleküle zerstören oder verändern. Dies geschieht dadurch, daß die radioaktiven Strahlen ihre Bewegungsenergie an die Materie abgeben und auf diese Weise einzelne Elektronen aus der Hülle der getroffenen Atome herausschlagen. Weil sich dadurch elektrisch geladene Teilchen (Ionen) bilden, nennt man diesen Vorgang Ionisation, und die Strahlung, die das verursacht, ionisierende Strahlung. Die Schädigung des Organismus durch radioaktive Strahlen beruht auf diesen Veränderungen.

Die Folgen hoher Strahlenbelastungen kennt man aus einem furchtbaren Großexperiment: den Atombombenabwürfen auf Hiroshima und Nagasaki. So weiß man beispielsweise, daß bei hoher Strahlendosis so viele Zellen abgetötet werden, daß der gesamte Organismus gefährdet ist. Die sogenannte Strahlenkrankheit (Übelkeit, Erbrechen, Durchfall, Fieber, innere Blutungen) führt ab Strahlendosen von etwa 500 rad (bzw. rem) Ganzkörperdosis innerhalb von Tagen zum Tod.

Von diesen akuten, unmittelbaren Schäden durch hohe Strahlendosen muß man die Folgen einer Bestrahlung mit *niedrigen Dosen* unterscheiden.

Man weiß heute mit Sicherheit, daß ionisierende Strahlung im Niedrigdosisbereich verschiedene Formen von Krebs und Leukämie erzeugt; die Wahrscheinlichkeit, daß diese Krankheiten auftreten, hängt dabei von der Dosis ab. Es gibt also keine unschädliche Strahlenmenge, und prinzipiell ist jede noch so kleine (zusätzliche) Strahlenbelastung schädlich.

Weiterhin kann die Strahlung Veränderungen des Erbmaterials (Mutationen in den Keimzellen) bewirken. Auch hier gilt: Es existiert kein Schwellenwert, unterhalb dessen kein «Effekt» stattfinden kann.

Vorgeburtliche Bestrahlung kann zu Mißbildungen, Wachstums- und Entwicklungsstörungen führen. Es gibt Hinweise dafür, daß schon kleine Strahlenmengen bei manchen Menschen zu einer erhöhten Anfälligkeit gegenüber Krankheiten wie zum Beispiel Asthma führen können.

Obwohl die Auslösung von Krebs und Leukämie durch Bestrahlung intensiver untersucht worden ist als für alle anderen Ursachen, ist die Höhe der zu erwartenden Spätschäden Gegenstand heftigster Kontroversen, nicht nur zwischen Gegnern und Befürwortern der kommerziellen Atomenergienutzung, sondern auch innerhalb wissenschaftlicher Gremien.

Das Wissen, das wir über die Auswirkungen im Niedrigdosisbereich auf den Menschen haben, stammt im wesentlichen aus folgenden Bereichen: Überlebende der Atombombenexplosionen in Hiroshima und Nagasaki; Patienten, die aus medizinischen Gründen bestrahlt wurden; Personen, die dem Fallout von Atombombenversuchen ausgesetzt waren (Bevölkerungsgruppen in Utah, Nevada, den Marshallinseln; Soldaten und Militärpersonal); Menschen aus Gegenden mit erhöhter Hintergrundstrahlung; strahlenexponiert Beschäftigte, hauptsächlich aus US-amerikanischen Atomanlagen. Es liegen also eine Vielzahl von Untersuchungsergebnissen vor. «Wegen der bekannten Schwierigkeiten, einen Kausalzusammenhang zwischen Bestrahlung und Spätschäden herstellen zu können, sowie der statistischen Unsicherheiten liefern sie im Einzelfall nicht immer einen untrüglichen Beweis für die Gefährlichkeit der Strahlung bei niedriger Dosis. Sie stellen jedoch insgesamt ein Indizienmaterial von solcher Stärke dar, daß man sich fragen muß, wie die Behörden und ihre wissenschaftlichen Berater dieses auf die Dauer umgehen und ‹widerlegen› wollen» (Schmitz-Feuerhake u. a. 1981).

Beispiele:

- Die englische Ärztin A. Stewart und Mitarbeiter fanden bei Untersuchungen Ende der fünfziger Jahre einen Zusammenhang zwischen Krebs und Leukämie im Kindesalter mit vorgeburtlicher Bestrahlung (die Mütter waren aus diagnostischen Gründen geröntgt worden).
- Die sogenannte Drei-Staaten-Leukämie-Studie, die in den USA von 1959–1962 durchgeführt wurde, zeigte, daß die Belastung der Bevölkerung durch die medizinische Anwendung von Röntgenstrahlen der wichtigste Faktor bei der Zunahme von Leukämie war. Die Untersuchung bestätigte auch, daß Embryonen und Kinder strahlenempfindlicher sind als Erwachsene und damit für sie ein höheres Strahlenrisiko besteht.
- Mancuso, Stewart und Kneale untersuchten die Krebssterblichkeit unter den Beschäftigten der amerikanischen Plutoniumfabrik Hanford («Hanford-Studie») mit dem Ergebnis, daß das Risiko durch Bestrahlung weitaus höher liegt als es die bisherigen offiziellen Abschätzungen vermuten lassen.
- Untersuchungen bei den Beschäftigten einer Reihe von Atomanlagen des amerikanischen Energieministeriums («DOE-Studien»), deren Ergebnisse oder Zwischenberichte in der letzten Zeit öffentlich bekannt wurden, haben ebenfalls gezeigt, daß die Beschäftigten ein erhöhtes Risiko tragen, an Krebs zu sterben. Dies gilt auch, wenn die gesetzlich zugelassene Jahresdosis (5 rem Ganzkörperdosis für Strahlenarbeiter) unterschritten wird.

In den Diskussionen um die Auswirkungen von Niedrigstrahlung wird immer wieder vorgebracht, daß die Strahlenbelastung durch die Abgaben aus Atomanlagen, durch den Fallout der Atombombenversuche oder den Fallout nach der Reaktorkatastrophe in Tschernobyl im Rahmen der sogenannten natürlichen Strahlenbelastung läge und deshalb keine Schäden zu befürchten seien. Abgesehen davon, daß diese Behauptung in vielen Fällen sachlich falsch ist, muß noch einmal betont werden, daß auch die natürliche Strahlenbelastung Schädigungen bewirken kann. Ein Teil der «spontan» auftretenden Krebsfälle geht auf ihr Konto.

Wie groß die Zunahme von Krebserkrankungen nach Bestrahlung ist, läßt sich nur sehr grob schätzen. Die verschiedenen Angaben weichen daher stark voneinander ab, je nachdem, welche Untersuchungsergebnisse zugrunde gelegt werden:

Von je einer Million zusätzlich mit 1000 mrem Ganzkörperdosis belasteter Menschen sterben an Krebs:

100 Menschen nach (ICRP 26, 1977),

7000–8000 Menschen nach (Morgan 1978).

(Die Angaben gelten auch für den Fall, daß zwei Millionen Menschen zusätzlich mit 500 mrem Ganzkörperdosis belastet werden, oder vier Millionen Menschen mit 250 mrem ...)

Diese Art von «Risikoabschätzungen» gibt es auch für die Strahlenbelastung von einzelnen Organen, zum Beispiel die Lunge oder den Knochen. In der offiziellen Abschätzung wird nur die Krebs*sterblichkeit* betrachtet, das heißt «heilbare» Krebserkrankungen bleiben unberücksichtigt. Bei Schilddrüsenkrebs führt dies zum Beispiel zu einem extrem geringen «Risiko»: Die Wahrscheinlichkeit, nach Bestrahlung an Schilddrüsenkrebs zu erkranken, ist zwar ziemlich groß, dank intensiver medizinischer Behandlung «überleben» jedoch 90–95 Prozent der Erkrankten.

Belastungspfade

Eine Strahlenbelastung des Menschen durch radioaktive Stoffe kann auf viele verschiedene Arten geschehen, in der Fachsprache «Belastungspfade» genannt.

Die Graphik S. 124 zeigt in stark vereinfachender Weise, welche Belastungspfade berücksichtigt werden müssen, wenn sich in der Luft Radioaktivität befindet*:

- eine direkte Bestrahlung des Menschen von außen durch β- oder γ-Strahler in der Luft;
- eine direkte Bestrahlung des Körpers von außen durch die am Boden abgelagerten γ-Strahler (z. B. Cäsium);
- eine innere Bestrahlung durch radioaktive Stoffe, die mit der Luft eingeatmet werden. Das können zum einen radioaktive Stoffe sein, die ursprünglich in der Wolke vorhanden sind. Es können aber auch Teilchen, die bereits auf dem Erdboden abgelagert worden sind, durch Wind oder menschlichen Aktivitäten wieder aufgewirbelt werden und sich erneut in der bodennahen Luft verteilen (sog. Resuspension);
- eine innere Strahlenbelastung durch radioaktive Stoffe, die mit der Nahrung aufgenommen worden sind, also über Milch, Gemüse, Getreide, Fleisch, Trinkwasser usw.

* Das Wasser (Trinkwasser aus Oberflächengewässern oder Grundwasser; Wasser zum Beregnen von landwirtschaftlich genutzten Flächen usw.) soll hier der Übersichtlichkeit halber nicht betrachtet werden. Selbstverständlich gelangt jedoch auch auf diesen Wegen Radioaktivität zum Menschen.

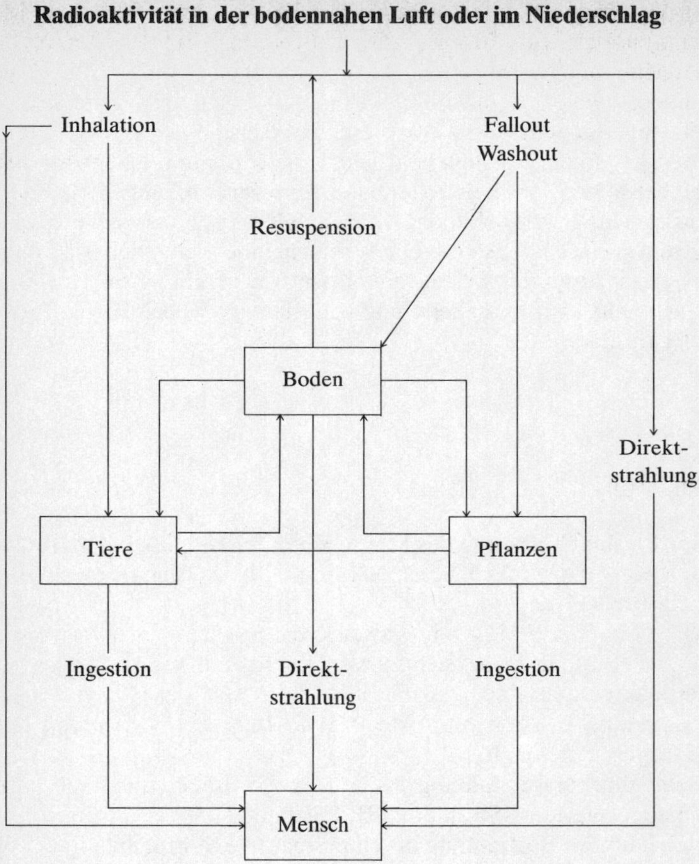

Vereinfachte Darstellung der Wege (Belastungspfade), auf denen radioaktive Strahlung aus der Luft den Menschen erreicht

Diese Belastungspfade tragen in unterschiedlich starkem Maß zur Strahlenbelastung des Menschen bei, je nachdem, um welchen radioaktiven Stoff es sich handelt: der Verzehr von pflanzlichen Produkten ist zum Beispiel bei Strontium 90 von großer Bedeutung, bei Jod 131 ist es das Trinken von Milch, bei Plutonium das Einatmen von Teilchen, die sich in der Luft befinden.

Die Berechnung der Strahlenbelastung des Menschen

«Wie rechnet man denn nun Becquerel in rem um?», das heißt: Wie groß ist die Strahlenbelastung des Menschen, der radioaktive Stoffe einatmet, mit Nahrung und Trinkwasser in sich aufnimmt oder sich auf einem kontaminierten Boden aufhält? Das ist zwar eine gute Frage, aber leider nicht pauschal zu beantworten. Sie muß für jeden radioaktiven Stoff, jeden Belastungspfad und jedes Organ, das von der Strahlung betroffen wird, einzeln untersucht werden. Und natürlich müssen auch die verschiedenen Gruppen in der Bevölkerung berücksichtigt werden.

Mit Hilfe von stark vereinfachenden Modellannahmen versucht man nun, die Strahlenbelastung abzuschätzen. Wie die folgenden Beispiele zeigen, handelt es sich tatsächlich nur um Schätzwerte, die für einen Teil der Bevölkerung zutreffen können. Andere Gruppen in der Bevölkerung können jedoch eine viel höhere Strahlenbelastung erhalten.

Beispiel 1: Jod 131

Die Strahlenschutzkommission, ein wissenschaftliches Beratergremium des Bundesinnenministers, hatte am 2. Mai 1986 die Empfehlung ausgesprochen, daß Milch dann nicht mehr als Frischmilch in den Handel gelangen darf, wenn sie mehr als 500 Becquerel pro Liter des radioaktiven Jod 131 enthält.

Normalerweise enthält Milch *kein* Jod 131, außer in der Nähe von Atomkraftwerken. Wie kommt es also zu dieser großen Verseuchung?

Anreicherung in der Umwelt: Jod 131 ist in riesigen Mengen bei der Reaktorkatastrophe in die Atmosphäre freigesetzt worden. Aus der Luft gelangt es durch trockene Ablagerung (Fallout) oder mit dem Regen auf den Boden, die Pflanzen usw. Von den Kühen wird es mit dem Gras (und der Atemluft) aufgenommen und mit der Milch wieder an den Menschen abgegeben. Beim Menschen sammelt sich das Jod in der Schilddrüse, da es dort – und in keinem anderen Organ – zur «Produktion» von Hormonen benötigt wird. Diese Anreicherung führt zu einer großen Strahlenbelastung, insbesondere bei Kleinkindern.

Dosisfaktoren: Man kann nun abschätzen, wie groß die Strahlenbelastung der Schilddrüse (oder eines anderen Organs) ist, und zwar mit Hilfe von sogenannten Dosisfaktoren. Dosisfaktoren geben an, wie groß die Strahlenbelastung in einem Organ pro Menge Radioaktivität ist, die dem Körper zugeführt wird, also:

dem Körper zugeführte Aktivität	×	Dosisfaktor	=	Dosis
Bq		mrem pro Bq		mrem

In der Bundesrepublik sind im Rahmen der Strahlenschutzgesetzgebung Dosisfaktoren für Erwachsene und Kleinkinder festgelegt worden, und zwar in den «Allgemeinen Berechnungsgrundlagen» (BMI 1979).

Der Dosisfaktor für die Schilddrüse nach Ingestion von Jod 131 beträgt für Erwachsene 0,051 mrem Schilddrüsendosis pro aufgenommenem Becquerel Jod 131. Bei Kleinkindern liegt der Dosisfaktor auf Grund ihres geringeren Schilddrüsengewichts fast 10mal höher, 0,42 mrem/Bq.

Wenn also ein Erwachsener *1 Liter* Milch trinkt, deren Aktivität 500 Bq/Liter beträgt, so erhält er eine Schilddrüsendosis von etwa 26 mrem; ein Kleinkind dagegen 210 mrem!

Zum Vergleich: Der Schilddrüsen-Dosisgrenzwert, der im *«Normalbetrieb»* in der Umgebung von Atomanlagen eingehalten werden muß, liegt bei 90 mrem *pro Jahr*!

Dieser von der Strahlenschutzkommission empfohlene ‹Grenzwert› für Jod 131 in der Milch liegt unverantwortlich hoch. Innerhalb von einer Woche kann ein Kleinkind unter diesen Voraussetzungen eine Schilddrüsendosis von mehr als 1,4 rem (1400 mrem) erhalten.

Hier wird auch deutlich, daß sich die Empfehlung der Strahlenschutzkommission nicht mehr am «Normalbetrieb» orientiert, sondern an Stör- oder Unfällen: Der Grenzwert für die Schilddrüsendosis wird in der Strahlenschutzverordnung mit 15 rem (15 000 mrem) pro Störfall festgesetzt.

Einige Bundesländer haben niedrigere «Grenzwerte» für die Jod 131-Konzentration in der Milch festgelegt, zum Beispiel Hessen 20 Bq Jod 131 pro Liter Milch, oder Hamburg 50 Bq/l. Man muß jedoch betonen, daß auch diese Grenzwerte keinen Schutz bieten und höchstens das kleinere Übel darstellen, da jede zusätzliche Radioaktivität schädlich ist.

Noch einmal zurück zu der berechneten Strahlenbelastung: Wie sicher und verläßlich ist eigentlich diese Angabe in rem oder mrem?

Die Aktivität in Becquerel kann man *messen*, aber die Dosisfaktoren werden *berechnet*, und zwar auf Grund modellmäßiger Vorstellungen über das Verhalten der radioaktiven Stoffe im menschlichen Körper. Dazu gehören die Mengen, die aus dem Magen-Darm-Trakt (oder der Lunge) ins Blut gelangen und vom Blut in die einzelnen Organe transportiert werden; weiterhin spielt eine Rolle, wie rasch die radioaktiven Stoffe wieder ausgeschieden werden, welche Masse die einzelnen Organe haben, in denen sich die Stoffe anreichern, usw.

Der oben zur Berechnung der Schilddrüsendosis verwendete Dosisfaktor für Erwachsene beruht in seiner «Datengrundlage» auf einem Standardmenschen, der sogenannten «Referenzperson»: Diese Person ist männlich, wiegt 70 kg, hat standardisierte Lebens- und Ernährungsgewohnheiten, ist gesund und weist keinerlei Stoffwechselanomalien auf. Die Dosisfaktoren für Kleinkinder gelten für einen einjährigen Säugling.

Daß ein großer Teil der Bevölkerung mit diesen Standardkriterien nicht erfaßt werden kann, ist offensichtlich. Die Strahlenbelastung von Personengruppen wie Embryonen, Feten, Kindern, alten Menschen, Kranken und Stoffwechselgeschädigten kann mit den vorliegenden Dosisfaktoren also nicht korrekt erfaßt, geschweige denn konservativ und vorsichtig abgeschätzt werden.

Aus einer Vielzahl von Belegen für diese Behauptung sollen nur zwei Beispiele herausgegriffen werden:

- Für 0,2 bis einjährige Kinder liegt der Ingestionsdosisfaktor für Jod 131 in einem Bereich von 0,23 mrem/Bq bis 2 mrem/Bq (Bleck-Neuhaus 1981).

Für den Fall der oben erwähnten Milch bedeutet das eine Dosis für die Schilddrüse von 115 mrem bis maximal 1 rem (1000 mrem) pro Liter Milch!

- Es ist bekannt, daß das Ungeborene im Mutterleib Jod in hohem Maße aufnimmt. Die Jod-Konzentration in der fetalen Schilddrüse kann deshalb bis zum 12fachen der Jod-Konzentration in der mütterlichen Schilddrüse betragen.

Man sollte eigentlich erwarten, daß Kinder und Ungeborene im Mutterleib auf Grund ihrer größeren Strahlenempfindlichkeit besonders geschützt werden. Dies geschieht jedoch nicht.

Insgesamt läßt sich nachweisen, daß die amtlich festgelegten Dosisfaktoren für viele radioaktive Stoffe im *unteren Bereich* von möglichen Schwankungsbreiten liegen und damit die berechnete Strahlenbelastung unterschätzt wird.

Beispiel 2: Strontium 90

Bei der Reaktorkatastrophe ist auch Strontium 90 freigesetzt worden. Dieser radioaktive Stoff zerfällt unter Aussendung von β-Strahlen mit einer Halbwertszeit von knapp 30 Jahren. Aus der Luft lagert es sich auf Pflanzen und Erdboden ab. Es wird von den Pflanzen über die Wurzeln aufgenommen und gelangt dann entweder direkt – durch den

Verzehr von Gemüse zum Beispiel – oder indirekt, über den «Umweg» Weidepflanzen → Kuh → Milch zum Menschen.

Das chemische Verhalten von Strontium ist dem des Calciums sehr ähnlich. Leider sind lebende Zellen sozusagen blind für den Unterschied zwischen beiden Stoffen, deshalb kann das Strontium überall, wo es sich in Wasser, Boden oder Niederschlag befindet, statt des Calciums aufgenommen werden.

Bekanntlich kommt Calcium im menschlichen Körper hauptsächlich in den Knochen vor, und weil der Körper beide Stoffe nicht voneinander unterscheiden kann, reichert er das radioaktive Strontium wie das Calcium in den Knochen an. (Man bezeichnet Strontium 90 deshalb auch als «Knochensucher».) Je weniger Calcium und je mehr Strontium dem Körper mit der Nahrung angeboten wird, desto stärker ist die Anreicherung.

Bei Kalkmangel und zur Zeit des Wachstums, wenn der Körper viel Kalk für den Knochenaufbau braucht, wird also besonders viel radioaktives Strontium eingebaut. Deshalb sind Kinder und Jugendliche am stärksten gefährdet.

Mögliche Folgen der Anreicherung von Strontium 90 in den Knochen können Leukämie (Blutkrebs) und Knochenkrebs sein – ausgelöst durch die Bestrahlung des strahlenempfindlichen roten Knochenmarks bzw. der Knochenhaut.

Das Zerfallsprodukt von Strontium 90 ist kein stabiler Stoff, sondern das ebenfalls radioaktive Yttrium 90. Dieses Yttrium 90 wandert in andere Organe des menschlichen Körpers: in die Keimdrüsen und in die Hirnanhangdrüse (Hypophyse).

Bisher wissen wir noch nicht, wieviel Strontium 90 in Tschernobyl freigesetzt worden ist und sich abgelagert hat. Dieser radioaktive Stoff ist meßtechnisch sehr schwer zu erfassen; es ist aber damit zu rechnen, daß sehr bald Informationen über die Bodenbelastung und die Konzentrationen in Futterpflanzen und Gemüse vorliegen. Erst dann wird man abschätzen können, wie groß die Strahlenbelastung des Menschen durch diesen gefährlichen Stoff ist.

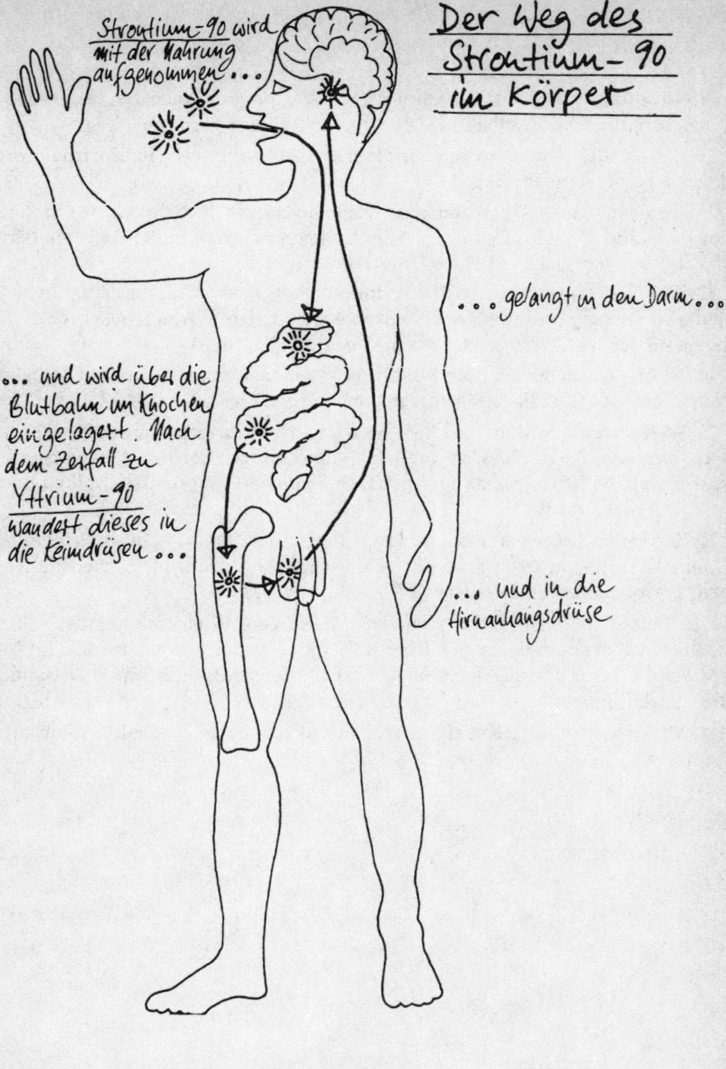

Abbildung aus: Arbeitsgemeinschaft gegen Atomkraftwerke am Fachbereich Medizin der Universität Hamburg: Gesundheit oder Atomkraft. Hamburg 1979

Literatur

Arbeitsgruppe «Wiederaufarbeitung» (WAA): *Atommüll oder der Abschied von einem teuren Traum,* Reinbek 1977

R. Bertell: «Radiation exposure and human species survival», in: *Environmental Health Review,* Kanada, Juni 1981

J. Bleck-Neuhaus: «Gutachten zur Strahlenbelastung der Schilddrüse durch radioaktives Jod 131. Erstellt für den Verwaltungsgerichtshof Baden-Württemberg, 28. 1. 1981» (zu beziehen über die Universität Bremen)

BMI 1979: «Der Bundesminister des Innern: Allgemeine Berechnungsgrundlage für die Strahlenexposition bei radioaktiven Ableitungen mit Abluft oder in Oberflächengewässer.» – *Gemeins. Ministerialblatt* 30 (1979), Nr. 21, S. 371–436

ICRP 26: «Recommendations for the International Commission on Radiological Protection», ICRP Publication 26, Pergamon Press, Oxford u. a. 1977

G. W. Kneale, T. S. Mancuso, A. N. Stewart: «Hanford radiation Studies III», in: *Brit. Journal of Industrial Medicine* 1981. – Oak Ridge Associated Universities – University of North Carolina: *Epidemiologic Studies of Health and Mortality among DOE workers*, Mai 1984

K. Z. Morgan: «Cancer and Low Level Ionizing Radiation.» In: *Bulletin of the Atomic Scien.*, Sept. 1978, S. 30–40. (Deutsche Übersetzung in: Universität Bremen, *Informationen zu Energie und Umwelt*, Nov. 1979)

I. Schmitz-Feuerhake, K. Bätjer und E.-M. Muschol: «Epidemiologische Untersuchungen über gesundheitsschädliche Auswirkungen der Atomindustrie». In: *Unsere tägliche Gesundheit, Dokumentation des Gesundheitstages Berlin 1980*, Band 3, West-Berlin, Januar 1981

A. M. Stewart, G. W. Kneale: «Radiation dose effects in relation to obsteric X-rays and childhood cancers», *Lancet* 1970

Umwelttoxikologe Wassermann fragt nach gefährlichen Isotopen

Kiel (dpa) – Der Kieler Umwelttoxikologe Prof. Otmar Wassermann hat am Montag im Zusammenhang mit der Berichterstattung über Radioaktivitätsmessungen nach dem Reaktorunglück in Tschernobyl Kritik daran geübt, daß stets nur von Jod 131 die Rede sei. Gerade dieses Isotop zerfalle nach relativ kurzer Zeit und büße damit seine Gefährlichkeit ein. Bei einer Katastrophe wie der von Tschernobyl würden auch sehr viel gefährlichere Isotope frei, über deren Langzeitwirkung noch wenig bekannt sei, zum Beispiel Strontium 90, Cäsium 137, Krypton 85, Xenon 139, Kobalt 60 «und vor allem das Jod 129».

Diese Isotope haben nach den Worten Wassermanns zum Teil eine sehr lange Zerfall-Dauer (Halbwertszeit). Deshalb sei es unredlich, die Bevölkerung und die Landwirtschaft unter Hinweis auf Jod 131 in dem Gefühl zu bestärken, daß die Radioaktivität schnell vorübergehe. Jod 131 sei schließlich nach wenigen Wochen aus der Umwelt verschwunden, Jod 129 aber habe zum Beispiel eine Halbwertszeit von zehn Millionen Jahren, sagte Wassermann.

5. Mai 1986

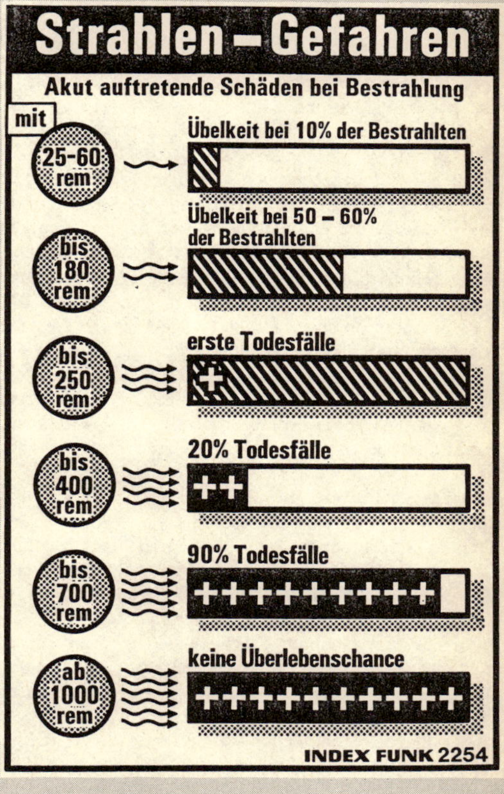

Über die Strahlenbelastung in der Umgebung des Katastrophen-Reaktors bei Tschernobyl besteht noch keinerlei Klarheit (30.4.1986).

Plutonium, Strontium, Cäsium

Von Günter Haaf

Die Situation ist paradox: Zwar wissen die Mediziner mehr über die radioaktiven – besser: «ionisierenden» – Strahlen als Ursache von Krebserkrankungen als über andere Umwelt-Karzinogene. Aber dennoch sind die Aussagen über die Wirkungen vor allem schwacher Strahlenbelastungen zweideutig.

Jeder Mensch ist natürlicher und künstlicher ionisierender Strahlung ausgesetzt, wobei auch ohne Reaktorunfall bisweilen extrem unterschiedliche Werte auftreten. Die durchschnittliche «natürliche Strahlenbelastung» der Bundesbürger beträgt etwa 110 Millirem pro Jahr. Allerdings steigt diese Belastung mit zunehmender Höhe über dem Meeresspiegel (wegen der wachsenden kosmischen Strahlung) und in Regionen mit stärker strahlendem Gestein (bis zu 12 rem gleich 12000 Millirem pro Jahr). Aus medizinischen Quellen kommt eine durchschnittliche jährliche Belastung von rund 50 Millirem hinzu. Aus kerntechnischen Anlagen, Forschungsinstituten sowie dem Fallout von oberirdischen Atomtests resultieren weitere zehn Millirem pro Jahr. Auf diese Jahresbelastung von knapp 200 Millirem kommen nun die zusätzlichen Dosen, je nach Wohnort, durch das Reaktorunglück von Tschernobyl.

Die Gefahr aus dem sowjetischen Reaktor droht nicht in Form direkter Strahlung: Gamma- oder Neutronenstrahlen direkt aus dem zerstörten Meiler bedrohen nur Werksangehörige in unmittelbarer Nähe. In die weitere Umgebung, ja in alle Welt, gelangt die Radioaktivität aus Tschernobyl durch die Luft. Wind und Wetter verteilen die durch Explosion und Brand hochgewirbelten Radio-Isotope, wie Fachleute diese instabilen Atomkerne aus dem Reaktor nennen. Etliche der vermutlich vielen Hundert verschiedenen freigewordenen Radio-Isotope sind so instabil, daß sie in Sekunden oder Stunden zu stabilen, nichtstrahlenden Atomen zerfallen. Andere, wie Jod 131 oder Cäsium 137, zerfallen in Tagen, Jahren und sogar Jahrtausenden jeweils zur Hälfte («Halbwertszeit»).

Die Strahlung dieser mit dem Winde verwehten Isotope wird für uns erst gefährlich, wenn sie auf uns niederrieseln, vom Regen ausgewaschen werden, mit der Atemluft in die Lunge oder mit der Nahrung und Getränken über Magen und Darm in den Körper gelangen. Ein großer Teil der radioaktiven Gefahr kann also durch Vorsichtsmaßnahmen – abwaschen, nicht aus dem Haus gehen – gebannt werden. Und da viele Isotope mit kurzen Halbwertszeiten rasch zerfallen, klingt die Strahlenbelastung entsprechend ab. Was bleibt, sind die langlebigen Radio-Isotope wie die des Plutoniums, Strontiums und Cäsiums.

Bei Redaktionsschluß fehlten verläßliche Angaben über diese Belastung. Da die Werte lokal sehr unterschiedlich sein können und die Ermittlung der jeweiligen strahlenden Isotope sowie die Umrechnung der gemessenen Dosen in die Einheit der biologischen Wirksamkeit (bisher «rem», seit 1986 «Sievert») relativ.schwierig ist, kann hier nur eine allgemeine Abschätzung der gesundheitlichen Folgen des Desasters gegeben werden.

In der Bundesrepublik dürfte die biologische Dosis des Fallouts aus Tschernobyl wahrscheinlich weit unter dem Wert von 5 rem (für den ganzen Körper) geblieben sein; er gilt als jährliche Höchstgrenze für *beruflich* mit ionisierender Strahlung in Berührung kommende Bürger. Als Obergrenze für die zusätzliche Strahlenbelastung der Bevölkerung gilt der vergleichsweise niedere Wert von 30 Millirem pro Jahr.

Strahlenmediziner tun sich schwer, eine Zunahme künftiger Todesfälle durch strahleninduzierten Krebs zu errechnen: Nach Kalkulationen der Internationalen Strahlenschutzkommission bewirkt die «zusätzliche» Belastung von 1 rem bei einer Million Menschen «zusätzlich» etwa

100 bis 200 Krebstote; zum Vergleich führen Epidemiologen an, daß in westlichen Ländern von einer Million Bürgern etwa 160000 bis 180000 an Krebs sterben. Bezöge sich der im polnischen Nikolaiken gemessene, 500fach höhere Wert auch auf die biologische Wirksamkeit der Strahlung, resultierte daraus eine zusätzliche Belastung von 50 rem; dies würde pro Million Einwohner zusätzlich 2500 bis 10000 Krebstote bedeuten.

Der Expertenstreit über die erblichen Auswirkungen relativ niedriger künstlicher Strahlenbelastungen ist noch größer; zwei Argumente sprechen allerdings gegen böse Folgen: Beim Nachwuchs der Bombenopfer von Hiroshima und Nagasaki wurden erstaunlich wenige Erbschäden registriert; dies ist offensichtlich ein Effekt jener biologischen Barrieren, die gewöhnlich Lebenskeime mit zu starken genetischen Schäden nicht möglich machen (keine Befruchtung, keine Einnistung in die Gebärmutter, Fehlgeburt).

Mit der Strahlenbelastung steigen auch die Langzeitfolgen der radioaktiven Strahlung. Neben den Geschlechtsorganen sind vor allem die blutbildenden Organe (Knochenmark), die weibliche Brust und die Schilddrüse (durch die Einlagerung von radioaktivem Jod) gefährdet. Dabei gilt: Ungeborene Kinder sind stärker gefährdet als schon geborene, Kinder stärker als Frauen, Frauen stärker als Männer. In Hiroshima und Nagasaki häuften sich nach etwa neun Jahren die Leukämie-(Blutkrebs-)Fälle; die «soliden Tumore» (Krebse der festen Organe) erreichten erst 25 Jahre nach den Atombombenexplosionen ihren Höhepunkt und fordern noch heute ihre Opfer.

Weitaus schlimmer als die Bundesdeutschen wird es die Anlieger des Unglücksreaktors getroffen haben. Dort trat und tritt die *akute Strahlenkrankheit* auf. Wie viele Menschen wie stark belastet wurden, haben die sowjetischen Behörden nicht verraten. Die Skala der akuten Strahlenkrankheit:

- Bis zu 100 rem (gleich 1 Sievert; «milde Dosis») – vorübergehend verändertes Blutbild, Erbrechen, leichte Müdigkeit.
- Bis 300 rem («mäßige Dosis») – zunächst Übelkeit, Erbrechen und Durchfall. Nach etwa zwei Wochen Appetitlosigkeit, Haarausfall, Durchfall und mitunter Darmbluten. Nach zwei bis sechs Wochen vereinzelte Todesfälle.
- Bis 500 rem («zu fünfzig Prozent tödliche Dosis») – Übelkeit und Erbrechen in den ersten zwei bis vier Stunden. Nach einigen beschwerdefreien Tagen setzen Erbrechen, Blutungen und Entzündungen ein. Etwa die Hälfte der Betroffenen stirbt innerhalb eines Monats.
- Bis 1000 rem («tödliche Dosis») – Übelkeit und Erbrechen nur kurz unterbrochen, dann zusätzliche Entzündungen, Haarausfall, Delirium, Koma. Tod innerhalb von ein bis zwei Wochen.
- 5000 rem – Tod innerhalb von Stunden.

Die Zeit vom 9. Mai 1986

HUNGAROCAMION
BUDAPEST
VOLVO
F12

74 verstrahlte Lkw angehalten

Der Bundesgrenzschutz (BGS) hat nach eigenen angaben seit Mittwochabend an der DDR-Grenze zwischen Lübeck und Bebra insgesamt 74 radioaktiv verstrahlte Lkw und 20 Pkw aufgehalten. Wie das BGS-Amt in Braunschweig mitteilte, durften diese aus Ostblockstaaten kommenden Fahrzeuge erst nach einer «Entseuchung» weiterreisen. Insgesamt seien 655 Lkw und eine große Zahl von Pkw vom Bundesgrenzschutz überprüft worden. Bisher wurden noch keine Lkw weegen zu hoher Strahlenbelastung zurückgewiesen. Am hessischen Grenzübergang Herleshausen werden die Lkw auf einer Plastikfolie neben der Autobahn abgewaschen, bevor sie weiterfahren dürfen. Das Wasser wird aufgefangen und zwischengelagert, da es radioaktiv verunreinigt ist. Die Gemeinden an der Grenze haben sich nach Darstellung des Ministeriums geweigert, Räume zur Reinigung der Fahrzeuge zur Verfügung zu stellen.

Eine in Hamburg eingetroffene Lastwagenlieferung Champignons aus Polen ist von der Gesundheitsbehörde wegen radioaktiver Belastung nicht für den Verkauf freigegeben worden.

Süddeutsche Zeitung vom 5. Mai 1986

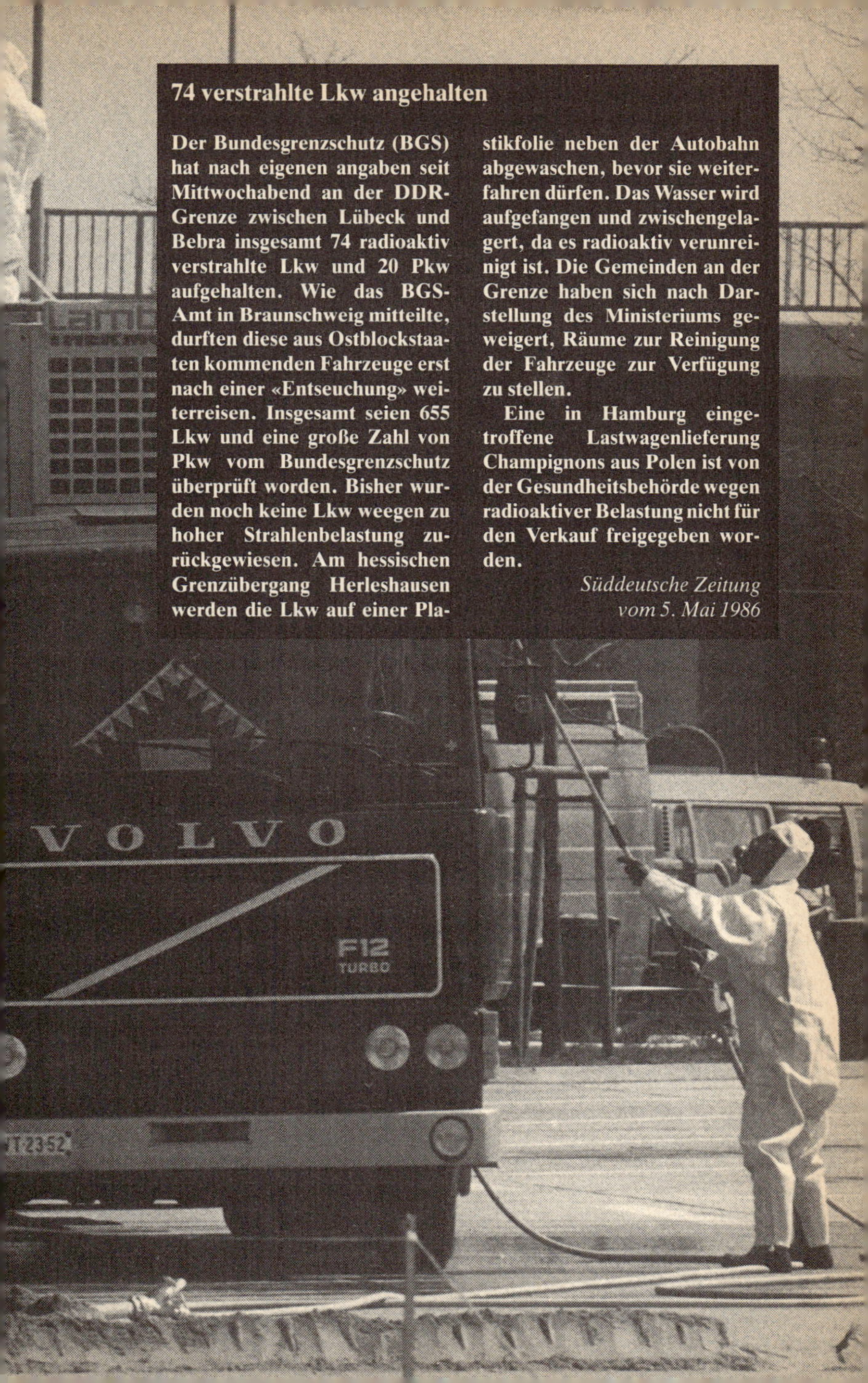

Mit Jodpillen in der Tasche zum «Tanz in den Mai»

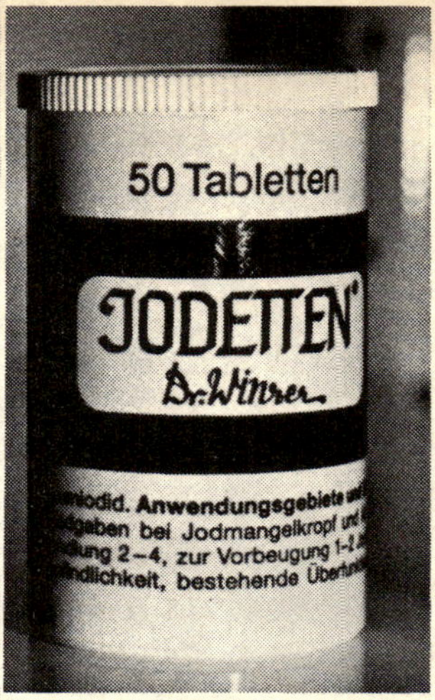

Foto: Paul Langrock

«Der Apotheker schaute mich an, als wollte ich Salzsäure kaufen.» Verständnislosigkeit schlug einer besorgten Bielefelderin am Tag nach Bekanntwerden des Atomunfalls in der Sowjetunion in einer Apotheke entgegen, als sie Jodtabletten verlangte. Doch wenige Stunden später war geradezu ein Run auf die Arzneimittelverkaufsstellen in der Region zwischen Teuto und Wiehen ausgebrochen. Wenn auch keine Anzeichen dafür sprechen, daß eine Atomwolke aus der Ukraine über Ostwestfalen-Lippe ziehen könnte, viele der 1,7 Millionen Einwohner des Regierungsbezirks Detmold wollten vorsorgen und sich nicht allein auf die «Aktentasche auf dem Kopf» gegen radioaktive Strahlung verlassen. Die Sorge und Angst vor Verseuchung ist das Gesprächsthema Nummer eins in Wohnstuben, am Arbeitsplatz und in den Kneipen. Beim «Tanz in den Mai» Anno 1986 war bei vielen nicht nur der obligatorische Maibock dabei, sondern auch ein Döschen mit Jodpillen.

Ruhr Nachrichten vom 1. Mai 1986

«Nicht übereilt Jod einnehmen»

Das Düsseldorfer Gesundheitsministerium warnt die Bevölkerung vor unkontrollierter und übereilter Einnahme von Jodtabletten.

«Es ist Unsinn, die Tabletten bei einer nicht vorhandenen Strahlenbelastung zu schlucken», erklärte am Mittwoch ein Sprecher des Gesundheitsministeriums. Erst wenn die tausendfach erhöhte Radioaktivität gemessen würde, könnte unter Umständen eine Einnahme der Tabletten ratsam sein: «Doch dazu gibt es zur Zeit keine Veranlassung.»

Jodtabletten werden bei extremer Strahlenbelastung eingenommen, um die Schilddrüse vor radioaktivem Jod (Jod 131) zu schützen. Durch den Tabletten-Wirkstoff wird das empfindliche Organ so stark durch Jod angereichert, daß es kein Jod 131 mehr aufnimmt. Der übrige Körper wird durch das Jod vor der Strahlenbelastung nicht geschützt.

Trotz aller Warnungen vor Panikkäufen war am Mittwoch in der gesamten Bundesrepublik eine deutlich überhöhte Nachfrage nach Jodtabletten zu verzeichnen. Ein Bochumer Apotheker erklärte, der Großhandel habe Schwierigkeiten, allen Bestellungen nachzukommen.

Ruhr Nachrichten vom 1. Mai 1986

Christian Küppers

Langzeit- und Spätfolgen der radioaktiven Belastung

Unehrliche Informationen

Einige Tage nach dem Unfall im sowjetischen Atomkraftwerk Tschernobyl hatte die dort freigesetzte radioaktive Wolke die Bundesrepublik erreicht. Insbesondere aus Bayern waren erhöhte Aktivitätskonzentrationen in der Luft gemeldet worden; die Medien berichteten, es bestünde keinerlei Grund zur Beunruhigung. Am 1. Mai ließ das Bundesinnenministerium im Verlauf des Vormittags mehrfach verlauten, daß die Werte der radioaktiven Belastung im Bundesgebiet im Absinken begriffen seien. Dem Bundesinnenministerium lagen jedoch zu dieser Zeit Werte der Gesamt-Beta-Konzentration in der Luft aus Regensburg und München vor, die vom 30. April auf den 1. Mai praktisch konstant geblieben waren. Millionen Menschen bekamen durch die verbreiteten Falschinformationen grünes Licht, bei herrlichem Wetter den Tag im Freien zu verbringen.

Während in Bayern kein Absinken der hohen Aktivitäten gemessen worden war, stieg die Konzentration von Jod 131 in der Luft an der Meßstelle der Hessischen Landesanstalt für Umwelt in Darmstadt sogar seit den Morgenstunden des 1. Mai bis in den Abend hinein alarmierend an. Diese Tatsache war spätestens gegen 16 Uhr 30 im hessischen Umweltministerium und im hessischen Sozialministerium bekannt. Erst sehr viel später, in den 20-Uhr-Nachrichten des hessischen Rundfunks, wurde die Erhöhung der Radioaktivität in der Luft bekanntgegeben. Zudem meldete der Hessische Rundfunk nur, daß die Jod 131-Konzentration in der Luft im Raum Darmstadt angestiegen sei. Tatsächlich gibt es in Hessen aber ohnehin nur zwei feste Meßstellen: in Darmstadt und in Kassel. Anstiege der Jod 131-Konzentration in der Luft wurden an den Atomkraftwerken Biblis, Obrigheim und Mülheim-Kärlich sowie im gesamten süddeutschen Raum in ähnlicher Größenordnung gemessen. Die Aussage, daß sich der Anstieg auf den Raum Darmstadt beschränke, war also grob irreführend. Später wurde über den Rundfunk mit der Behauptung, in Darmstadt gäbe es gar keine Meßstelle, auch noch versucht, die Darmstädter Meßwerte als «Enten» abzutun. Andererseits wurden flächendeckende Messungen in ganz Hessen erfunden.

Die in Darmstadt steil angestiegenen Meßwerte der Jod 131-Konzentration der Luft wurden an das Bundesinnenministerium weitergegeben. Dennoch kamen von dort bis Mitternacht des 1. Mai nur abwiegelnde Stellungnahmen. Auch verschwieg das Bundesinnenministerium in Bayern und Baden-Württemberg gegen 19 Uhr gemessene Werte, die ähnliche Größenordnungen wie die in Darmstadt gemessenen aufwiesen. Vom hessischen Sozialministerium wurde ein zwischenzeitlich in Darmstadt abgesunkener Wert als Trend nach unten interpretiert, ohne daß unmittelbar danach gemessene deutlich höhere Werte berücksichtigt worden wären.

In Bayern wurden nach Aussagen des Pressesprechers der Bayrischen Grünen Zeitungsredaktionen «gebeten», keinen Zahlenwert über die Radioaktivitätskonzentration der Luft zu publizieren. Da gleichzeitig auch von den zuständigen Behörden keine Meßwerte mitgeteilt wurden, hatte die Öffentlichkeit keinerlei Möglichkeit, sich über die aktuelle Situation zu informieren. Auch der Deutsche Wetterdienst war angewiesen, Privatpersonen keine Meßwerte und Radioaktivitätskonzentrationen mitzuteilen.

Oberstes Ziel der Behörden war nicht die wahrheitsgemäße Information der Bevölkerung, sondern die Verharmlosung der Situation. Vom Bundesinnenministerium hat wohl kein mit der Materie Vertrauter etwas anderes erwartet, überrascht hat aber, wie viele Behörden sich der Strategie des Bundesinnenministeriums anschlossen.

Falsche Vergleiche

Behörden waren bemüht, mit unsinnigen Vergleichen die Gefahren herunterzuspielen; das hessische Sozialministerium verwies zur Begründung einer angeblichen Unbedenklichkeit der bei Kleinkindern zu erwartenden Schilddrüsendosis durch in den Körper aufgenommenes Jod 131 auf weit höhere Dosisbelastungen, die bei nuklearmedizinischer Schilddrüsendiagnostik auftreten. In medizinischen Fachkreisen gelten jedoch die vom Ministerium zum Vergleich herangezogenen Werte als bedenklich hoch. Deshalb wurden auch bereits neuere Diagnoseverfahren eingeführt, die zu weit geringeren Belastungen führen. Ohnehin werden diese Diagnoseverfahren nur nach Risiko-Nutzen-Abwägungen vorgenommen, bei Kleinkindern nur im äußersten Notfall. All dies wurde vom Ministerium nicht einmal erwähnt.

Bald berichteten die Medien, die Radioaktivität in der Luft sei nur noch wenig gegenüber dem Üblichen erhöht. Diese grob irreführende Aussage läßt jedoch außer acht, daß verschiedene radioaktive Strahler insbesondere nach Aufnahme in den Körper zu sehr unterschiedlichen Strahlenbelastungen führen können. Einer der Gründe ist die mögliche Anreicherung in bestimmten Organen, etwa von radioaktivem Jod in der Schilddrüse. Da sich in der Luft natürlicherweise viele radioaktive Stoffe befinden, die weit ungefährlicher sind als Jod 131, dienten solche Meldungen eher der Beschwichtigung und Verdummung als der Information.

In den Medien wurde, nachdem die Jod 131-Konzentration von zunächst an einigen Meßstellen weit über 100 Becquerel (Bq) pro m^3 auf etwa 10 Bq pro m^3 gefallen war, dreist behauptet, die Jod 131-Konzentration in der Luft sei auf die übliche Konzentration abgesunken. Die «übliche» Jod 131-Konzentration in der Luft wurde mit 0,1, mit 1 oder auch mit 10 Bq pro m^3 angegeben. Ein Blick in die Jahresberichte *Umweltradioaktivität und Strahlenbelastung* des Bundesinnenministers, letztes Berichtsjahr ist 1983, ergibt ein anderes Bild: Die übliche Konzentration ist millionenmal geringer. In den Jahren 1979 bis 1983 konnte nur in der Nähe des Atomkraftwerks Brunsbüttel einmal Jod 131 in der Luft nachgewiesen werden – 0,00055 bzw. 0,00056 Bq pro m^3 im Jahresmittel.

Die Strahlenschutzkommission – Beschwichtiger vom Dienst

Die sogenannte Strahlenschutzkommission (SSK), den meisten Menschen in der Bundesrepublik bislang kein Begriff, tat sich bald mit Empfehlungen hervor. Die SSK wurde 1974 gebildet und ihre Satzung in der neuesten Fassung vom 5. November 1984 sieht vor, daß die SSK den Bundesinnenminister in den Angelegenheiten des Schutzes vor den Gefahren ionisierender Strahlen berät. Laut Satzung sind die

Mitglieder der SSK «unabhängig und nicht an Weisungen gebunden». Dennoch kann bezweifelt werden, daß die SSK eine objektive Beratungsinstanz darstellt, denn der Bundesinnenminister beruft deren Mitglieder ein, kann jedes Mitglied aus besonderen Gründen vorzeitig abberufen, muß sein Einverständnis bei Bildung von Ausschüssen, bei Berufung hinzuzuziehender Sachverständiger geben usw. Unabhängig vom Bundesinnenministerium ist die SSK demnach jedenfalls nicht.

Mehrere Tage nach dem Reaktorunfall, als die SSK ihre Beratungen, ob die Katastrophe in der Sowjetunion nun als Unfall oder als Störfall einzustufen sei, abgeschlossen hatte, gab sie ihre erste Empfehlung bekannt. Sie stellte eine Jod 131-Konzentration der Milch von 500 Bq je Liter als unbedenklich hin, stärker verseuchte Milch sollte nicht als Frischprodukt, sondern erst später in den Handel gelangen.

Zum Vergleich: Laut dem Bericht *Umweltradioaktivität und Strahlenbelastung* des Bundesinnenministers konnte im Berichtsjahr 1983 in Milch aus der unmittelbaren Umgebung von Atomanlagen nie Jod 131 nachgewiesen werden; die Grenzen der Nachweisbarkeit lagen zwischen 0,004 und 0,37 Bq je Liter.

An welchen Grenzwerten der Strahlenschutzverordnung sollten sich SSK oder andere Behörden orientieren?

Es dauerte nicht lange, da wurde verkündet, solange die «Störfalldosisgrenzwerte» der Strahlenschutzverordnung nicht überschritten seien, bestünde keinerlei Grund zur Besorgnis oder gar zu besonderen Maßnahmen. Auch die SSK zitierte die Störfalldosisgrenzwerte und bewertete eine Schilddrüsenbelastung von 3 rem, einem Fünftel des Störfallgrenzwerts, als für Kleinkinder akzeptabel.

Was sind eigentlich die Störfalldosisgrenzwerte?

Die Störfalldosisgrenzwerte dienen dazu, in Genehmigungsverfahren von Atomanlagen deren hinreichende Auslegung gegen Störfälle zu beurteilen. Es ist im Genehmigungsverfahren nachzuweisen, daß bei den offiziell anzunehmenden – nicht etwa bei allen möglichen – Störfällen dieser Grenzwerte bei keiner einzigen Person am Punkt der maximalen Belastung in der Umgebung der Anlage überschritten werden kann. Für Menschen in größerer Entfernung von einer Anlage wären in diesem Fall sehr viel geringere Strahlenbelastungen zu erwarten.

Die gegenwärtige Situation ist hiervon jedoch völlig verschieden: Eine hohe Strahlenbelastung ist real vorhanden, und zwar im gesamten Bundesgebiet. Auch die für beruflich strahlenexponierte Personen gültigen jährlichen Grenzwerte sind kein anwendbares Maß, sie gelten für ärztlich überwachte gesunde Menschen, schon nicht mehr für Schwangere, Jugendliche unter 18 Jahren oder gar Kleinkinder. Eine der Begründungen, warum ein kleiner Teil der Bevölkerung – die beruflich Strahlenexponierten – einer 170mal höheren Strahlenbelastung ausgesetzt werden dürfen als der Rest der Bevölkerung, war die Überlegung, daß durch die relativ geringe Zahl von betroffenen Personen ein Volk in seiner Gesamtheit durch bislang unbekannte Erbschäden in späteren Generationen nicht bedroht sei.

Belastung durch den Fallout oberirdischer Atombombentests

In den frühen sechziger Jahren entstanden hohe Radioaktivitätsbelastungen durch den Fallout aus den oberirdischen Atombombentests, die auch aus diesem Grunde ab 1963 – bis auf wenige Fälle – eingestellt wurden. Insgesamt sind durch diese Tests im Mittel über der Bundesrepublik zwischen 1960 und heute etwa 70000 Bq je m^2 an Beta-Strahlern niedergegangen, der überwiegende Teil innerhalb von vier Jahren. Durch den Reaktorunfall war an vielen Orten der Bundesrepublik innerhalb weniger Tage der Niederschlag allein an Jod 131 höher. Das Bundesinnenministerium meldete am 11. Mai Gesamt-Beta-Werte von 150000 Bq je m^2 aus Berlin. Zu beachten ist, daß im Gegensatz zum aufaddierten Bombenfallout die nach dem Reaktorunfall gemessenen Werte jeweils nur «Momentaufnahmen» waren, bei denen der Zerfall des Jod 131 und das Eindringen der Strahler in den Boden nicht berücksichtigt sind. Der Fallout der Waffentests setzte sich allerdings mehr aus langlebigen Strahlern zusammen.

In welchen Mengen gelangten langlebige Strahler aus dem Fallout der Atomwaffentests in die Nahrungskette?

Laut Bundesinnenministerium, *Umweltradioaktivität und Strahlenbelastung 1983*, wurden in der Bundesrepublik jährlich über die gesamte Nahrung maximal 3200 Bq Cäsium 137 (1964) und 400 Bq Strontium 90 (1964/65) pro Person im Mittel aufgenommen. Im Jahre 1983 sollen es noch 84 Bq Cäsium 137 und 110 Bq Strontium 90 pro Jahr gewesen sein.

Als Folge der Reaktorkatastrophe haben vom 1. auf den 2. Mai Erwachsene in Darmstadt etwa 1300 Bq Jod 131 eingeatmet; für andere Städte liegt uns leider kein ausreichendes Datenmaterial vor. Mit jedem Liter «SSK-Milch» werden weitere 500 Bq Jod 131 aufgenommen, mit jedem Kilogramm «SSK-Gemüse» 250 Bq Jod 131; die SSK hatte bei frischem Gemüse einen Richtwert von 250 Bq Jod 131 je kg empfohlen. Die Empfehlung jedoch war sinnlos, da es technisch nicht realisierbar ist, flächendeckend die Verseuchung von Gemüse mit Jod 131 zu überprüfen. So wurden denn auch in Baden-Württemberg auf im Handel befindlichem Gemüse z. B. am 6. Mai 5500 Bq Jod 131 je kg auf Salat und am 7. Mai 3400 Bq Jod 131 je kg auf Spinat gefunden. Das Bundesinnenministerium meldete am 11. Mai auf Freilandgemüse 300 bis 10000 Bq Jod 131 je kg in Süddeutschland, im Rest der Republik bis 2000 Bq je kg.

Strahlenschutzkommission empfiehlt: Keine Berücksichtigung langfristiger Gefahren

Die SSK hob am 8. Mai ihren vorherigen Richtwert für den Verkauf von frischem Gemüse in Höhe von 100 Bq Cäsium 137 je kg wieder auf und begründete dies damit, daß die Belastung durch Cäsium 137 gering sei und der Beitrag von Strontium-Isotopen und anderen langlebigen Strahlern unerheblich. Die SSK mußte wohl erkannt haben, daß die langlebigen Strahler Strontium 90 und Cäsium 137 (Halbwertszeit 28 bzw. 30 Jahre) innerhalb vernünftiger Zeiträume nicht abklingen und eine Beseitigung der Lebensmittel die Bevölkerung womöglich beunruhigen würde. Anders jedenfalls ist die SSK-Entscheidung kaum zu verstehen, denn es lag zur Zeit der Entscheidung aus technischen Gründen kein einziger Meßwert von Strontium 90 vor – der Nachweis nimmt erhebliche Zeit in Anspruch.

Einen Strontium 90-Meßwert gibt es im übrigen auch jetzt, zwei Wochen nach der Katastrophe, noch nicht. Wird vorausgesetzt, daß – wie theoretisch in einem nicht günstigen Fall zu erwarten – Cäsium 134 und Strontium 90 in etwa gleichen Mengen im Fallout vorkommen, läßt sich nach der «Allgemeinen Berechnungsgrundlage» des Bundesinnenministeriums, auf die sich ebenfalls die SSK beruft, die Strahlenbelastung durch Verzehr von Gemüse abschätzen.*

Durch Verzehr von 14 kg Gemüse mit 100 Bq Cäsium 137 je kg würde unter Zugrundelegung eines vorsichtig gewählten Strontium 90/Cäsium 137-Verhältnisses und unter Anwendung der «Allgemei-

* Dieser Berechnungsgrundlage wird von Kritikern eine mögliche Unterschätzung der Risiken vorgeworfen.

nen Berechnungsgrundlage» bei Erwachsenen der jährlich zulässige Grenzwert der Strahlenschutzverordnung für die Strahlenbelastung der Knochen (180 Millirem pro Jahr) überschritten; bei Kleinkindern würden dazu bereits 5 kg ausreichen. Die tatsächliche Strahlenbelastung bei Verzehr von Gemüse mit 100 Bq Cäsium 137 je kg könnte wegen des unbekannten Anteils an Strontium 90 und anderer Spaltprodukte auch noch höher sein. Außerdem sind 100 Bq Cäsium 137 je kg Gemüse nicht die zu erwartende maximale Verseuchung von Gemüse. Bei stichprobenartigen Messungen an im Handel angebotenem Gemüse wurden in Baden-Württemberg z. B. gefunden: 600 Bq Cäsium 137 je kg Spinat (7. Mai), 600 Bq Cäsium 137 je kg Salat (6. Mai). Am 11. Mai nannte das Bundesinnenministerium Werte von 1000 bis 3000 Bq Cäsium 137 auf süddeutschem Freilandgemüse. Nicht einmal die oberflächlich anhaftenden radioaktiven Strahler können bei gründlichem Waschen ausreichend beseitigt werden; die Radioaktivität verringert sich kaum um mehr als die Hälfte.

Die jährliche Strahlenbelastung der Knochen durch Aufnahme natürlicher radioaktiver Strahler in den Körper liegt nach einschlägiger Literatur etwa in Höhe des 180-Millirem-Grenzwerts, Kalium 40 macht daran nur einen geringen Teil aus. Das heißt, die Strahlenbelastung durch verseuchtes Gemüse kann – entgegen den Aussagen der SSK – die natürliche Belastung über die Nahrungskette weit überschreiten.

Auch in Rohmilch aus Baden-Württemberg wurde Cäsium 137 gefunden – z. B. am 5. Mai 100 Bq je Liter. Es ist leicht nachzuvollziehen, daß mit Verzehr der nun erzeugten Lebensmittel mehr Cäsium-Isotope aufgenommen werden können als durch den Fallout der Atomwaffentests in der Atmosphäre.

Ein alleiniger Grenzwert für den Jod 131-Gehalt von Lebensmitteln hat zur Folge, daß mit Rückgang des Jod 131-Anteils an der Gesamtradioaktivität unkontrolliert stark mit langlebigen Strahlern verseuchte Lebensmittel in den Handel kommen und über viele Jahre als gefährliche Konserven angeboten werden. Die Jod 131-Grenzwerte sind irrelevant für das Langzeitrisiko.

Versäumnisse mit Langzeitfolgen

Durch die Reaktorkatastrophe sind die in der Bundesrepublik und vielen anderen europäischen Staaten erzeugten Lebensmittel in einem noch nicht vollständig absehbaren Umfang auf praktisch unbegrenzte Zeit radioaktiv verseucht. Die Strahlenbelastung der ersten Tage stellen nur einen Teil der Gesamtbelastung dar. Es wäre verhältnismäßig einfach gewesen, durch vernünftiges Verhalten einem großen Teil dieser kurzfristig stark erhöhten Belastung zu entgehen. Sinnvolle Empfehlungen der Behörden und deren sofortige Verbreitung über die Medien an Stelle der abwiegelnden Meldungen hätten das Risiko von Langzeitschäden mindern können. Diese Chance wurde nicht genutzt.

Weitaus schwieriger, wenn nicht gar unmöglich, ist es, der langfristig erhöhten Strahlenbelastung – insbesondere über die Nahrungsketten – aus dem Weg zu gehen. Welche Belastung, die kurzzeitige oder die langfristige, den wesentlichen Beitrag des Gesamtrisikos beitragen wird, ist noch nicht abzusehen. Mit der absurden Empfehlung, verseuchtes Gemüse unterzupflügen, hat die SSK einen Teil der langfristigen Belastung zu verantworten. Die letzte Gelegenheit, den Eintrag großer Mengen der niedergegangenen radioaktiven Strahler in landwirtschaftlich genutzte Böden zu verhindern, war die Beseitigung stark verseuchter Pflanzen. Durch das Umpflügen sind die Strahler erst richtig in den Boden hineingearbeitet worden und können später kaum mehr aus ihm herausgeholt werden – außer mit den in den nächsten Jahren und Jahrzehnten geernteten Lebensmitteln.

Erste Abschätzungen der Spätfolgen

Die SSK bezeichnete in ihrer Empfehlung vom 8. Mai eine Belastung der Schilddrüse von Kleinkindern mit 3 rem als «annehmbar». Die SSK gab zur Begründung an, daß «Ergebnisse der Untersuchungen von Spätwirkungen der langjährigen Anwendung von Jod 131 in der nuklearmedizinischen Diagnostik» die Empfehlung rechtfertigten.

Die Nichtbeachtung langlebiger Radionuklide in Lebensmitteln durch die SSK bedeutet eine nicht absehbare weitere Gefährdung der Bevölkerung. Jede zusätzliche Aufnahme radioaktiver Stoffe erhöht das Krebsrisiko. Zum Beispiel wird Strontium 90 in den Knochen angereichert und kann bereits nach wenigen Jahren die gefürchtete

Leukämie (Blutkrebs) auslösen. Über das Leukämierisiko sind wegen fehlender Meßdaten von Stronitum 90 und anderer Spaltprodukte noch keine vernünftigen Aussagen möglich.

Die Internationale Strahlenschutzkommission (ICRP) schätzte 1977 Mortalitätsrisiken bei Strahlenbelastung verschiedener Organe ab. Die Schätzungen der ICRP sind nicht unumstritten, andere Autoren fanden höhere Risiken. Gemäß den Annahmen der ICRP würden von zehn Millionen Erwachsenen, die einer Schilddrüsenbelastung von 3 rem ausgesetzt wären, etwa 150 an Schilddrüsenkrebs sterben.

Um einmal vor Augen zu führen, wie unsicher die Quantifizierung der Strahlenrisiken ist, soll hier beispielhaft eine 1981 von Professor Vladimir Volf, Institut für Genetik und für Toxikologie von Spaltstoffen des Kernforschungszentrums Karlsruhe, veröffentlichte Arbeit angesprochen werden (*Atomkernenergie-Kerntechik* Bd. 37, 1981, Lfg. 1): Volf hat einen Zwischenfall während eines Atombombentests ausgewertet, bei dem 1954 auch 19 Kinder hohen Schilddrüsenbelastungen ausgesetzt waren. Die ursprüngliche Vermutung, der Schaden der Schilddrüse sei um so unwahrscheinlicher, je größer der Anteil der Schilddrüsendosis durch in den Körper aufgenommenes radioaktives Jod sei, bestätigte sich nicht. Die Auswertung von Volf ergab: Das Gesamtrisiko für Schilddrüsenkrebs Erwachsener war 40- bis 50mal höher als obiger Wert der ICRP für tödlich verlaufenden Schilddrüsenkrebs, das Risiko bei Kindern für Schilddrüsenknoten, welche eine dauerhafte Beeinträchtigung der Gesundheit darstellen, 200mal größer.

Mit diesen Abschätzungen würden dann von zehn Millionen mit 3 rem Schilddrüsendosis bestrahlten Erwachsenen 6000 bis 7500 an einem strahlenbedingten Schilddrüsenkrebs, und von zehn Millionen mit 3 rem Schilddrüsendosis bestrahlten Kindern 30000 an Schilddrüsenknoten erkranken.

Volf stellte fest, daß «inkorporiertes Jod 131 allein nach der medizinischen Erfahrung solch eine Wirkung kaum ausüben kann». Deshalb sah Volf nur die Erklärung, daß die kurzlebigen radioaktiven Jod-Isotope – etwa Jod 132 (Halbwertszeit: zwei Stunden) – eine größere biologische Wirksamkeit besitzen müßten, beziehungsweise daß eine gemischte Bestrahlung außerordentlich wirksam sein müsse. In Tierversuchen soll, so Volf, eine neunmal größere biologische Wirksamkeit des Jod 132 gegenüber Jod 131 ermittelt worden sein.

Die «Allgemeine Berechnungsgrundlage» des Bundesinnenministeriums und auch Dosisfaktoren des Bundesgesundheitsamts stufen dagegen Jod 132 hundertmal ungefährlicher ein als Jod 131.

Dieser Befund hätte hier nicht so breit dargestellt zu werden brauchen, wenn uns nicht in diesem Zusammenhang bedenkliche Darmstädter Meßwerte vorlägen, bei denen sowohl Jod 131 als auch Jod 132 gemessen wurden:

Zeitraum		**Jod 131 Bq/m³**	**Jod 132 Bq/m³**	
1. Mai	14.06 h – 15.06 h	90	25	elementar (gasförmig)
	9.30 h – 14.00 h	2,4	1,7	Aerosol (an Schwebestoffe angelagert)
2. Mai	7.00 h – 13.00 h	5,65	8	Aerosol (an Schwebestoffe angelagert
	13.18 h – 19.30 h	7,7	9,5	Aerosol (an Schwebestoffe angelagert)

Das in Tschernobyl freigesetzte Tellur 132 – Halbwertzeit etwa drei Tage – zerfällt zu Jod 132, so daß auch in der Bundesrepublik noch große Mengen an kurzlebigem Jod 132 vorhanden waren.

Fazit: Durch ihren Bezug auf Erfahrungen in der Medizin läuft die SSK Gefahr, die tatsächlichen Risiken nach Aufnahme radioaktiven Jods erheblich zu unterschätzen.

Für einzelne Menschen sagen Risikobetrachtungen im Bereich statistischer Strahlenschäden wenig aus. Solche Betrachtungen mußten hier jedoch, auch ohne eine in «normalen Zeiten» unumgängliche umfangreichere Literaturstudie, angeführt werden. Es erscheint angesichts der von «oben» gepredigten absurden Einschätzung, es bestehe keinerlei Gefahr und kein Grund zur Sorge, wichtig, von vornherein einen groben Rahmen abzustecken, der eine Vorstellung von den zu erwartenden Spätfolgen geben kann.

Strahlenbelastung am Boden gestiegen

In Hessen haben Boden- und Regenwasserproben steigende Belastungen durch Radioaktivität ergeben, teilten das Wiesbadener Sozialministerium und das Landwirtschaftsministerium mit, nachdem es dort am Samstagabend erstmals seit der Messung erhöhter radioaktiver Werte nach dem sowjetischen Reaktorunglück geregnet hatte. Die Strahlenbelastung in der Luft ging am Wochenende über der ganzen Bundesrepublik mit Ausnahme Berlins zurück. Diplommeteorologe Helmuth Dommermuth beim Deutschen Wetterdienst in Offenbach führte das darauf zurück, daß über Berlin eine Ostwindströmung vorherrsche, sonst aber Südwest- bis Westwinde das Wetter bestimmten. In Berlin lagen die gemessenen Werte bei etwa dem Doppelten der normalen Konzentration. «Kein Grund zur Besorgnis», sagte Dommermuth.

Die Bundesregierung hat als weitere vorbeugende Maßnahme Grenzwerte für frisches Blattgemüse festgelegt. Danach kann frisches Blattgemüse zum direkten Verzehr freigegeben werden, wenn die Aktivität von Jod 131 kleiner als 250 Becquerel pro Kilogramm ist. Eine Weiterverarbeitung zu lagerfähigen Produkten sei unbedenklich, wenn die Aktivität des Cäsium 137 unter 100 Becquerel pro Kilogramm Frischsubstanz liege. Bei Wurzelgemüse und «unterirdischem Sprossengemüse» wie zum Beispiel Spargel bestehen nach amtlichen Angaben keine gesundheitlichen Bedenken gegen den Verzehr.

Das Bundesernährungsministerium wies auf die Stellungnahme der unabhängigen Strahlenschutzkommission hin, nach der in der Bundesrepublik die durch den Reaktorunfall in der Sowjetunion aufgetretenen Strahlenkonzentrationen keine akuten gesundheitlichen Schäden befürchten lassen. Auf jeden Fall solle Milch aus allen Molkereien dann nicht an die Bevölkerung ausgegeben werden, wenn die Aktivität von Jod 131 einen Wert von 500 Becquerel pro Liter überschreite, erklärte das Ministerium. «Unabhängig davon kann jeder Landwirt seine Milch ohne Preisabschläge an die Molkereien abliefern, weil dort sichergestellt wird, daß die Kontaminationsgrenzen nicht überschritten werden», betonte das Ministerium weiter.

Die baden-württembergische und die hessische Landesregierung gaben unterdessen Meßwerte für Frischmilch bekannt. In Wiesbaden hieß es, insbesondere Milchproben aus Südhessen hätten stark erhöhte Werte an Jod 131 aufgewiesen. Bei einer Probe sei eine Belastung von 5000 Becquerel festgestellt worden. In Baden-Württemberg wurden in bisher neun Proben Werte zwischen 4,3 und 80,8 Becquerel je Liter festgestellt.

Nach den neuesten Messungen wurden vom Wetterdienst am Sonntag folgende Werte ermittelt (in Klammern die Werte vom Samstag 15.30 Uhr): Berlin 2,8 (1,8) Becquerel in Kubikmeter Luft; Hannover 6,1 (4,6); Regensburg 51,2 (43,1); Stuttgart 5,2 (20,5); Freiburg 6,2 (22,5); München 21,6 (28,4); Offenbach 6,8 (21,2); Essen 20,8 (28,8); Saarbrücken 3,6 (20,3); Aachen 3,3 (15,9).

Die Radioaktivitätswerte der Luft sind nach Angaben der Landesregierung am Sonntag auch in Baden-Württemberg gesunken. Auch die Proben von Kuhmilch hätten Werte weit unter 80 Becquerel pro Liter ergeben. In drei Fällen seien am Freitag und Samstag knapp 81, fast 350 und 1330 Becquerel gemessen worden. Diese Milch sei nicht verkauft worden. Die Blastung der Luft in Hessen, Rheinland-Pfalz und Saarland ist auf «Normalverhältnisse» gesunken. Nach Auskunft des Deutschen Wetterdienstes in Offenbach lag die radioaktive Strahlung nur leicht über der natürlichen Radioaktivität. Die belasteten Staubteilchen seien vom Regen aus der Luft herausgewaschen worden und befänden sich am Boden. In Nordrhein-Westfalen ist die radioaktive Belastung der Luft stark zurückgegangen. In Niedersachsen wurden die Bauern aufgefordert, Milch nicht unmittelbar an den

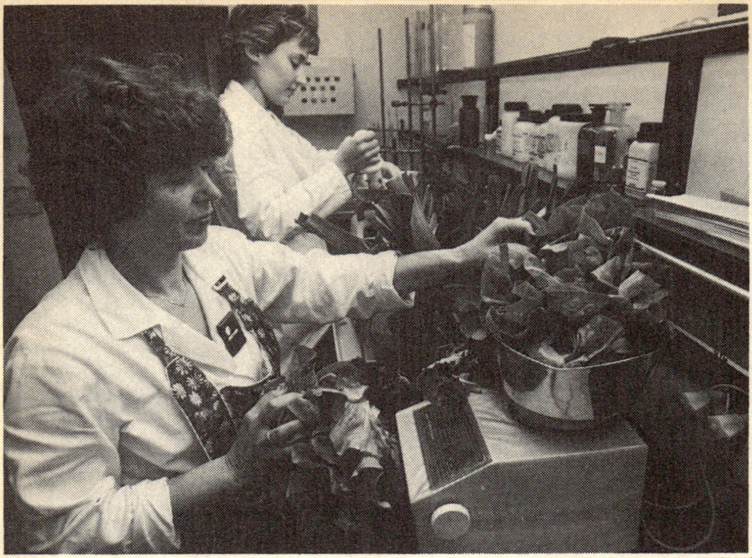

Untersuchungen am Blattgemüse (dpa)

Verbraucher zu verkaufen. Die radioaktive Strahlung in Schleswig-Holstein lag nach Darstellung des Kieler Sozialministeriums weiter konstant auf den Normalwerten. Die Werte für Jod 131 zeigten in der Luft regional unterschiedliche, teils steigende Tendenz. Akute Gesundheitsgefahren seien nicht zu befürchten. Die Hamburger Umweltbehörde teilte mit, daß sich der Anteil an Jod 131 leicht erhöht habe. Die Meßergebnisse seien nicht besorgniserregend und lägen weiter unter den Werten, die aus anderen Bereichen der Bundesrepublik gemeldet worden seien. In Berlin ist im Verlauf des Sonntags die Radioaktivität in der Luft erneut «stark angestiegen». Am Nachmittag seien die Werte für das gesundheitsgefährdende Radionuklid Jod 131 auf fünf Becquerel pro Kubikmeter Luft angestiegen. Sollte es bis zum Abend regnen, könnte es zu einer «starken Konzentration» der Radioaktivität in der Luft kommen.

Die radioaktive Strahlenbelastung ist in Bayern kontinuierlich zurückgegangen. Sie war aber in einzelnen Teilen am Sonntag immer noch bis zu sechsmal so hoch wie sonst üblich. Besorgniserregend hoch ist die Belastung der Milch nach einzelnen Proben.

Die radioaktiven Werte in der Luft sind nach Feststellung der Strahlenschutzkommission nicht so hoch, daß sie eine konkrete Gefährdung bedeuten. Die Kommission hält es deshalb nicht für notwendig, daß die Bevölkerung bei Regen in den Häusern bleibt. Ein solches Verhalten werde noch nicht einmal aus Vorsorgegründen empfohlen.

Süddeutsche Zeitung vom 5. Mai 1986

Auf den Feldern verfault das Gemüse

Von NRZ-Chefreporter BERT FRINGS

AN RHEIN UND RUHR. Gemüsegärtner Alfons Hester aus Waltrop erhielt gestern ein Blitz-Telegramm von seiner Obst- und Gemüse-Absatzgenossenschaft «OGA» in Soest: «Krisensitzung über die Marktlage nach Tschernobyl!» Der Mann aus den Rieselfeldern, einem der größten Gemüse-Anbaugebiete am Rande des Ruhrreviers, hatte die Depesche längst erwartet. «Für uns kommt der russische Atomhammer knüppeldick. Nichts läuft mehr. Wir sitzen auf unseren Spinatkisten und müssen zusehen, wie die Waren tonnenweise verfault.» Die Ernte vom Montag, 500 Kisten Stielmus und 300 Kisten Spinat, wird wegen Absatzmangels bereits vernichtet. Hester: «An die 15000 Kisten stehen noch auf den Feldern. Wenn das junge Gemüse jetzt in die Blüte schießt, ist es für den Frischmarkt kaputt!»

Seitdem Wind und Regen die strahlenden Nuklear-Stäube aus Tschernobyl gen Westen tragen, herrscht zwischen Alpenrand und Nordseestrand Alarmstimmung an der grünen Front – und Atomangst bei ihren Kunden. Wegen unterschiedlicher Meßverfahren von Land zu Land hat Vize-Generalsekretär Dr. Helmut Born vom Deutschen Bauernverband bei seinen Landwirten «völlige Verunsicherung» registriert. Flächendeckende Raster für exakte Strahlenmessungen fehlen ebenso wie dazu notwendige Kontrollstellen. Dr. Born: «Das alles ist etwas schnell über uns hereingebrochen.»

Die permanenten Änderungen von Richtwerten ist «besonders ärgerlich für uns», sagt der Bauern-Funktionär aus Bonn. Während die Strahlenschutz-Kommission beim Bundesinnenminister die Grenzwerte für Milch bei 500 Becquerel, die für Gemüse bei 250 Becquerel, «dazu mit 20 Prozent Toleranz nach unten», angesetzt habe, hätten einige Bundesländer den Richtrahmen «drastisch gesprengt» und Grenzwerte bis zu 20 Becquerel bei Milch runtergesetzt. Das führe dann dazu, so Dr. Born, daß die Verfügungen einem Vermarktungsverbot gleichkommen und «wir Gemüse und Milch vernichten müssen, so daß Bauern in eine akute Notstandslage kommen». Trockenmilch und Konserven hingegen sind «überall im Land der große Renner».

... Dr. Friedhelm Blesse von der Landwirtschaftskammer Rheinland in Bonn: «Wegen des langen harten Winters ist das Stallfutter ausgegangen. Heu gibt es kaum noch zu kaufen. Also müssen die Kühe auf die Weide, sollen sie nicht verhungern. Aber deren Milch will niemand, auch nicht die Molkereien, weil deren Kapazitäten für die Weiterverarbeitung längst erschöpft sind.» Inzwischen schwärmen Kammer-Beamte zu rheinischen Gemüse-Bauern aus, «um alle Flächen zu erfassen, die wir zwangsläufig unterpflügen müssen».

«Damit der Pflug erst gar nicht in Aktion zu treten braucht, hat Dr. Bilstein von der niederrheinischen Großabsatzgenossenschaft Straelen seinen Bauern einen Ernte-Stopp sogar bei Gewächshaus-Gemüse empfohlen, «damit sie nicht auf ihren Kisten sitzenbleiben». Denn: «Der Druck der verängstigten Verbraucher, die empfindlich auf alle Hiobsbotschaften reagieren, ist stärker als Maßnahmen der Behörden», sagt Dr. Walter Scholl von der Landwirtschaftskammer in Kleve. ...

Dennoch rollen unverdrossen Gemüse-Gespanne aus Holland über die deutsche Grenze. «Bis gestern morgen waren es an einem Tag 2181 Lkw», zählte Heinrich Dormoolen vom Zollamt Elten-Autobahn. Nur bei «Verdacht auf Radioaktivität» könne man eingreifen, sagt Josef Killewald vom Hauptzollamt Kleve. Und bislang sei «Fehlanzeige bei aller Vorsicht, die wir walten lassen».

Neue Ruhr Zeitung vom 7. Mai 1986

Der Bauer trinkt seine Milch nicht mehr

Von K. F. Rommel

... Fussenegger ist Landwirt im Bad Wurzacher Bauernhof Eintürnen im Kreis Ravensburg und Besitzer von 27 Milchkühen. Seit Samstag hat er sie von der Weide getrieben, als bekannt wurde, daß das Gras und der Boden radioaktiv kontaminiert sind ... «Mit Sicherheit ist jetzt auch meine Milch radioaktiv belastet.» Der 35jährige Landwirt hat bereits am Wochenanfang einen Wagen Heu gekauft, weil sein Trockenfuttervorrat zu Ende war. Die Vorräte sind bei den meisten Bauern infolge des langen Winters auf ein Minimum zusammengeschrumpft.

«Der reicht mir nur eine knappe Woche», meinte ein Seibranzer Bauer vor seinem Heuwagen, den er gerade von seinem Nachbarn erstanden hat, und zuckt nur mit den Schultern, als er gefragt wird, wie lange es wohl noch dauern wird, ehe er sein Milchvieh wieder auf die Weide lassen kann. Andere Bauern im Allgäu und im Illertal sind da weniger zimperlich: Ein Nachbar Fusseneggers läßt seit Montag seine Kühe wieder auf die Wiese. «Ich habe kein Trockenfutter mehr. Wenn ich dem Vieh kein Futter gebe, werde ich wegen Tierquälerei angezeigt.» Nach den Warnungen aus Stuttgart hatte er zunächst sein Vieh zwei Tage im Stall gelassen. 30 Kilometer nordöstlich, im Illertal, ist die Vegetation schon weiter als im Allgäu. Überall steht gelbblühender Löwenzahn, der allerdings teilweise schon wieder in den Mägen hungriger Kühe verschwunden ist. Bäuerin Rueß aus Berkheim im Landkreis Biberach erzählt, daß Landrat Steuer im Radio gesagt hat, man könne von den Bauern nicht verlangen, ihr Vieh im Stall zu lassen.

...

Die Milch wird weiterhin von Ehrmann im bayerischen Oberschönegg verarbeitet. Noch am Dienstag lagen bei der Meierei Ehrmann keine Werte über die radioaktive Belastung ihrer Milchprodukte vor. Im Illertal waren bereits am Sonntag erschreckend hohe Radioaktivitätswerte im Boden gemessen worden. Auf der Höhe der bayerischen Illergemeinde Altenstadt war auf württembergischer Seite mit 170000 Becquerel pro kg Boden ein Spitzenwert gemessen worden. Dies ist laut Aussage des Umweltministeriums «sogar sehr viel». Viele Bauern in den südöstlichen Landesteilen Baden-Württembergs fragen sich jetzt, warum nicht bereits schon am 2. Mai, als die ersten Meßergebnisse vorlagen, gehandelt wurde. Doch in Weisers Ministerium glaubte man, als die erste alarmierende Messung aus Bad Wurzach letzten Freitag eintraf, an einen Meßfehler. ...

Während man am Montag in Stuttgart mit 2000 Becquerel Jod 131 in einem Kilogramm Boden eine noch vergleichsweise niedrige Kontamination feststellte, wurden vor allem im landwirtschaftlich geprägten Südosten Werte um 100000 Becquerel festgestellt. In Wolpertswende bei Ravensburg wurde an diesem Tag ein neuer Spitzenwert von 164000 Becquerel gemessen.

Auf Teufel komm raus wird derzeit in den meisten Milchzentralen Oberschwabens Milch zu Milchpulver verarbeitet. Obwohl «keine Gesundheitsgefährdung» besteht, so die OMIRA in Ravensburg, verarbeitet man hier Milch aus der Bad Wuracher Gegend grundsätzlich zu Milchpulver. Man hofft so, nach dem Abklingen der Jod 131-Strahlung das Milchpulver noch vermarkten zu können. Während Proben in Gemüse und Salat aus Freilandanbau am Montag Werte zwischen 4000 und 16000 Becquerel pro kg ergaben, was zu einem völligen Verkaufsverbot in Baden-Württemberg führte, wurde bei einer unter Glas gezüchteten Kopfsalatprobe von der Insel Reichenau im Bodensee ebenfalls ein überhöhter Wert festgestellt.

Die 115 Becquerel pro kg lagen aber noch unter der festgelegten 250-Becquerel-Obergrenze.

taz vom 7. Mai 1986

Nur im Spinat tickt das Meßgerät etwas lebhafter

Von Werner Gutmann

Kurt Bottlang, der gewichtige Geschäftsführer der «Reichenau-Gemüse», einer Genossenschaft von rund 250 Gemüsebauern auf der geschichtsträchtigen Bodensee-Insel, schwitzt und schimpft. Seit zwei Tagen, beginnend in aller Frühe, bedient er wie ein gestresster Börsenmakler zwei Telefone und einen Fernschreiber, der meterlange Verlautbarungen zur Strahlenbelastung ausspuckt, mit denen er allerdings kaum etwas anfangen kann. Für ihn dreht sich im Moment alles um den Absatzstopp, den der Konstanzer Wirtschaftskontrolldienst auf ministerielle Weisung am Montag morgen über Blattgemüse aus dem Freiland verhängt hat. So dämmerten die hellgrünen Felder mit prallen Salatköpfen, lange Beete mit Kohlrabi, Spinat und Rhabarberstauden im Morgennebel vor sich hin, ein fast gespenstisches Bild. Wo sonst reges Treiben zur Ernte herrschte, lag das Gemüse im Dornröschenschlaf.

«Idioten» seien es, bis hinauf zum Minister, die vom Schreibtisch aus den Stopp ohne nähere Prüfung verhängt hätten. «Ich kann doch nicht sagen, der hätt' dreckige Füß', solang' er Socken und Schuh' anhätt'», meinte der Gemüseboss im besten Badnerisch. Seit kurzem hat er schwarz auf weiß, daß die Strahlenbelastung des Reichenauer Gemüses weit unter den zulässigen Grenzwerten liegt. Der Konstanzer Physikprofessor Ekkehard Recknagel hat die Gemüseinsel «vermessen» und nur geringfügig erhöhte Strahlenwerte festgestellt. Lediglich im Spinat hat es etwas lebhafter getickt, aber der Wert von 220 Becquerel gilt als noch unbedenklich.

Mit diesem Attest in der Hand hoffte Bottlang, daß die Behörden den Erntestopp aufheben würden. Aber er konnte gestern vormittag noch nicht sagen, wer für eine derartige Maßnahme zuständig ist, der Wirtschaftskontrolldienst, das Regierungspräsidium oder das Ministerium. «Der Konstanzer Wirtschaftskontrolldienst hat noch nicht mal die erforderlichen Strahlenmeßgeräte und jetzt, mitten in der Katastrophe, mußten erst einmal einige Beamte zur Ausbildung an solchen Geräten nach Freiburg entsandt werden.» Eine Aussage, für die es keine Bestätigung gibt: Die Polizei hüllt sich in Schweigen.

Mittlerweile sahnten die Hessen zum Ärger der Reichenauer Gemüsebauern den Markt ab. Obwohl die Insulaner nach dem langen Winter über Gemüse von hervorragender Qualität verfügen, blieb ihnen der Zugang zu den Großmärkten versperrt. Die Hessen, die anscheinend großzügiger sind in der Interpretation der Strahlenwerte, rückten mit Kohlrabi an, die laut Bottlang hinter der Reichenauer Qualität zurückbleiben. Die Reichenauer mußten mit Ware aus dem Treibhaus reagieren: Die Genossenschaft setzte den Preis herunter, um zehn auf fünfzig Pfennig das Stück. Die Gärtner maulten, aber der Geschäftsführer machte ihnen klar, daß man zur Stunde keine Wahl habe. Er riet ihnen, den Schaden zu verbuchen – auf alle Fälle.

Dabei sind die Möglichkeiten, auf Treibhausgemüse auszuweichen, begrenzt. Von etwa 250 Hektar Anbaufläche, auf der im Jahr etwa 10000 Tonnen Gemüse produziert werden, sind etwa 35 Hektar unter Glas. Die Frühkulturen in den Gewächshäusern aber sind, wie ein Gärtner darlegte, weitgehend geräumt. Dort hat man bereits neu gepflanzt: Gurken und Tomaten. «Man kann nicht immer nur ernten», meinte der Mann. Und Bottlang wies noch darauf hin, daß viele Felder im Freiland mit Folien abgedeckt seien, so daß der kontaminierte Regen kaum auf die Pflanzen habe einwirken können. Nur: Die Folien sind zumeist perforiert, wegen der Luftzirkulation.

Die Stimmung bei den Reichenauer Bauern ist gedrückt. Wie mechanisch, auf ein Wunder hoffend, hackten einzelne in ihren Gemüsefeldern. «Seit Mitte Dezember ziehen wir das Zeug herum», bemerkte ein junger Pflanzer und fügte sarkastisch hinzu, der Staat sei ja großzügig im Entschädigen. Von den Beamten, welche die Misere verfügt hätten und die der Mann mit weniger druckreifen Ausdrükken belegte, wolle es am Ende niemand gewesen sein. Jedenfalls zahle keine Versicherung den Schaden. Ein anderer, der gerade seine Schnittlauchbeete lockerte, schimpfte, jetzt solle der Gorbatschow doch kommen und sich die Sauerei ansehen. Wenn nicht bald etwas geschehe, gingen große Mengen Gemüse zugrunde. In zwei, drei Wochen spätestens «schieße» der Kopfsalat. Aber selbst, wenn die Ernte wieder genehmigt werde, sei der Markt verdorben. Die Käufer hielten sich zurück, und man könne es den Leuten nicht einmal verübeln.

Der Schlag traf die Reichenauer um so härter, als sie eben eine Kampagne wegen des überhöhten Einsatzes von Kunstdünger überstanden hatten. Allerdings erscheinen die damaligen Vorwürfe im Licht der jüngsten Ereignisse geradezu unbedeutend. Gestern mittag schließlich hatten die Bemühungen der Reichenauer Genossenschaft Erfolg: Der Wirtschaftskontrolldienst bei der Landespolizeidirektion in Freiburg gab grünes Licht für die Ernte des Freilandgemüses auf der Insel. Maßgeblich zu dieser Entscheidung hatten die Meßergebnisse Professor Recknagels beigetragen.

Fast so verunsichert wie die betroffenen Bauern ist man beim Landesbauernverband in Ravensburg, wo die Telefone seit Tagen heißlaufen. Einerseits wird den Bauern empfohlen, das Vieh nicht auf die Weide zu lassen oder mit frischem Gras zu füttern, andererseits ist das Heu, das noch vor kurzem in die Schweiz verkauft wurde, vielerorts schon Mangelware geworden. Man erwartet, wenn die Nachfrage anhält, einen drastischen Preisanstieg. Noch letzte Woche habe man den Landwirten bei Bad Wurzach gesagt, sie könnten ihr Vieh weiden lassen. Jetzt habe man dort eine enorme radioaktive Belastung des Bodens gemessen. Häufig gebe es vor allem auf der Alb bereits kein Heu oder Silofutter mehr, die Bauern kämen in ernste Schwierigkeiten, wenn sich nichts ändere. Während es in einem Fernschreiben des Stuttgarter Landwirtschaftsministerium noch vor wenigen Tagen geheißen habe, jeder Landwirt könne die Milch von Weidevieh jederzeit abliefern, da man davon ausgehe, daß die Kontaminationswerte nicht so hoch lägen, seien jetzt einzelne Fälle bekannt, wo Milchwerke in Rottweil und Ravensburg die Annahme der Milch von solchen Kühen verweigerten, die auf der Weide gewesen oder mit Grünfutter versorgt worden seien.

Nicht nur bei den Bauernverbänden, sondern auch bei den Landwirtschaftsbehörden beklagt man unzureichende Informationen. Die Ämter würden von oben mit ihren Problemen allein gelassen und seien darauf angewiesen, auf eigene Faust bei der Polizei, den Präsidien oder beim Ministerium Auskünfte einzuholen, hieß es da. Obwohl man erst kürzlich den Katastrophenfall bei der europaweiten Ernährungssicherungsübung «Wintex» durchgespielt habe, funktionierte praktisch nichts.

Stuttgarter Zeitung vom 7. Mai 1986

Worin besteht die Gefahr?

Die «Berliner Ärzteinitiative gegen Atomenergie» nimmt in einem Flugblatt «Radioaktivität – Ärztliche Information zum Reaktorunglück in der Sowjetunion» zu Fragen Stellung, die sich aus der Fernverfrachtung der strahlenden Stoffe über Hunderte Kilometer ergeben. Die für den Fall Berlin gegebenen Antworten gelten – zum größten Teil – sinngemäß auch für das Bundesgebiet. Im folgenden der Wortlaut.

Was befindet sich in der radioaktiven Wolke?

Nachdem der Atomreaktor in Tschernobyl außer Kontrolle geraten war, wurden mit der Rauchsäule des Feuers radioaktive Stoffe aus dem Reaktor in die Nähe gewirbelt und mit dem Wind nach Mitteleuropa geweht. Unter den etwa 200 verschiedenen strahlenden Substanzen (Isotope), die als Gase oder winzigste Staubteilchen zu uns gelangten, sind besonders gefährlich: radioaktives Jod 131, Cäsium 137, Strontium 90 und Plutonium 239.

Wo befindet sich diese Radioaktivität jetzt?

Der größte Teil der Radioaktivität ist mit der Wolke weitergezogen. Ein Teil jedoch hat sich bei uns auf Wiesen, Feldern, Straßen und Häusern abgelagert. In welchen Mengen die einzelnen radioaktiven Stoffe in Berlin zurückgeblieben sind, hat der Senat bisher nicht veröffentlicht.

Ist es möglich, Berlin von der Radioaktivität zu reinigen?

Nein.

Wann wird die Strahlung abgeklungen sein?

Die Strahlung von Jod 131 ist nach acht Tagen auf die Hälfte abgeklungen (Halbwertszeit), nach weiteren acht Tagen nochmals auf die Hälfte usw. Bei Cäsium 137 und Strontium 90 beträgt die Halbwertszeit etwa 30 Jahre, bei Plutonium 239 24000 Jahre. Allerdings werden einige Stoffe durch Niederschläge in den Erdboden eingewaschen. Wir werden also zumindest einige Jahre mit dieser Strahlung leben müssen.

Spüren wir die radioaktive Strahlung im Körper?

Nein, die niedrigen Strahlungswerte hier bei uns in Berlin spüren wir nicht. Nur sehr hohe Strahlungswerte – wie sie direkt am Unglücksort auftreten – führen zu der qualvollen, meist unheilbaren Strahlenkrankheit mit unstillbarem Erbrechen, Durchfall und Blutungen.

Ab welcher Menge wird Radioaktivität für uns Menschen gefährlich?

Jede noch so kleine Strahlenbelastung kann Schäden an den kleinsten Bausteinen unseres Körpers, den Zellen, verursachen: Es bleibt der Strahlungsstärke und dem Zufall überlassen, ob die Zellen zerstört werden, ob sie sich erholen oder ob aus ihnen Krebszellen werden, die dann zu einer Krebserkrankung führen.

Aber haben wir nicht schon immer natürliche Radioaktivität um uns?

Ja, wir leben seit eh und je mit natürlicher Radioaktivität von rund 110 Strahleneinheiten (genau: «Millirem pro Jahr»). Aber auch sie ist nicht ungefährlich. Deshalb sollte jede weitere Strahlenbelastung möglichst vermieden werden. Gesetzlich ist festgelegt, daß die künstliche Radioaktivität, die aus Atomanlagen entweicht, höchstens 30 Strahleneinheiten betragen darf. Dies ist die zulässige obere Grenze.

Wie hoch ist für uns die radioaktive Belastung durch den Unfall?

Die Gesamtmenge an Radioaktivität, die durch den Unfall bisher und künftig jeden Bürger belastet, kann durch Messungen und Rechnungen abgeschätzt werden. Die bisher vorliegenden Daten wurden nicht veröffentlicht. Die Behörden teilen lediglich mit, daß die Strahlungsmengen gering seien. Allerdings werden Transporte radioaktiv verseuchter Milch aus der DDR sichergestellt.

Wenn die Werte so niedrig sind, worin kann dann eine Gefahr bestehen?

Besondere Gefahr besteht durch die

künstlichen radioaktiven Substanzen, die mit der Atmung und der Nahrung unbemerkt in den Körper gelangen, sich in den Organen und den Knochen ansammeln und laufend Strahlung abgeben. In Nahrungsmitteln kann sich die Konzentration sogar noch sehr verstärken. Ein Beispiel: Eine Kuh konzentriert über das verseuchte Gras in einem Liter Milch die radioaktive Jodmenge aus 5000 Kubikmetern Luft.

Manche Isotope, die in den Körper gelangt sind, werden bald wieder ausgeschieden, andere bleiben lebenslang im Körper. Schon ein unsichtbares Plutonium-Staubteilchen von Millionstel Gramm steigert deutlich das Krebsrisiko, wenn es sich in der Lunge festsetzt. Wir werden also nicht unmittelbar krank, aber die Wahrscheinlichkeit steigt, daß wir irgendwann im späteren Leben an Krebs erkranken werden.

Was kann der Arzt für uns tun?

Es gibt keine zuverlässige und ungefährliche Methode, radioaktive Substanzen wieder aus dem Körper zu entfernen. Einen gewissen vorbeugenden Schutz – allerdings nur für die Schilddrüse und nur gegen radioaktives Jod – bieten Jodtabletten, wenn sie rechtzeitig vor der Strahlenbelastung eingenommen werden. Die Einnahme muß jedoch vom Arzt überwacht werden, weil lebensgefährliche Nebenwirkungen auftreten können.

Können auch künftige Generationen geschädigt werden?

Ja, Erbschäden sind eine besondere Gefahr der Radioaktivität.

«Nur Leute, die nie dabei waren, wenn eine Mißgeburt ins Dasein trat, nie ihr Wimmern hörten, nie Zeugen des Entsetzens der armen Mutter waren, Leute, die kein Herz haben, vermögen den Wahnsinn der Atomspaltung zu befürworten.» (Ein Wort von Albert Schweitzer.)

Frankfurter Rundschau vom 5. Mai 1986

Eberhard Weber und Wolfgang Kratzke

Die Grenzen des Katastrophenschutzes und die Ohnmacht der Medizin

Angesichts der Katastrophe in Tschernobyl fordert die CSU-Fraktion im Münchener Stadtrat klare Konsequenzen: den Ausbau weiterer Schutzräume.

Der Präsident der Bundesärztekammer, Karsten Vilmar, hält die deutsche Ärzteschaft für total überfordert, sie sei auf den Fall einer radioaktiven Wolke größeren Ausmaßes nicht vorbereitet. Es bedürfe eines besseren landesübergreifenden Katastrophenschutzes, und die Fortbildung der Ärzte müsse intensiviert werden.

Die Antwort auf die Katastrophe in Tschernobyl: Bunkerbau und Katastrophenschutz?

Was ist geschehen? Der Super-GAU eines Reaktors in Tschernobyl mit der gewaltigen Freisetzung radioaktiven Materials führt zu einer Verseuchung über weiteste Entfernungen. Das Ausmaß der Katastrophe wird sich erst mit Ausbruch der Strahlenkrankheit, an der betroffene Menschen noch in den kommenden Wochen erkranken und sterben werden, bzw. nach Jahrzehnten mit Zunahme der Krebstoten und nach Generationen mit Häufung genetischer Schäden zeigen. Aus der UdSSR liegen uns nur wenige Informationen vor. Nach Berechnungen der *Deutschen Risikostudie* zu den Gefahren der Kerntechnologie, die 1979 von dem damaligen Bundesminister Hauff vorgelegt wurde, einer Studie, die Übertreibungen kaum erwarten läßt, ergibt sich folgendes Bild:

- Auf die Dauer von Jahrzehnten müssen bis zu 2,9 Millionen Menschen umgesiedelt werden.
- Insgesamt müssen 6000 km^2 geräumt werden, das wäre ein Gebiet zwischen Hamburg und Hannover.
- Bis zu 14500 akute Todesfälle werden erwartet.

• Bis zu 100000 Tote durch Spätschäden – also Krebstote – werden errechnet.*

Zu diesem im Vergleich zum Rasmussen-Report von 1975 günstigen Auswirkungen kommt die Studie auch nur unter der Voraussetzung eines *intakten* Notfall- und Evakuierungssystems, das heißt, wenn alle Menschen spätestens nach zwei Stunden ihre Häuser aufgesucht haben und eine Evakuierung spätestens nach 14 Stunden abgeschlossen ist. Die tatsächlichen Folgen werden also um ein Vielfaches höher sein, ist doch eine Evakuierung von Großstädten mit einer Millionenbevölkerung – wie Kiew oder Hamburg – nicht vorstellbar, schon gar nicht innerhalb von wenigen Stunden.

Andere Untersuchungen wie beispielsweise die radioökologischen Berechnungen der Hochschule Twente (Niederlande) lassen abhängig von Wind- und Wetterverhältnissen eine weit größere Katastrophe befürchten. Schon nach 24stündigem Aufenthalt im Freien wird nahezu ausnahmslos ein jeder bis zu einer Entfernung von 70 km (Windrichtung) später am akuten Strahlensyndrom erkranken, und nur wenige werden es überleben. Noch in einer Entfernung von 120 km (Windrichtung) wird jeder Zweite daran erkranken. Erfolgt die Evakuierung nicht, so werden die Menschen in diesem Gebiet allein auf Grund der Bodenverseuchung in den ersten 90 Tagen mit der tödlichen Strahlendosis von 400 rem bis in eine Entfernung von 150 km (Windrichtung) bestrahlt. Und noch in einer Entfernung von 30 km (Windrichtung) beträgt diese Strahlenbelastung 30 rem; das heißt drei von 100 Bewohnern werden zusätzlich später an einem Krebsleiden versterben.**

Die 49000 Bewohner Tschernobyls wurden bis zu einer Entfernung von 30 km erst Tage nach dem Unfall evakuiert. Nach Angaben des KPdSU-Chefs Jelzin vom 5. Mai seien zwei Menschen nach dem Unfall verstorben, 15 ernsthaft erkrankt und 154 würden in Krankenhäusern behandelt. Diese Zahlen sagen gar nichts aus, da das akute Strahlensyndrom je nach Dosis zum Teil erst Wochen nach der Exposition ausbricht. Es bleibt zu hoffen, daß allein auf Grund günstiger Wind- und Wetterverhältnisse dichtbesiedelte Gebiete wie Kiew verschont geblieben sind. Befürchtet werden muß jedoch, daß auch die Bewoh-

* Einschränkend muß darauf hingewiesen werden, daß sich diese Zahlen aus der dichtbesiedelten Bundesrepublik nicht ohne weiteres auf die UdSSR übertragen lassen. Und dennoch können sie Anhaltspunkte geben, um überhaupt eine Vorstellung von den Folgen eines Super-GAUs zu bekommen.

** Die frühsomatische Dosis bei einem 24stündigen Aufenthalt im Freien beträgt bei einer Entfernung (jeweils in Windrichtung) bis zu 70 km: 400 rem, bis 120 km: 20U rem; bis 170 km: 100 rem.

ner Kiews gefährdet sind, daß viele von ihnen am Strahlensyndrom erkranken und daran versterben werden. Doch auch günstige Wetterverhältnisse werden in Kiew und Umgebung Strahlenbelastungen nicht verhindern können, die in den kommenden Jahrzehnten eine erhebliche Zunahme der Krebskranken befürchten läßt. Schon bei einer Belastung von 20 rem sind zwei zusätzliche Krebserkrankungen auf 100 Bewohner zu erwarten.*

Und selbst in weitesten Entfernungen von 1000 km und mehr kommt es zu nicht unerheblichen Strahlenbelastungen. Selbstverständlich wird hier in der Bundesrepublik nach dem Unfall in Tschernobyl niemand strahlenkrank. Das ist wohl gemeint, wenn Behörden und Politiker stereotyp wiederholen, eine akute Gefährdung sei nicht gegeben. Eine Gefährdung jedoch bleibt, die Gefahr der Späterkrankung, des Karzinoms, und der genetischen Schädigung. Doch blieb das eigentliche Gefährdungspotential bei einem kaum zu überbietendem Durcheinander von Information und Desinformation für den Laien unverständlich. Wurden beispielsweise noch vor Jahren Jodtabletten als Schutz vor Gefährdung durch AKW-Unfälle empfohlen, so wurde jetzt der umsichtige Bürger, der sich mit Jodtabletten versorgte, von denselben Experten vor deren Einnahme gewarnt.

Die Strahlenschutzkommission der Bundesrepublik mußte jedoch am 8. Mai eingestehen, daß sich die Strahlenschutzverordnung, die eine Belastung der Bevölkerung von 30 mrem / Jahr Ganzkörperdosis und 90 mrem / Jahr Schilddrüsendosis für den Normalbetrieb der Atomkraftwerke für zulässig erklärt, nicht eingehalten werden kann.

Die Schilddrüsenbelastung von 3 rem für Kleinkinder beträgt jetzt teilweise das 30fache und wird trotzdem noch als annehmbar hingestellt. Denn – so heißt es in der Erklärung – die Verwendung von Jod 131 in der Medizin habe keinen Anstieg der Schilddrüsenkarzinome zur Folge gehabt. Eine Behauptung, die sich nur aufrechterhalten läßt, wenn eine Reihe Untersuchungen schlicht außer acht gelassen werden; beispielsweise konnte Schmitz-Feuerhake in einer Untersuchung von 1979 aufzeigen, daß allein eine Strahlenbelastung von nur wenigen rem (6,5 rem) bei einem von 1000 Kindern zu einem Schilddrüsenkarzinom führt. Diesen Nachweis führte sie auch für die Verwendung von Jod 131.

* Für die in dieser Arbeit berechneten Zahlen für die somatischen Schäden (Krebsmortalität) – Todesfälle *pro 10^6 Personen belastet mit 1 rem* – wurde von einer mittleren Zahl ausgegangen, nämlich *1000 Krebstote pro 10^6 Personen, mit 1 rem belastet.* Als Risikozahlen für langfristige Strahlenschäden schwanken die Angaben zwischen 100 Todesfällen (International Commission an Radiological Protection, Veröffentlichung 26 von 1977) und 7000 Todesfällen (Morgan nach Angaben der Hanford-Studie 1978).

Die Belastung durch Cäsium wird von der Kommission mit der «natürlichen» Strahlenbelastung durch das radioaktive Kalium (20 mrem/Jahr) verglichen, ein Vergleich, der die Cäsium-Belastung relativieren bzw. gar als ungefährlich hinstellen soll.

Folgen wir den Angaben der Strahlenschutzkommission, dann hat die von ihr angenommenen zusätzliche Strahlenbelastung durch den Unfall von etwa 30 mrem/Jahr Ganzkörperbelastung 1800 zusätzliche Krebstote in der BRD zur Folge. Keine Gefährdung? Annehmbar? Kritische Radioökologen berechnen jedoch eine etwa 3–10fache Belastung, also zusätzliche 90 bis 300 mrem, das heißt also bis zu 18000 zusätzliche Krebstote in der Bundesrepublik durch einen Reaktorunfall in der Nähe von Kiew.

Wie auch in der UdSSR deutlich wurde, läßt sich eine Evakuierung über eine Fläche mit einem Längsdurchmesser von über 200 km nicht durchführen. So bleibt die Hoffnung auf Schutzraumbauprogramm, auf die sogenannte vertikale Evakuierung. Schon Verhältnisse wie die in der Schweiz mit Bunkerplätzen für 98 Prozent der Bevölkerung seien ein entscheidender Fortschritt, so hört man es immer wieder. Wir möchten hier auch nicht bestreiten, daß Bunker vor radioaktiver Strahlung schützen, wenn entsprechend hohe Anforderungen an Filteranlagen usw. gestellt werden. Doch wie praktikabel ist ein solches Bunkerprogramm im Fall der Katastrophe wirklich? Wer sich an die Anweisungen bei Strahlenalarm hält, die in allen Telefonbüchern der Schweiz nachzulesen sind und in denen jeder aufgefordert wird, bei Strahlenalarm sofort den nächsten Schutzraum oder Keller aufzusuchen, wird in den meisten Fällen wahrscheinlich eine unangenehme Überraschung erleben: sein Bunker – wie viele andere auch – wird nicht geöffnet sein und auch nicht geöffnet werden. Der Zivilschutzchef von Basel erklärte dazu: «Als unverantwortlich erachte ich hingegen, wenn (dem Bürger) vorgemacht wird, diese Planung käme auch bei einem Atomkraftwerkunfall zum Zuge. Eine Behauptung, die schon mit einer einfachen Zeitrechnung – vier Stunden bis zur Verteilung der Zuweisungsarten plus zwei Stunden minimale Verteilzeit, plus drei bis 48 Stunden Räumen und Einrichten der Schutzräume – zu widerlegen ist.» Die vielgepriesenen Schweizer Verhältnisse sind also bei weitem nicht das, für das sie gehalten werden. Und selbst wenn sie es wären, selbst wenn die Bunker auch bei einem AKW-Unfall alle geöffnet würden, es würden Stunden bis zur Unterbringung der Bevölkerung in den Schutzräumen vergehen. Die Annahmen der Risikostudie erscheinen selbst für die Schweiz recht optimistisch, die Zahl der Toten zu niedrig.

Es bleibt die Möglichkeit, nach einem solchen Unfall medizinische

Maßnahmen zu ergreifen. Das Publikationsorgan der deutschen Ärzteschaft, das *Deutsche Ärzteblatt* ist in diesem Punkt auch nicht ohne Optimismus: «Ärztliche Resignation ist selbst angesichts eines hypothetischen Super-GAUs nicht gerechtfertigt.» Eine genaue Betrachtung der tatsächlichen medizinischen Möglichkeiten entlarvt diesen Zweckoptimismus als schiere Illusion. Ein medizinisches Mittel – sozusagen die Pille gegen die verheerenden Strahlenwirkungen – gibt es weder gegen die Gammastrahlung durch die vorbeiziehende radioaktive Wolke noch für eingeatmete oder verschluckte strahlende Teilchen. Alle Versuche, einen solchen chemischen Strahlenschutz zu entwickeln, sind bisher fehlgeschlagen, mit Ausnahme von Mitteln gegen den Strahlenkater bei bestrahlten Tumorpatienten, die allerdings vor der Bestrahlung genommen werden müssen (Cytamin).

Zur Vermeidung von Späterkrankungen kommt der Entseuchung der Strahlenopfer eine nicht zu unterschätzende Bedeutung zu. Denn die eingeatmeten oder verschluckten Partikel lagern sich in die Organe ein, strahlen weiter und verursachen dort Krebs. Doch die Entseuchung ist keineswegs so einfach, wie man sie sich so vorstellt, dazu reicht kein einfaches Duschbad oder die Einnahme eines Abführmittels. Schon allein die Entseuchung der Haut ist eine recht aufwendige Angelegenheit. Professor Graul von dem Strahlenschutzinstitut an der Universität Marburg empfiehlt langanhaltendes Waschen, kräftiges Bürsten mit weichen Nylonbürsten usw. Aussichtsreich erscheine es auch, «Heftpflaster oder Tesafilm auf die Haut zu kleben, um dann die einzelnen Hornschichten nach Art der Abrißmethode und mit ihnen das oberflächlich fixierte Material zu entfernen». Die Resorption durch Wunden sei unter Umständen einer Injektion in die Vene vergleichbar, sofortiges Handeln also unabdingbar. Bei hochgradiger Verseuchung empfiehlt er ein radikales chirurgisches Vorgehen, das heißt: «den verseuchten Bezirk total zu exidieren!» Alle diese Vorschläge sind bestenfalls Beruhigungsmittel oder – wie beispielsweise das Verkleben von Tesafilm – vielleicht noch ein besonderes Beispiel für schwarzen Humor, als Maßnahmen zur Entseuchung eignen sie sich jedenfalls nicht. Und überdies ist die gleichzeitige Versorgung vieler Verwundeter – von Ausnahmen abgesehen – dann nicht möglich oder sie erfolgt zu spät. Von effektiver Entseuchung jedenfalls kann nicht die Rede sein.

Wurde zudem mit verunreinigter Nahrung radioaktives Strontium* aufgenommen, so sieht es mit der Entseuchung ähnlich pro-

* Radio-Strontium hat eine lange Halbwertszeit und ruft durch seine daraus resultierende Dauerbelastung Knochenkrebs, Leukämie u. a. hervor.

blematisch aus. Sicherlich gibt es Mittel, die das Strontium im Darm binden, so daß es nicht ins Blut gelangt, sondern mit dem Stuhl wieder ausgeschieden wird. Und wenn dieses Mittel unmittelbar nach der Strontiumaufnahme verabreicht wird, gelingt es zu 80 bis 90 Prozent, das Strontium zur Ausscheidung zu bringen. Vergeht jedoch eine Zeitspanne von einer Stunde und mehr, ist durch solche Mittel kein eindeutiger Effekt mehr beobachtbar. Eine späte, erfolglose Behandlung wird im Katastrophenfall die Regel sein. Bei einer Verseuchung des Bodens mit täglicher Strontiumaufnahme ist es nicht möglich, täglich derartige Mittel einzunehmen. Eine Gefährdung durch Strontium läßt sich nicht vermeiden.

Wenn das Radio-Strontium bereits im Blut ist, gibt es zwar Substanzen, die das Strontium binden – sogenannte Chelatbildner – und über die Niere zur Ausscheidung bringen. Wird dieses Mittel schon vor der Verseuchung verabreicht, kann es gelingen, bis zu 30 Prozent des Strontium zur Ausscheidung zu bringen, mit einem Zusatzmittel sogar bis hin zu 50 Prozent. Doch auch hier gilt, mit der Zeit nimmt die Wirksamkeit des Mittels, das wegen seiner Nebenwirkung lediglich im Krankenhaus verwendet werden sollte, rasant ab. «Ein eindeutiger Effekt wird nur innerhalb der ersten zehn Stunden beobachtet, bei spät einsetzender Verabfolgung der Chelatbildner bleibt das Radio-Strontium des Skeletts praktisch unverändert, auch wenn der Chelatbildner wiederholt und in hohen Dosen verabfolgt wird», so Professor Catsch von dem Institut für Strahlenbiologie des Kernforschungszentrums Karlsruhe.

Deutlicher noch werden die Grenzen resp. die Ohnmacht der Medizin angesichts der Strahlenkrankheit selbst. Diese Krankheit, als Folge radioaktiver Verseuchung, beschreibt der englische Forschungsrat: «Von der dritten Woche an entstehen kleine, zu Blutungen neigende Rißwunden auf der Haut und im Mund. Gleichzeitig entstehen Geschwüre im Mund und in den Gedärmen. Die Nahrungsaufnahme durch den Mund wird unmöglich und die Wunden entzünden sich immer mehr. Durch dauernden Durchfall, begleitet von hohem Fieber, wird der Patient völlig entkräftet. Die Haare fallen in Büscheln aus. Delirien können folgen. Die Anzahl der roten Blutkörperchen geht zurück und die der weißen hat ihren größten Tiefpunkt erreicht. In diesem Stadium sterben die meisten Patienten unmittelbar oder erholen sich noch kurzfristig und sterben dann einige Wochen später. Wenn der Tod nicht eintritt, folgt etwas Schlimmeres: Weiterleben verbunden mit laufender Gewichtabnahme, Verkrüppelung, maßlosen Schmerzen, Anfälligkeit gegen Krankheiten und Infektionen, Krebs und Leukämie, Verkürzung der Lebenserwartung, Beeinträchtigung der Geschlechtsorgane und Keimzellen, die, wenn überhaupt noch lebensfähig, nur Mißgeburten hervorbringen können.»

Die Strahlenkrankheit hat einen nahezu schicksalhaften Verlauf, der fast ausschließlich abhängig ist von der Strahlendosis. Eine ursächliche Therapie gibt es nicht. Die extrem infektanfälligen Patienten muß man ähnlich den Verbrennungspatienten in völlig sterilen Kammern unterbringen, eine sehr aufwendige Behandlungsmaßnahme. Wenn die Strahlendosis nicht allzu hoch und im wesentlichen das Knochenmark geschädigt ist, kann man den einen oder anderen Patienten möglicherweise mit Hilfe einer Knochenmarkstransplantation über die kritische Phase retten. Immer wieder wird die Knochenmarktransplantation – auch in Katastrophenfällen – als aussichtsreiche Therapie bei Strahlenkranken dargestellt. Auch jetzt wurden Spezialisten aus den USA in die UdSSR geflogen. Selbstverständlich sollte alles versucht werden, um vielen ein Überleben zu ermöglichen, doch sind gerade dieser Maßnahme sehr enge Grenzen gesetzt, was ihre Wirksamkeit anbetrifft. Die Transplantation ist ein recht aufwendiges Verfahren. Täglich wird dem Spender aus Brustbein oder Becken Knochenmark entnommen und dem Empfänger in die Vene transfundiert. Voraussetzung ist allerdings eine Übereinstimmung der Faktoren für die Transplantationsverträglichkeit. Häufig scheitert das Verfahren allein schon daran, daß kein geeigneter Spender zur Verfügung steht. Und selbst wenn all diese Voraussetzungen erfüllt werden können, sind Abstoßungsreaktionen nicht selten, und die Patienten versterben. Eine Therapie mit berechtigter Aussicht auf Erfolg oder eine Therapie für den Katastrophenfall ist die Knochenmarkstransplantation auf keinen Fall. Sie bleibt ein aufwendiger und verzweifelter Versuch, eine kleine Gruppe Strahlenkranker zu retten, mit geringen Erfolgschancen. Der Medizin sind angesichts eines AKW-Unfalles selbst unter optimalen Voraussetzungen enge Grenzen gesetzt; eine effektive Hilfe sowohl bei der Entseuchung als auch bei der Behandlung der Strahlenkrankheit kann sie nicht anbieten. Weder vom Schutzraumbau noch vom Katastrophenschutz haben wir wesentliche Hilfen zu erwarten. Mit beiden Maßnahmen gelingt es nicht, die Folgen eines AKW-Unfalles entscheidend zu begrenzen. Bleibt die Frage, was im Katastrophenfall hier passiert wäre? Ist es glaubhaft oder scheinheilig, wenn unsere Politiker die schlechte und unverantwortliche Informationspolitik in der UdSSR anprangern? Wären wir hier besser dran?

Auch hier wäre die erste Devise gewesen, zunächst einmal abwarten und die Bevölkerung nicht zu beunruhigen – so schreiben es die *Dosisrichtwerte für das Einleiten akuter Notfallmaßnahmen* des Bundesinnenministeriums unzweideutig vor. Das Fünffache der erlaubten Jahresdosis für AKW-Arbeiter – das sind dann 25 rem – kann demnach der Bevölkerung innerhalb von Stunden zugemutet werden, ohne daß sie etwas davon erfährt. Erst bei einer Strahlenbelastung von 25–100 rem bei kurzzeitigem Aufenthalt im Freien hat der Krisenstab seine nicht gerade überwältigenden Aktivitäten zu entfalten: Über Rundfunk, Sirenen und Lautsprecherwagen ist die Bevölkerung aufzufordern, sich in die Häuser zu begeben, die Türen zu schließen, Klimaanlagen abzuschalten usw. Dadurch soll die Strahlenbelastung um den Faktor 5 und mehr gesenkt werden können.

Bei einer Strahlenbelastung von 100 rem und mehr muß dann evakuiert werden. Derartige Dosisrichtwerte haben für die Bevölkerung fatale Folgen. Beispiel Hamburg: nach einem Unfall in Stade etwa wird die Bevölkerung mit

- 25 rem bestrahlt, eine Strahlenbelastung, über die die Bevölkerung nicht einmal etwas erfahren muß, das heißt, daß Jahre später über 30 000 Hamburger an Krebs versterben;
- 100 rem bestrahlt, das heißt 150 000 – jeder zehnte (!) – Hamburger versterben Jahre später an einem Karzinom.

Diese erschreckenden Zahlen beziehen sich wohlgemerkt auf einmalige Gesamtstrahlendosen. Eine höhere Gesamtstrahlendosis hat – selbst wenn sie sich über Wochen summieren sollte – weit verheerendere Folgen, wie folgendes Beispiel aus dem Jahre 1962 zeigt: In Mexiko wurde eine Cobalt 60-Kapsel in einer Privatwohnung gelagert. Schon nach wenigen Wochen starben die Großmutter, die Mutter und die zwei Kinder an den Folgen der Strahlenkrankheit. Die tägliche Strahlendosis betrug 15–35 rem. Allein der Vater überstand die Strahlenkrankheit bei einer täglichen Strahlenexposition von 8–15 rem.

Wie nicht anders zu erwarten, ist auch die eventuelle Evakuierung mit entsprechender Halbherzigkeit geplant: Evakuiert wird nicht etwa das gesamte verseuchte Gebiet, sondern lediglich die nähere Umgebung eines AKWs. Das bayerische Staatsministerium stellt dazu fest: «Nach den Erkenntnissen der amtlichen Sachverständigen können die alarmplanmäßigen Vorbereitungen für die ohnehin äußerst unwahrscheinliche Evakuierung auf einen Nahbereich, d. h. auf die Zentralzone und 3 Sektoren (90°) der Mittelzone bis zu einer Entfernung von etwa 5 km vom Standort beschränkt werden.»

Tschernobyl hat alle Befürchtungen in tragischer Weise bestätigt.

Katastrophenschutz, Evakuierung, Knochenmarktransplantationen, all diese Maßnahmen – und seien sie noch so großzügig angelegt – stellen kaum mehr als ein hilfloses Aufbäumen gegen eine schreckliche Katastrophe dar.

Auch dem Präsidenten der Bundesärztekammer dürfte nicht verborgen geblieben sein, wie eng die Grenzen medizinischen Handelns im Katastrophenfall sind. Und dennoch fordert er Katastrophenschutz und Katastrophenmedizin, deren wesentliche Aufgabe in der Sichtung und der Selektion Schwerkranker besteht. Sollte all dies auf die wiederholt geäußerte Befürchtung hindeuten, daß Evakuierungsmaßnahmen bewußt halbherzig geplant sind und daß Ärzte nicht zufällig in Sachen Selektion trainiert werden? Sollte all dies darauf hindeuten, daß verstrahlte Gebiete – wie vermutet – im Katastrophenfall tatsächlich abgeriegelt werden, sei es um Seuchen zu verhindern, sei es um Panik, Unruhen, Bürgerkrieg im Keim zu ersticken?

Tschernobyl sollte der letzte Beweis dafür sein, daß es keinen effektiven Schutz vor den Folgen dieser nicht beherrschbaren Technik gibt. Es bleibt nur ein Ausweg: der Ausstieg aus der Kernenergie.

Beginn bei den Gemeinden

Die Verantwortlichen in Bonn versichern, daß sich ein mit der Katastrophe von Tschernobyl vergleichbarer Unfall in der Bundesrepublik nicht ereignen könne. Allein schon die extrem anspruchsvolle Sicherheitstechnik der bundesdeutschen Kernkraftwerke stehe dagegen.

Für die Katastrophenschutzpläne sind die Länder zuständig. Der Bund beschränkt sich auf die Bereitstellung technischer Hilfe und auf Empfehlungen für den Einsatz. Als bisher einziges Bundesland hat Nordrhein-Westfalen seine Katastrophenschutzpläne offengelegt. Um bei Katastrophen jeglicher Art möglichst schnell vor Ort zu sein, baut der Katastrophenschutz auf die Stadt- und Landkreise auf. Für nukleare Unfälle stehen bei den Feuerwehren ABC-Trupps unterschiedlicher Stärke zur Verfügung. In Gemeinden mit Atomkraftwerken ist die Ausstattung dem erhöhten Risiko angepaßt. Ähnliches gilt für die anderen Rettungs- und Hilfseinrichtungen wie zum Beispiel das Rote Kreuz, die Johanniter-Unfallhilfe und den Arbeiter-Samariter-Bund. Die Zusammenarbeit mit den örtlichen Behörden und den Notfalltrupps der Betriebe ist unterschiedlich geregelt. Sind die örtlichen Kräfte überfordert, können die Gemeinden auf die rund 55000 aktiven Helfer des Technischen Hilfswerkes zurückgreifen, die in elf Landes- und 610 Ortsverbände gegliedert sind und vor allem über schweres Gerät verfügen.

Spezielle ABC-Schutzanzüge hält auch das Bundesamt für Zivilschutz bereit. Dabei handelt es sich um 244 über das ganze Bundesgebiet verteilte Gruppen von je 42 Freiwilligen, also insgesamt über 10000 Helfer, denen Mehrzweckfahrzeuge mit Spezialausstattung vor allem zur Entgiftung nach radioaktiver Verseuchung («Dekontamination») zur Verfügung stehen. Für die Dekontamination von Menschen und Gegenständen können auch die ABC-Schutzeinheiten der Bundeswehr in Anspruch genommen werden. Auch bei anderen Vorfällen, wie etwa Hochwasserkatastrophen, werden die Wehrkreiskommandos automatisch zu den Einsatzberatungen hinzugezogen.

Bei Atomunfällen in Friedenszeiten kann die Bundeswehr sofort mit 200 ABC-Aufklärungstrupps und etwa 6000 Entgiftungstrupps einspringen. Allein 40 Aufklärungstrupps sind «luftbeweglich», verfügen also über Hubschrauber. Die Entgiftungseinheiten haben entsprechend ausgerüstete Lastwagen und können in kurzer Zeit auch das notwendige Personal bereitstellen.

Schließlich haben die Betroffenen die Möglichkeit, die in Eggenstein-Leopoldshafen (nördlich von Karlsruhe) stationierte «Atomfeuerwehr» zu alarmieren. Bei diesem «Kerntechnischen Hilfszug» handelt es sich um eine Gemeinschaftseinrichtung der deutschen Elektrizitätsversorgungsunternehmen, der Atomindustrie und der staatlichen Forschungsinstitute. Der Hilfszug verfügt, bei 13 Mann Stammpersonal, über 13 Spezialfahrzeuge, sieben Container mit Meßgeräten und fernbedienbare Roboter. Die «Atomfeuerwehr» kann Schäden ermitteln, verseuchte Geräte isolieren und transportieren. Der Hilfszug ist als Eingreiftruppe bei Störfällen in Atomanlagen konzipiert, kann aber nach Aussagen des technischen Direktors Gerhard Brudermüller natürlich nicht ein ganzes Atomkraftwerk abschirmen, ist also für Reaktorbrände in der Größenordnung von Tschernobyl nicht ausgerüstet.

Die Hauptaufgabe der anderen ABC-Schutzeinheiten besteht vor allem darin, gefährdete Personen möglichst umgehend aus dem Strahlungsbereich herauszubringen, Strahlengeschädigte schnellstens von radioaktiven Partikeln zu säubern beziehungsweise in fachärztliche Behandlung zu bringen. Um die Intensität und die geographische Ausdehnung von Strahlungsgefahren ermitteln zu können, stehen den Gemeinden kommunale ABC-Meßzüge zur Verfügung. Bundesweite Daten liefert der Deutsche Wetterdienst, der kraft Gesetz verpflichtet ist, die Radioaktivität regelmäßig zu messen. Das geschieht derzeit täglich, wobei im Falle akuter Bedrohung angeordnet werden kann, die Messungen stündlich vorzunehmen.

Eghard Mörbitz / Frankfurter Rundschau vom 2. Mai 1986

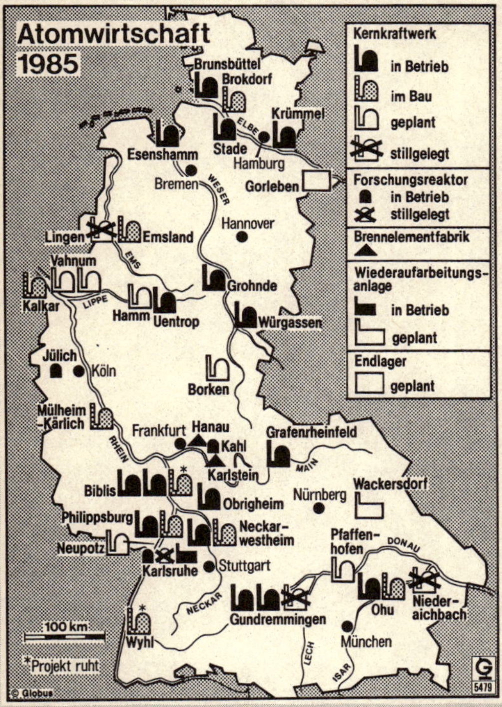

Die Menschen

Demonstration in Berlin-Wannsee (Foto: Paul Langrock)

Erhard Eppler

Ende der Akzeptanz*

Nach der Katastrophe von Tschernobyl haben die Öffentlichkeitsarbeiter zu tun. In den zuständigen Stäben der Atomindustrie, der Kraftwerksunion, aber auch der einschlägigen Ministerien dürften jetzt neue Strategien entworfen werden, vielleicht sogar mit dem Ziel, in einigen Monaten wieder die Parole «Business as usual» ausgeben zu können. Aber diesmal dürften Geld und Beschwichtigung an ihre Grenzen stoßen. Man darf bezweifeln, ob die Menschheit ohne Katastrophen Neues lernen kann, ob sie durch Katastrophen genug lernt, um überlebensfähig zu werden. Aber hier ist etwas geschehen, was einen Bewußtseinswandel vertieft und verstärkt, der seit eineinhalb Jahrzehnten im Gang ist. Ich setze auf diesen Wandel.

Erinnern wir uns: Als in den sechziger Jahren die ersten Atommeiler gebaut und eine phantastische Zahl anderer geplant wurden, regte sich so gut wie kein Widerstand. Im Deutschen Bundestag gab es einen einzigen Abgeordneten, der seine Zweifel anmeldete, den Atomphysiker Professor Karl Bechert, den sein Kollege Pascual Jordan ohne jedes Risiko dem Spott des Hauses preisgeben konnte. Außerhalb der Politik sah es nicht anders aus: In der Evangelischen Studienstiftung in Heidelberg wirkte der kluge, durch seine bohrende Gründlichkeit faszinierende Günter Howe, von dem ich noch 1968 die Schnapsidee übernahm, man könne den Entwicklungsländern am besten mit Schnellen Brütern helfen. So jedenfalls schrieb ich im Sommer 1968 im *Vorwärts*. Das Umdenken kam nicht von oben, sondern von unten. Es waren die Winzer, Hausfrauen und Pastoren von Whyl, die zuerst und am eindringlichsten den Wandel des Bewußtseins signalisierten und zugleich vorantrieben. Wer damals – und das war für einen Politiker noch riskant – Whyl besucht und die Menschen dort

* Der Beitrag von Erhard Eppler erschien zuerst in: *Die Zeit* vom 9. Mai 1986

erlebt hat, konnte spüren: Hier wächst etwas Neues, von hier geht etwas aus.

Man hat den Atomgegnern häufig vorgeworfen, sie lebten aus Angst und appellierten an Ängste. Dabei war ihre Furcht offenbar besser begründet als die Angst vor der Energielücke, vor den ausgehenden Lichtern, mit der bis an die zweite Hälfte der siebziger Jahre gearbeitet wurde. Noch selten haben sich Technokraten gründlicher blamiert als mit ihren Energieprognosen, die unter anderem auch die Unausweichlichkeit der Atomenergie dartun sollten. Noch nie hatten wir eine so gewaltige Überkapazität an Kraftwerken. Sie ist größer als der Anteil der Atomenergie am Stromverbrauch.

Trotzdem habe ich mir immer – wahrscheinlich zu sehr – die Mahnung zu Herzen genommen, keine Ängste zu schüren. Wie die meisten Gegner der Atomenergie argumentierte ich ganz rational: Die Atomenergie sei nicht nötig, es gehe, wenn wir nur wollten, auch ohne sie; sie sei auch nicht billiger, wenn man einmal alle Nebenkosten einrechne, von der Wiederaufarbeitungsanlage und der Endlagerung bis zum permanenten Aufgebot an Sicherheitskräften. Und im übrigen – und dies war für mich immer der wichtigste Punkt – sei an eine wirksame, totale und weltweite atomare Abrüstung nicht zu denken, solange der ganze Erdball übersät sei von Leichtwasserreaktoren, Brütern und Wiederaufbereitungsanlagen. Wenn es um die Sicherheit der Reaktoren ging, verwies ich immer auf den Kriegsfall: Für ein Land, das man durch die Zerstörung eines guten Dutzends Atomreaktoren unbewohnbar machen kann, hat das Wort Verteidigung keinerlei Sinn.

Nun ist also geschehen, was Millionen gefürchtet, die meisten aber, auch ich, für ganz unwahrscheinlich gehalten hatten. Und nun wird der Zorn zuerst einmal die Sowjetunion treffen, und dies sogar zu Recht. Möglicherweise konnte die Sowjetführung gar nicht mit offenen Karten spielen in einem Land, das bisher keine Diskussion über Atomenergie erlaubt hatte. Ich möchte sogar bezweifeln, ob alle Mitglieder des Politbüros mit der Nachricht aus Tschernobyl etwas anfangen konnten. Sie brauchten wohl einige Zeit – und brauchen sie noch –, um zu begreifen, was da geschehen ist. Und schließlich darf der technische Fortschritt nicht ins Zwielicht kommen. Da sind die Kommunisten noch entschiedener als manche Berufsoptimisten bei uns, die vor Kulturpessimismus warnen, ohne die Herkunft und Befrachtung dieses Begriffs auch nur zu ahnen. Es mag schon sein, daß jetzt Gorbatschow beweisen muß, daß er ein Staatsmann ist und nicht nur ein besonders tüchtiger Macher.

Und es stimmt wohl auch, daß die bundesdeutschen Sicherheitsvorschriften schärfer sind als die in Tschernobyl oder Cattenom. Das hat mit unserer Atomdiskussion zu tun. Nur, ich habe auch Fachleute argumentieren hören: Wäre ähnliches – trotz allem – in einem unserer Reaktoren geschehen, so wäre die Katastrophe gewaltiger geworden, weil im Reaktor von Tschernobyl die Brennelemente voneinander abgesondert und auch einzeln zu «ziehen» gewesen seien. Wie dem auch sei, eines ist sicher: Ein Unfall beim «Brüter» würde um ein Vielfaches schrecklicher ausfallen als Tschernobyl. Hier steht ausgereifte Sicherheit gegen potenzierte Gefahr. Und es ist offen, was letztlich schwerer wiegt.

Natürlich wird bald von «menschlichem Versagen» die Rede sein, wie seinerzeit auf Three Mile Island. Und die Kommunisten werden sagen, die objektiven Bedingungen seien durchaus in Ordnung gewesen, aber leider habe der «subjektive Faktor» dem nicht entsprochen. Da kann ich nur an Gorbatschows Rede auf dem 27. Parteitag erinnern, wo er nach sehr verschlüsselten Klagen über den «subjektiven Faktor» auf eine entwaffnend sympathische Weise hinzufügte: «Aber so ist das Leben nun einmal.»

Ja, so ist das Leben nun einmal: Menschen versagen, seit es Menschen gibt. Sie werden krank, sie trinken, nehmen Drogen, drehen durch, schlafen ein; es soll sogar solche geben, die absichtlich Unheil anrichten. Den neuen Menschen, bei dem das alles anders ist, haben Kommunisten nicht geschaffen, den Verfechtern der Atomtechnik wird es auch nicht gelingen. Wer, wie unsere Konservativen, gegen jeden Gedanken an den neuen Menschen polemisiert, sollte konsequent sein, wo es um Technik geht.

Hier sind wir nun bei meinem ersten prinzipiellen Einspruch gegen die Atomenergie: Eine Technik, gegenüber der Menschen nicht versagen dürfen, ohne daß ein ganzer Kontinent in Angst und Schrecken gejagt wird, ohne daß eine gänzlich unbekannte Zahl von Kindern im Laufe von Jahrzehnten daran zugrunde geht, ist wohl keine menschengerechte Technik. Wenn früher der Kutscher auf dem Bock einschlief, so waren die Pferde meist vernünftig genug, diesem «menschlichen Versagen» nichts Schlimmes folgen zu lassen. Das menschliche Versagen eines Jumbo-Piloten hat Auswirkungen, die schon kaum mehr zu verantworten sind. Das menschliche Versagen oder der menschliche Zerstörungswahn in einem Brüter hätte Folgen, die weit jenseits alles Verantwortbaren lägen. Es wird Zeit, daß wir nicht abstrakt über die Risiken der Technik, sondern über das Verhältnis zwischen Mensch und Technik nachdenken. Von einer Technik, die einen anderen Menschen verlangt, sollten wir die Finger lassen und nach einer Technik suchen, die fehlbaren Menschen angemessen ist. Und bei der Energieerzeugung gibt es sie längst. Neue, regenerierbare Energiequellen brauchen menschliche Zuverlässigkeit nicht zu überfordern.

Auch die Ökonomie muß wieder in ein Verhältnis gesetzt werden zu den Menschen, wie sie nun einmal sind. Sogar wenn es wahr wäre, daß Atomstrom billiger ist, so stehen offenbar die Gefahren, die wir uns damit einhandeln, in keinem Verhältnis zu den zwei oder drei Pfennig pro Kilowattstunde, die zur Diskussion stehen. Was wäre das für eine Gesellschaft, die Millionen sensibler Menschen in der Angst vor der Katastrophe leben ließe – und dies bis hin zur psychischen Gefährdung unzähliger –, nur um den Strom um ein paar Pfennig billiger zu machen? Wir müssen die Relationen wieder zurechtrücken, die Technokraten «verrückt» haben.

Was in Whyl begann, hat nun einen Schub bekommen, den keine Manipulation mehr abbremsen kann. Der Wandel des Bewußtseins wird sich beschleunigen, und er wird in absehbarer Zeit zu der Alternative führen: Entweder wir schaffen eine industrielle, technische Welt, in der Menschen ohne Zittern leben können, in der es möglich ist, guten Gewissens Kinder zu zeugen, oder wir bekommen eine gespaltene Gesellschaft, gespalten in solche, die an jeder neuen Technik profitieren (und einige andere profitieren lassen) und solche, die sich verweigern. Wir müssen lernen, zwischen technischen Möglichkeiten auszuwählen, und zwar nicht so, daß ein paar «Wissende» entscheiden, was geschieht, und dann die «Akzeptanz» der Bürgerinnen und Bürger mit allerhand Propaganda «herbeigeführt» wird, sondern so, daß ein öffentlicher Diskurs zum Ja oder Nein führt. Wer alles machen will, was technisch geht, wird erleben, daß nichts mehr geht. Und wer will, daß noch etwas geht, muß Demokratie wagen bei Grundentscheidungen über technische Alternativen.

Es ist vielleicht mehr als ein glücklicher Zufall, daß just ein paar Stunden vor den ersten Nachrichten aus der Ukraine der Vorstand der SPD endgültig den Einstieg in die Plutoniumwirtschaft, also konkret den Brüter in Kalkar und die Wiederaufbereitungsanlage in Wackersdorf abgelehnt und den Beschluß des Essener Parteitags bestätigt hat, der einen allmählichen Ausstieg aus der Atomenergie verlangt. Das war also nicht der Opportunismus derer, die auf einer Angstwelle schwimmen wollen. Aber es war der Beschluß einer Partei, die begriffen hat, daß es auch in der Technik Irrwege gibt, auf denen man auch dann nicht weiter gehen darf, wenn man sie selbst einmal für richtig gehalten hat. Dies ist nicht der Augenblick für Rechthaberei, wohl aber eine Zeit zum Umdenken. Diese Umkehr kann und muß jetzt rascher vor sich gehen, als wir noch vor zwei Wochen meinten.

Die Bücher kosten nur noch
ein Fünftel ihres früheren Preises …

Ansagedienst der Stadt Hamburg

«Guten Tag, meine Damen und Herren, hier ist 11502, der telefonische Ansagedienst der Gesundheitsbehörde der Freien und Hansestadt Hamburg.

Wir informieren Sie heute über mögliche gesundheitliche Gefahren im Zusammenhang mit dem Kernreaktorunfall in der Sowjetunion. Zunächst sollten Sie wissen, daß die Umweltbehörde der Hansestadt seit Bekanntwerden des Kernreaktorunfalls ständig die Radioaktivität der bodennahen Luft mißt. Durch die Gesundheitsbehörde werden fortlaufend Milch, Gemüse und Trinkwasserproben untersucht. Auch Fleisch und Fisch werden einer gezielten Beobachtung unterzogen. Alle bisher ermittelten Meßergebnisse zeigen, daß eine akute Gesundheitsgefährdung der Bevölkerung durch radioaktive Belastung nicht besteht. Deshalb zielen die Ratschläge, die wir Ihnen heute geben, vor allem darauf ab, jede zusätzliche, über die natürliche Strahlenbelastung hinausgehende Aufnahme von Radioaktivität im Organismus so gering wie möglich zu halten. Das Wichtigste vorab: Nach wie vor können Sie sich bei trockenem Wetter völlig unbesorgt im Freien aufhalten. Das gilt auch für Ihre Kinder. Fenster und Türen können Sie wie gewohnt öffnen. Grundsätzlich abraten möchten wir Ihnen von der Einnahme von Jodtabletten. In der gegenwärtigen Situation kann ihr Gebrauch mehr schaden als nutzen. Obst und Gemüse sollten Sie vor dem Verzehr gründlich waschen. Dies gilt sowohl zum Schutz vor anderen Verunreinigungen, wie zum Beispiel Schwermetallen, als auch vor eventuell vorhandenen radioaktiven Substanzen. Nur wenn sich die radioaktive Belastung des Gemüses zum Beispiel durch Regenfälle erheblich erhöhen würde, könnte es zu einschränkenden Verzehrempfehlungen, bei gesundheitsgefährdenden Belastungen auch zum Verzehr- bzw. Verkaufsverbot kommen. Die Bevölkerung würde bei einer derartigen Entwicklung unverzüglich unterrichtet. In Hamburg wird die in der einzigen Molkerei der Stadt verarbeitete Milch auf Strahlenbelastung untersucht. Erhöhte Werte haben sich bei den bisherigen Proben nicht ergeben. Aus Gründen der begrenzten Untersuchungskapazität kann Milch direkt vom oder beim Erzeuger nicht kontrolliert werden. Da erhöhte Belastungswerte nicht mit Sicherheit ausgeschlossen werden können, empfehlen wir, zunächst auf den Verzehr derartiger Milch zu verzichten und auf Molkereiprodukte zurückzugreifen. Noch nicht mit Sicherheit vorhersehbar ist die Lage für den Fall auftretender Regenfälle. Da bei Niederschlägen mit einem Auswaschen der Radioaktivität auch aus höheren Luftschichten und damit eventuell erhöhten Konzentrationen im Niederschlag zu rechnen ist, empfehlen wir Ihnen, sich bei einsetzendem Regen nicht unbedingt im Freien aufzuhalten bzw. sich nicht ungeschützt dem Regen auszusetzen. Auch Ihre Wäsche sollten Sie vor dem Regen von der Leine holen. Sie sollten kein Regenwasser trinken, auch Ihr Gemüse sollten Sie nicht mit Regenwasser begießen. Kleidungsstücke können Sie in der üblichen Weise trocknen; das gilt auch für den Regenschirm. Von Regen naß gewordene Haut sollten Sie mit Leitungswasser abspülen. Nach Regenfällen sollten Sie Ihre Kinder bis zum Vorliegen von Meßergebnissen vorsorglich nicht mehr auf dem Erdboden, also dem Sandkasten oder der Wiese, spielen lassen. Eine gründliche Dusche nach dem Spielen im Freien ist dann in jedem Fall sinnvoll.

Meine Damen und Herren, sollten Sie noch weitere persönliche Fragen haben, die wir mit dieser Ansage nicht beantworten konnten, können Sie sich beraten lassen unter den Rufnummern 44195280. Und wenn es um Fragen zu Lebensmitteln geht, unter der Rufnummer 44195213. Beide Anschlüsse sind bis auf weiteres täglich bis 20 Uhr besetzt.

Wir danken für Ihren Anruf.

Über die aktuelle Entwicklung in Hamburg im Zusammenhang mit dem sowjetischen Reaktorunfall halten wir Sie auch weiterhin auf dem laufenden.

Auf Wiederhören.»

Mangelnde Information machte vielen Eltern angst

Beschwichtigung, kaum Information: Damit sahen sich gestern zahllose Hannoveraner konfrontiert, wenn sie überhaupt das Glück hatten, bei den Behörden der Stadt oder den Ministerien der Landesregierung eine freie Leitung zu erwischen. Denn, wie am Wochenende waren auch gestern die Telefonnetze hoffnungslos überlaufen und brachen mehrmals zusammen. Mit ihren Sorgen allein gelassen fühlten sich besonders Milchbauern und Eltern von Kleinkindern – aber auch Lehrer und Kindergärtnerinnen waren ratlos. Die Unsicherheit über die tatsächliche Strahlenbelastung in der Landeshauptstadt nach dem Reaktorunglück in Tschernobyl führte schließlich zu einer Flut von Anrufen bei Umweltschutzorganisationen und Initiativen, die jedoch ebenfalls unter dem schleppenden Informationsfluß litten.

HANNOVER. Unsicherheit und Ratlosigkeit beherrschten gestern das Bild an den hannoverschen Grundschulen. Vieles Schulleiter warteten auf Anweisungen der vorgesetzten Behörden – die blieben jedoch aus.

Schulamtsleiter Wolfgang Borsum: «In Absprache mit dem Gesundheitsamt haben wir uns dazu entschlossen, Verhaltensregeln auszugeben. Die Schulleiter können selbst entscheiden, ob sie die Kinder auf den Schulhof lassen. Unserer Meinung nach kann auch bedenkenlos Tütenmilch an die Kinder ausgegeben werden.»

Auch das Kultusministerium sah gestern keine Veranlassung zu irgendwelchen Vorsichtsmaßnahmen. Sprecher Heinz Wilhelm Brockmann kannte zwar nicht die aktuellsten Meßwerte, erklärte aber, es bestehe kein Anlaß zur Besorgnis.

Darüber hinaus wies er darauf hin, daß Eltern keine Konsequenzen fürchten müßten, wenn sie ihre Kinder einen Tag lang nicht zur Schule schicken.

Nach Angaben der Schulleiter waren jedoch die meisten Kinder zum Unterricht erschienen. Allerdings hatten viele besorgte Eltern darum gebeten, ihre Kinder nicht im Freien spielen zu lassen.

Xenia Bergmann, Leiterin der Grundschule An der Steinbreite: «Ich habe veranlaßt, daß die Kinder in der Pause im Gebäude geblieben sind. Ich weiß aber nicht, wie ich mich in den nächsten Tagen verhalten soll und ob ich es verantworten kann, Milch, die ich morgen aus der Molkerei bekomme, an die Kinder ausgeben zu lassen.»

Die Direktorin beklagte auch die Informationspolitik der Behörden und Ministerien: «Die Nummern, unter denen man Auskunft bekommen kann, sind ständig blockiert. Das Schulamt sagte mir heute morgen, es sei nicht zuständig.»

Neue Presse vom 6. Mai 1986

In den Kitas hieß es: Unsere Sandkästen sind vorläufig tabu

HANNOVER. Besorgte Eltern fühlten sich gestern im Stich gelassen: Dürfen unsere Kinder im Sandkasten spielen? Sollen sie lieber ganz im Haus bleiben? Was ist mit der Milch? Fragen über Fragen, die gestern zum größten Teil unbeantwortet blieben. Denn auch bei den meisten Behörden und Ministerien flossen die Informationen nur spärlich. Entweder waren die Leitungen blockiert oder die Kompetenzen unklar. Selbst in vielen Kindergärten und Kindertagesstätten bestimmten Unsicherheiten das Bild.

Monika Hoch, Leiterin der Kita Allerweg: «Wir bleiben heute lieber im Haus und achten darauf, daß die Kinder keinen frischen Salat essen.»

Ilse Nagel, Leiterin der Kita am Welfenplatz: «Die Kinder dürfen vorläufig nicht auf die Wiese und nicht in den Sandkasten. Ansonsten verfolgen wir die Meldungen im Rundfunk und haben darüber hinaus das Glück, daß wir einen Vater haben, der selber Messungen vornehmen kann.»

Nach Angaben des Kultusministeriums ist gestern damit begonnen worden, die Sandkästen auf ihren Radioaktivitätsgehalt zu überprüfen.

Neue Presse vom 6. Mai 1986

Die Stadt Wiesbaden schließt vorübergehen öffentliche Spielplätze

Nicht durchs Kohlfeld robben!

Tschernobyl ändert Schulalltag / Auf Sport auf Ascheplätzen und Frischmilch verzichten

Entsprechend einer Mitteilung der Landesregierung von Nordrhein-Westfalen unterliegt derzeit der Schulsport einer Beschränkung: Sportliche Betätigung auf trockenen Ascheplätzen wird als bedenklich angesehen. In der Mitteilung wird weiterhin empfohlen, in Schulen und Kindergärten auf den Verzehr von Frischmilch und Frischmilchprodukten zu verzichten. Da ist man beim Berliner Schulsenat ganz anderer Auffassung. Schulmilch könnten die Kinder trinken, «soviel sie wollen», war da zu hören. Nur das Essen von Sand und Gras sei zu vermeiden. Nach Auskunft des Kultusministeriums in Nordrhein-Westfalen haben sich bereits die ersten Schüler geweigert, an Klassenfahrten in das Bundesland Bayern teilzunehmen, da dort eine generell höhere radioaktive Belastung vermutet wird. In puncto Klassenfahrten sollten die Betroffenen selbst entscheiden.

Der Hamburger Schulsenat sieht in dieser Hinsicht ebenfalls keine besonderen Bedenken. Klar müsse aber sein, so Pressesprecher Specht, daß die Schüler bei einer Klassenreise nach Rheinland-Pfalz tunlichst nicht «durchs Kohlfeld robben». Was sonstige Schutzmaßnahmen angeht, verläßt man sich im allgemeinen auf die Ratschläge der Umweltbehörde und verweist auf die aktuellen Hinweise im Rundfunk. Im Falle von Niederschlägen, die die radioaktiven Werte um ein Vielfaches erhöhen, rechnet man daher aber auch nicht mit dem Erscheinen der Schüler in der Schule. «Schulpflicht» allerdings bestehe nach wie vor. Von der ganzen Diskussion unberührt scheint man in Bayern zu sein. Im dortigen Kultusministerium werden besondere Hinweise für Schulen als nicht notwendig erachtet und man sieht ansonsten «keinen Grund zur Besorgnis».

taz vom 7. Mai 1986

Keine Klassenfahrten in den Ostblock

Das Kultusministerium Baden-Württemberg hat jetzt in einem Schreiben an die Oberschulämter des Landes darauf hingewiesen, daß bis auf weiteres keine Klassenfahrten in Länder des Ostblocks mehr durchgeführt werden sollen. Der Grund ist die hohe Strahlenbelastung, der diese Länder nach dem Reaktorunglück im sowjetischen Tschernobyl ausgesetzt sind. Ein Sprecher des Ministeriums wies gestern insbesondere darauf hin, daß aus dem Ostblock bis heute keine «hinreichend verläßlichen Informationen» über die Intensität der radioaktiven Belastung vorlägen und daß nicht gewährleistet sei, daß auch dort verseuchte Lebensmittel aus dem Verkehr gezogen würden. Bereits am Freitag waren die Oberschulämter telefonisch aufgefordert worden, alle Klassen, die sich derzeit bereits im Ostblock befinden, zurückzurufen. Eine Bildungsreise von etwa 30 Lehrern nach Polen war bereits in der vergangenen Woche abgebrochen worden.

Stuttgarter Zeitung vom 7. Mai 1986

Inge Öhler

«Mama, ich darf dir keine Blümchen pflücken?»

Die Reaktion einer Mutter

Dienstag, 28. April
Ich komme von der Nachuntersuchung nach der Geburt von Lucian (meinem zweiten Sohn) von der Ärztin. Es geht mir gut, alles ist gut verlaufen, die Kinder machen mir viel Freude. Gerade höre ich Nachrichten: Reaktorunglück in der UdSSR. Meine Reaktion: Betroffenheit, Mitleid, insgeheim Erleichterung, daß es so weit weg ist. Die bangen Fragen «Was passiert, wenn der Dreck nach Schweden zieht? Kann es uns auch noch treffen?» verdränge ich fürs erste.

Freitag, 2. Mai
Wir sind in Freiburg zu Besuch. Ich will gerade mit den Kindern in die Stadt. Da ruft Rainer aus dem Öko-Institut an und jammert, daß ständig Leute anfragen, wie sie sich in Anbetracht der Strahlenbelastung verhalten sollten, immer im Glauben, man könne der Strahlung doch noch entgehen. Am Freitagabend wieder zu Hause, erfahre ich erste Empfehlungen aus dem Öko-Institut: Bei Regen nicht raus! Zum Glück sieht es nach gutem Wetter aus. Keine Milch von Weidekühen! Die sind hier bei uns auf der Baar auch noch nicht draußen. Kinder nicht im Sandkasten spielen lassen! Auch kein Problem, schließlich sind wir gerade am Bauen, und das ist für die Kinder sowieso interessanter als der Sandkasten.

Samstag, 3. Mai
Nach langer Überlegung, ob dies Panik hervorrufen könnte, gebe ich die Informationen aus dem Öko-Institut an Freunde weiter. Eine Freundin hält mir entgegen, sie befürchte, dies könne dazu führen, daß Kinder Angst vor Luft und Erde bekommen. Ich nehme mir vor, die Sache geschickt in die Hände zu nehmen, abzulenken, Alternati-

ven anzubieten, viel zu unternehmen. Am Samstag gelingt es mir noch, Jacob (mein Sohn, 3½) aus dem Sandkasten zu locken, indem ich ihn zum Besuch bei einer Nachbarin animiere, die er gern hat. Am Abend rede ich mit der Bäuerin, bei der wir Milch holen. Sie versichert mir, daß sie die Kühe vorerst im Stall lassen. Am Abend telefoniere ich mit Rainer, er beschwichtigt mich und meint, die Lage sei nicht so besorgniserregend, es stelle halt ein weiteres Krebsrisiko dar, und wir würden ja sonst sehr gesund leben. Seine Besänftigungen halten bei mir nicht lange vor, außerdem regt mich seine Aussage sehr auf, schließlich ist es ja nicht das einzige Krebsrisiko, das wir nicht selbst verschulden. So langsam wird Tschernobyl Thema Nummer eins, und die Aussagen sind so widersprüchlich. Jeder weiß was, aber keiner weiß was Genaues.

Sonntag, 4. Mai
Ich rufe ständig bei Siggi, meinem Bruder, und Rainer an und nerve sie mit Fragen. Rainer versucht wieder, mich zu beruhigen, erklärt mir viel mit Mikrosievert, Jod 131, Becquerel. Ich verstehe langsam gar nichts mehr. Er erklärt mir nochmals die Belastung durch Milch, meint aber, die Milch unseres Bauern können wir noch trinken. Ich solle auch das sechs Wochen alte Baby weiter stillen. Immer wenn ich aufgelegt habe, kommen mir neue Fragen. Diesmal zum Beispiel: Was ist dann mit den Eiern von freilaufenden Hühnern? Ich weiß nicht mehr, ob ich jetzt jedes Lebensmittel kennzeichnen muß, wann ich es gekauft habe. Die «alten», die vor dem Unglück produzierten Lebensmittel sofort essen, die anderen so lange wie möglich aufheben? Aber was ist dann mit dem Cäsium und Strontium? Wir überlegen, ob wir H-Milch kaufen oder Milch vom Bauern einfrieren, bevor diese die Kühe auf die Weide treiben.

Montag, 5. Mai
Ich nehme beide Kinder mit zum Einkaufen. Auto fahren wird für Kinder langsam eine gesunde Alternative. In den Nachrichten am Mittag kommt die Warnung aus einem anderen Bundesland: Kleinkinder und Schwangere sollten keine Milch mehr trinken. Das erste Mal heule ich, Angst und Wut befällt mich. Ständig ruft jemand an, eine Freundin meint verzweifelt: «Alles, was wir bisher gemacht haben, um gesund zu leben, ist jetzt Gift. Frische Luft, Milch und Gemüse, usw.» Eine andere Freundin, die sich lange vergeblich ein Baby gewünscht hat, erzählt mir, sie sei schwanger. Mein Glückwunsch bleibt mir im Halse stecken. Auch sie meint, sie könne sich nicht freuen. Ich wollte immer viele Kinder, aber langsam werfe ich mir vor, dieser Wunsch sei egoistisch. Ich hoffe, daß es nicht soweit kommt,

daß ich es bereue, Jacob und Lucian, die mir so viel bedeuten, auf die Welt gebracht zu haben. Am Mittag fahren wir nach Freiburg zur Demo, es regnet. Nach dem Regen hopsen die Kinder durch die Pfützen und spielen in den Freiburger Bächle. Ich halte es nicht mehr aus, den ganzen Tag Dinge zu verbieten, die sie sonst lieben und die ihnen sonst erlaubt waren. Bekannte von uns haben ihren Sandkasten zugenagelt. Nach der Demo treffen wir noch Bauern aus dem Dorf. Sie erzählen, daß ihnen das Heu ausgeht, daß die Kühe bei schönem Wetter den ganzen Tag im Stall brüllen und das trockene Heu nicht fressen wollen. Verschiedene Bauern haben bei dem Ortsvorsteher versucht, lokale Informationen und Empfehlungen zu bekommen; niemand weiß was. Die allgemeine Empfehlung an Eltern, Bauern und so weiter werden immer lächerlicher und gemeiner. Schließlich sind *wir* dann an allem schuld.

Dienstag, 6. Mai
Für Jacob gab es diesen Winter drei wichtige Termine: wenn das Baby kommt, wenn der Osterhase kommt, wenn das Frühjahr kommt. Das Baby kam Mitte März, der Osterhase Ende März, das Frühjahr kam und kam nicht. Jetzt aber kommt es. Was sage ich zu Jacob, der wochenlang wegen Dauerregen ans Haus gebunden war, aufs Frühjahr vertröstet wurde und sich jetzt freut: «Mama, die liebe Sonne kommt. Mama, die Blümlein sind da.» Was sage ich einem Kind, das glücklich die ersten Blümlein für mich pflückt. Wissen die überhaupt, was es heißt, einem Kind das Spielen mit der Erde zu verbieten?

Heute morgen versuche ich einen Trick: Ich ziehe Jacob den Schlafanzug nicht aus, und wenn er raus will, verweise ich ihn darauf, daß er nicht angezogen ist. Ich selbst halte es fast nicht mehr in der Wohnung aus, und Jacob drinzuhalten, kostet enorme Kraft. Ich komme zu überhaupt nichts mehr, alles bleibt liegen, was soll ich überhaupt kochen? Das Gesündeste scheint es zu sein, eine Dose Ravioli aufzuwärmen. Am späten Vormittag zieht Jacob sich selbst an, ich bitte Franz, ihn im Auge zu behalten. Jacob muß auf dem frisch betonierten Fundament spielen. Man stelle sich vor, wir halten unsere Kinder an, nicht im Gras, sondern auf dem Beton zu spielen. Mir fällt auf, daß mein dreijähriges Kind freiwillig die Schuhe auszieht, wenn es die Wohnung betritt, was Jacob sonst nur unter großen Kämpfen macht. Allerdings ist auch dies lächerlich, in Anbetracht des Drecks vom Bauen vor unserem Haus.

Im Haus: er kommt vom Spielen in die Küche und streichelt Lucian, seinen kleinen Bruder. Ich bitte ihn, die Hände zu waschen, weil der Bruder doch noch so klein sei, und er sagt ganz tröstlich: «Mama, ich hab doch nicht im Sand und im Dreck gespielt!» Ich merke, daß er Angst bekommt, Angst davor, rauszugehen, Angst davor, Erde anzufassen. Kann sich eigentlich jemand vorstellen, was dies für ein Kind bedeutet, Angst vor Luft und Erde zu bekommen?

Mittwoch, 7. Mai
Jacob trinkt sein geliebtes Fläschlein Milch morgens schon wieder nicht mehr. Sonst gibt es täglich Kämpfe, weil er am liebsten 10 Flaschen trinken würde. Gestern habe ich mit ihm geschimpft, weil er es nicht trinken wollte und hatte gedacht, er wolle mal wieder Theater machen. Heute fragt er so komisch, welche Milch das sei? Ob es «Stadtmilch» (d. h. im Laden und nicht beim Bauern gekaufte) sei? Bekommt er, obwohl wir versuchen, diese Dinge von ihm fernzuhalten, jetzt noch Angst vor seiner geliebten Milch? Eine Freundin erzählt mir, daß ihre zehnjährigen Schüler sie aufgelöst fragen, ob sie jetzt sterben müssen! Weiß jemand, was in unseren Kindern jetzt abläuft? Welche Ängste sich bei ihnen festsetzen?

Meine Kinderärztin ruft von sich aus an und empfiehlt mir ein Trokkenmilchpräparat, da auch die Milch der im Stall stehenden Kühe hohe Werte aufweise. Ich fahre ins Reformhaus; Jacob fragt, warum die Kühe nicht draußen sind, obwohl es so schönes Wetter ist. Im Reformhaus sieht er ein Plakat, auf dem weidende Kühe abgebildet sind, und er ruft beruhigt: «Mama, die Kühe sind ja doch draußen!»

Donnerstag, 8. Mai
Die Mutter von Jacobs Freund Philipp erzählt mir, Philipp habe bis jetzt täglich fürchterliche Wutanfälle bekommen, weil er nicht seinen gewohnten Rundgang im Garten vorm Frühstück machen darf. Heute hätte er schon selbstverständlich sein Spielzeug geholt und gar nicht mehr gefragt. Auf dem Spaziergang habe er traurig gefragt: «Gell, Mama, ich darf dir keine Blümlein pflücken?

Freitag, 9. Mai
Nach der «beruhigenden» Entwarnung unseres Innenministers kommt heute in *Baden-Württemberg aktuell* eine Radiosendung, es sei verantwortungslos, Kinder auf dem Boden spielen zu lassen. Rainer hat gestern abend gesagt, ich könne Jacob ruhig raus, aber nicht im Dreck spielen lassen, aber ich kann ihn doch nicht in den Baum hängen! Er darf im Lastwagen spielen, wir drängen ihn dazu, sonst versuchen wir, ihn von solchen geistlosen Spielen abzuhalten. Ich selbst solle wegen dem Stillen beim Essen aufpassen. Die Unsicherheit gegenüber dem gestillten Kind verdirbt mir ohnehin den Appetit.

Freier Kindergarten Göppingen e. V.
c/o Christoph Schubert-Weller
Mörikeweg 19
7325 Boll / Kr. Göppingen
Bundesrepublik Deutschland

Herrn
Weiser, Umweltminister des Landes Baden-Württemberg
7000 Stuttgart 1

10. Mai 1986

Betr.: Ausstieg aus der Kernenergie

Sehr geehrter Herr Minister Weiser!

Wir, die Eltern des «Freien Kindergartens Göppingen», sind betroffen über das Reaktorunglück von Tschernobyl und seine weltweiten Auswirkungen. Wir sind betroffen im Blick auf uns selbst, noch mehr aber im Blick auf unsere Kinder, welche die Hauptlasten der langfristigen Folgen des Unglücks jetzt und in weiterer Zukunft zu tragen haben.

Wir stellen fest: Unsere schlimmsten Befürchtungen hinsichtlich der sogenannten friedlichen Nutzung der Kernenergie haben sich mit dem Unglück von Tschernobyl bewahrheitet. Ein Unglück wie in Tschernobyl kann jederzeit auch in einem Kernkraftwerk anderenorts auf der Welt geschehen. Daß andere Kraftwerkstypen als der in Tschernobyl mehr Sicherheitssysteme haben als dieser Typ, ist nicht von entscheidender Bedeutung. Wenn jedes Sicherheitssystem für sich keine absolute Sicherheit vor dem sogenannten Super-GAU bietet, kann die Summe verschiedener Sicherheitssysteme auch keine absolute Sicherheit bieten.

Wir stellen fest: Die Situation in der Bundesrepublik Deutschland und in Baden-Württemberg nach dem Reaktorunglück ist durch widersprüchliche Gefahreneinschätzungen und Vorsorgeempfehlungen gekennzeichnet. Die Langzeitfolgen des Unglücks (Grundwasserverseuchung, Bodenbelastung, gesundheitliche Gefährdung durch die Stoffe mit langer Halbwertszeit) werden unseres Erachtens bewußt nicht oder nur an entlegener Stelle in die öffentliche Diskussion eingebracht. Diejenigen, die politisch die sogenannte friedliche Nutzung der Kernenergie vertreten, haben in unseren Augen jede Glaubwürdigkeit verloren.

Wir erklären: Wir unterstützen diejenigen Gruppen, die den sofortigen Ausstieg aus der Kernenergie befürworten und politisch umsetzen. Wir fordern auf zu einer breiten Unterstützung dieser politischen Gruppierungen.

Sie, Herr Minister Weiser, sowie alle Ihre Kolleginnen und Kollegen in politischen Ämtern, haben das Amt mit der Maßgabe übernommen, Schaden von den ihnen jeweils durch das Amt anvertrauten Bürgern zu wenden. Wir appellieren an Ihr persönliches und politisches Gewissen. Um unserer Kinder willen, denen das Erbe einer «strahlenden Zukunft» bevorsteht, fordern wir zum Ausstieg aus der Kernenergie auf. Schalten Sie die in Ihrem Verantwortungsbereich liegenden Kernkraftwerke ab. Jetzt.

Mit Dank und freundlichen Grüßen
Die Eltern des Freien Kindergartens Göppingen
im Auftrag:

Christoph Schubert-Weller

Fast jeder tut was, doch auch das Richtige?

Kinderspielplätze wurden geschlossen, Autofahrer werden aufgefordert, ihre strahlenbelasteten Luftfilter abzugeben, Landwirte errichten Sperren gegen kontaminierte Lastwagen, Kinderärzte versorgen Anrufer mit Informationen aus den Medien, eine Gemeinde druckte Flugblätter mit Hinweisen, in vielen Amtsstuben herrscht Ratlosigkeit – Hessen, zehn Tage nach der Katastrophe im sowjetischen Kernkraftwerk Tschernobyl. Hier einige Auszüge aus Berichten von FR-Korrespondenten:

GIESSEN. Die sofortige Schließung der rund 60 städtischen Kinderspielplätze sowie aller für den Außensport geeigneten Einrichtungen hat Gießens Baudezernent Ekkehard Dammann verfügt. Bürgermeister Lothar Schüler ordnete gleichzeitig an, daß die in kommunalen Kindergärten betreuten Kinder bis auf weiteres nicht mehr in den Außeneinrichtungen spielen dürfen. Den Autofahrern wurde empfohlen, ihre strahlenbelasteten Luftfilter mit Handschuhen auszubauen und sie in Plastiktüten beim Gewerbeaufsichtsamt abzugeben. An die Kleingärtner richtete der Magistrat die Aufforderung, aufgefangenes Regenwasser nicht zum Gießen zu verwenden, sondern im Abwasserkanal zu beseitigen.

Nach wie vor mit dem radioaktiv strahlenden Jod-Isotop 131 belastet war gestern auch das Gießener Regenwasser. Messungen von Mitarbeitern am Strahlenzentrum der Universität ergaben bei den Regenfällen vom Montagmorgen eine Belastung von 620 Becquerel pro Liter, nachdem am Wochenende im Durchschnitt noch 3000 Becquerel festgestellt worden waren. Bei der Analyse von frischem Gemüse wie Spinat, Schnittlauch und Salat ermittelten die Strahlenforscher Werte von etwa 2000 Becquerel pro Kilo. Nicht den gewünschten Erfolg erzielten die Wissenschaftler eigenen Angaben zufolge beim offiziell empfohlenen Abwaschen der Nahrungsmittel. Dabei sei die radioaktive Belastung im Schnitt um ein Viertel des Ausgangswertes zurückgegangen. hu

KASSEL. Wenige Minuten vor dem Anpfiff eines Fußballspiels des KSV Hessen Kassel war am Sonntag der Rasen des Auestadions mit Wasser gesprengt worden, nachdem im Regenwasser 5400 Becquerel gemessen worden waren. Das Sozialministerium hatte darüber hinaus die Empfehlung gegeben, im Falle einsetzenden Regens die 12000 Zuschauer zu warnen. Nach dem Spiel mußten die beiden Mannschaften ihre Kleidung und Schuhe zur Entseuchung abgeben; die Spieler wurden aufgefordert, sehr gründlich zu duschen. jbk

FRITZLAR. In Fritzlar (Schwalm-Eder-Kreis) errichteten rund 30 Landwirte eine Straßensperre aus Treckern und Landmaschinen, nachdem bekannt geworden war, daß kontaminierte Lastwagen vom Grenzübergang Herleshausen in einer ortsansässigen Panzerwaschanlage der Bundeswehr gereinigt würden. Die Landwirte hatten das ganze Wochenende die Zufahrt zu der Waschanlage blockiert, weil sie befürchteten, daß Teile des Waschwassers in Flutgräben nahe ihrer Felder gelangen könnten. Wie ein Sprecher des RP gestern mitteilte, sei noch keine Entscheidung getroffen. sli

FRIEDBERG. «Die Eltern sind außerordentlich besorgt», berichtete Kinderarzt Dr. Fischer aus Friedberg der FR. Bei ihm in der Praxis stehe das Telefon nicht still. Dr. Fischer gibt «all die Verhaltensmaßregeln an die Mütter und Väter weiter, die mir aus den Medien bekannt werden». Besorgte Anrufe registrierte auch Frau Dr. Staudt, Kinderärztin in Altenstadt im Wetteraukreis. Wie ihr Kollege hält sie sich, vor allem über den Rundfunk, auf dem laufenden. ner

BAD VILBEL. Der Ortslandwirt im Stadtteil Dortelweil, Gerhard Jehner,

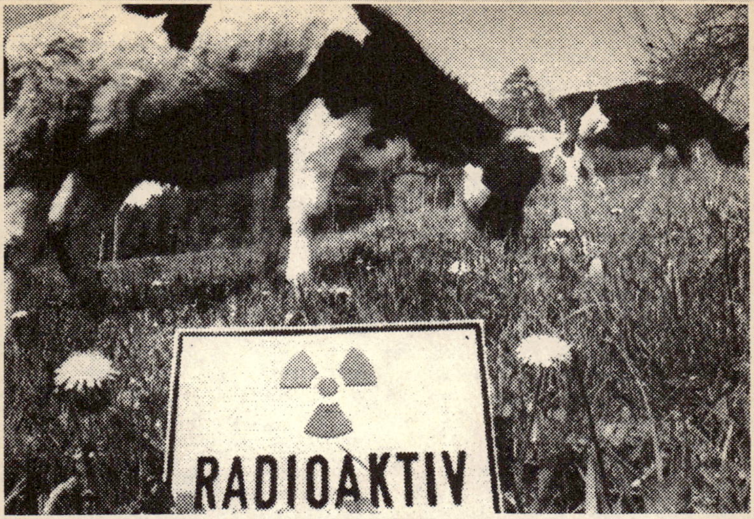

In den Wind schlagen manche Bauern, wie der AP-Fotograf bei Michelstadt im Odenwald beobachtet hat, die Warnungen der Behörden, das Vieh jetzt nicht auf die Weide zu treiben.

versucht der Lage etwas Positives abzugewinnen. Noch ein Glück sei es, sagt Jehner, daß der Fallout nicht gerade kurz vor der Ernte übers Land treibe. Die russische Reaktorkatastrophe sollte man wenigstens zum Anlaß nehmen, über Lebensmittel-Vorratshaltung nachzudenken. Mit dem trockenen Heu im Stall mußten die Kühe des Dottenfelder Hofs wieder ihre saftigen Weiden vertauschen. Unterdessen hat die biologisch-dynamische Landwirtschafts-Gemeinschaft den Verkauf ihres Blattgemüses eingestellt. Wie's weitergeht? Bauer Johannes Klein hofft, daß er aus den Untersuchungsergebnissen über die Strahlenbelastung bald Näheres darüber erfährt. Syb/de

FULDA. Mehrere Kreisverwaltungen in Ost- und Mittelhessen sehen sich derzeit nicht in der Lage, der Bevölkerung ausreichende Informationen über die möglichen radioaktiven Belastungen von Luft, Boden oder Gemüse in der jeweiligen Region zukommen zu lassen. Der Erste Kreisbeigeordnete des Vogelsbergkreises, Klaus Schönfeld, sagte in Lauterbach, die Verwaltung verfüge über keinerlei Möglichkeiten, den zahlreichen Anrufern detaillierte Werte anzugeben. Nicht nur im Vogelsbergkreis, sondern auch in den benachbarten Landratsämtern der Kreise Wetterau, Hersfeld-Rotenburg oder Fulda sei die Situation ähnlich.

Auch der Sprecher der Fuldaer Kreisverwaltung, Michael Adam, bestätigte die «Nichtexistenz örtlicher Belastungsdaten». Das hessische Sozialministerium habe die Kreisverwaltung aufgefordert, überall «Bürgertelefone» einzurichten. Diesem Wunsch werde auch in verschiedenen Ämtern und Behörden wie beim Gesundheitsamt, dem Veterinäramt und der Staatlichen Abteilung nachgekommen, doch verfüge man im Kreis Fulda über keine eigene Meßstation. Auf die Frage, welche Auskunft man den Anrufern geben könne, meinte Adam wörtlich: «Was schon in den Zeitungen steht und die elektronischen Medien brachten.» Außerdem gebe man allgemeine Verhaltensmaßregeln. ma

DARMSTADT. Bürgermeister Peter Benz (SPD) veranlaßt, daß der Darmstädter Bürgerpark Nord mit seinen weitläufigen Spiel- und Sportflächen für jedermann bis auf weiteres geschlossen wird. An alle Sportvereine erging die Empfehlung, in den nächsten Tagen auf die Benutzung von Sand- und Rasenplätzen zu verzichten. Die Klimaanlagen in den städtischen Schulen wurden gestern abgeschaltet. An die Kindergärten hatte er Anweisung gegeben, die Kleinen vorerst nicht im Freien spielen zu lassen und die Pausen in den Räumen zu verbringen. Alle Maßnahmen – so Benz – schienen zweckmäßig, solange die Strahlenbelastung der Böden nicht einwandfrei geklärt und als «unbedenklich eingestuft» worden sei. rüd

NIDDERAU. Auf die im Nachbarort Schöneck stationierte Bundeswehr besann sich Nidderaus Hauptamtsleiter Franz Pipa, als sich am Montag die allgemeinen Warnungen über erhöhte Strahlenwerte auf Sport- und Kinderspielplätzen häuften. Das Militär sollte Strahlenmeßgeräte einsetzen. Weil die zwar vorhanden, aber nicht fein genug dosierbar sind, gab die Verwaltung flugs Flugblätter mit Hinweisen an die Bevölkerung in Auftrag. def

HANAU. Auf ihr Bitten hin ermittelten Spezialisten der Hanauer Nuklearbetriebe in der Stadt siebenfach erhöhte Strahlenwerte. Nukem und Alkem hätten, nach den Worten des Pressesprechers Dr. Rainer Jend, gestern einen schwunghaften Verleih mit Meßgeräten aufmachen können. Sogar Großmarkthallen hätten um Hilfe bei der Kontrolle des Gemüses gebeten. def

MARBURG. Messungen in Marburg haben Strahlenwerte auf Beton und Asphalt ergeben, die die zulässigen Grenzwerte um das Achtfache übersteigen. Im Regenwasser wurde eine Strahlung von 1226 Becquerel pro Liter an Jod 131 und 446 Becquerel an Cäsium 136 gemessen. feu

WIESBADEN. Die öffentlichen Kinderspielplätze, Freizeitanlagen und Sportplätze in Wiesbaden sind geschlossen. Anlaß für diese Maßnahme waren eigene Meßergebnisse der Landeshauptstadt vom Sonntagabend, die Strahlungswerte von bis zu 280 Becquerel pro Kilogramm Boden ergeben haben. Nach einem anderen Meßverfahren war eine sechsmal höhere Belastung als normal festgestellt worden. Oberbürgermeister Achim Exner beklagte, daß bisher in der Informationspolitik der zuständigen Behörden auf Bundes- und Länderebene die «Verharmlosung» an erster Stelle gestanden habe. Weiterhin riet er, daß insbesondere schwangere Frauen und Kleinkinder in der nächsten Zeit auf Rohmilch, Freilandgemüse und Obst möglichst verzichten sollten. mt

OFFENBACH. Die Offenbacher Grünen kündigten an, sie überprüften zur Zeit, ob Oberbürgermeister Dr. Walter Suermann (CDU) und sein Stellvertreter, Bürgermeister Wolfgang Reuter (SPD), ihre Dienstpflicht verletzt haben, weil sie in den letzten Tagen nichts zur Information der Bevölkerung unternommen hätten, obwohl Messungen des Deutschen Wetterdienstes in Offenbach eine erheblich erhöhte Strahlenbelastung ergeben hätten. Gegenüber der FR wies der OB für sich und seinen Stellvertreter eine Verletzung der Dienstpflicht zurück. In Offenbach sei die Luftbelastung zurückgegangen, lediglich die Bodenwerte seien gestiegen. Für die Offenbacher bestünde keine Gefahr, gleichwohl ordnete der OB an, daß in den Freibädern und auf den Sportanlagen die Lageberichte des Sozialministeriums auf Sondertafeln veröffentlicht werden. lz

Frankfurter Rundschau vom 6. Mai 1986

Flüchten oder standhalten?

Tschernobyl macht mobil – aber in welche Richtung?

Ungewohntes Bild im Kreuzberger Bio-Laden «Kraut und Rüben»: Wo sich die Szene sonst nach Frischgemüse drängelt, herrscht nach Tschernobyl verhaltener Andrang. Alternativ wird jetzt bei «Aldi» H-Milch gehamstert und nach Dosengemüse angestanden. Zwar greift der alkoholgestählte Prolo bei «Edeka» an der Ecke trotz Warnung zum im Freien lagernden Kopfsalat («Scheiß druff, det bringt uns o ni um») – die Szene jedoch steht einigermaßen kopf.

«Am besten», so ist immer wieder zu hören, «einfach abhauen.» Aber wohin? Der paranoid machenden Insellage Berlins sind einige schon Mitte der Woche entflohen – «erst mal aufs Land» hieß die Parole, die sich als falsch herausgestellt hat. Dennoch packte eine Mutter auch noch am Sonnabend die Koffer: «Wenn schon alles verstrahlt ist, halt ich den Horror in grüner Umgebung besser aus.» Auslandsflüge waren zumindest bei PAN AM am Wochenende ausgebucht, auch wer Zeit und Geld für den großen Trip nach Australien oder die Malediven zur Verfügung hatte, kam nicht weg. «Was soll man tun, flüchten oder standhalten?» fragte ich einen Journalisten, der als Strahlenschutzmaßnahme jetzt täglich duscht und die Schuhe vor der Wohnungstür auszieht: «Die Frage für die schreibende Zunft stellt sich bei der herrschenden Hilflosigkeit angesichts von Warnungen, von Entwarnungen und 24stündiger Dauerinformation ganz anders: dichten oder randhalten?»

«Den Stress macht nicht die unfaßbare Radioaktivität, sondern die Tatsache, daß du eigentlich gar nichts machen kannst», brachte ein Teilnehmer der Tschernobyl-Demo die Befindlichkeit auf den Punkt. Eine Klasse erwachsener Schüler des Berlin-Kollegs verweigerte (erfolgreich) eine Klausur, angesichts des «Atom-Stresses» könne niemand einen klaren naturwissenschaftlichen Gedanken fassen. Techno-Freaks sorgen unterdessen mit selbstgebastelten Geigerzählern zumindest in der häuslichen Umgebung für eine klare Datenlage, was immerhin den Vorteil hat, daß – nach entsprechender Prüfung – auf die Soße mit frischen polnischen Champignons nicht verzichtet zu werden braucht.

Zwei positive Nachrichten brachte unsere telefonische Kurzumfrage aber auch: unter an Heuschnupfen Leidenden hat sich angesichts des frischen Grüns und freier Nasen die Meldung «Plutonium schlägt Pollen» durchgesetzt und auch Fußball-Fans sehen keinen Grund zur Panik: Die zwei Tage nach dem Reaktor-unglück nach Lyon gereisten Kicker von «Dynamo Kiew» spielten geradezu entfesselt und gingen gegen «Atletico Madrid» als strahlende Sieger vom Platz.

taz vom 5. Mai 1986

«Bauern sind völlig ratlos»

Bayerische Bauernopposition fordert Ausstieg aus Atomenergie

Noch am vergangenen Freitag hieß die Anweisung für die bayerischen Landratsämter: «Gemessen wird erst, wenn's brenzlig wird.» Dementsprechend allein gelassen nach der Katastrophe von Tschernobyl fühlen sich die bayerischen Bauern, so auch der Allgäuer Bauer Hans Geißenberger (30), er betreibt einen 22 Hektar großen Hof und besitzt 30 Milchkühe. Geißenberger ist Mitglied der bayerischen Agraropposition.

taz: Welche Konsequenzen haben Sie nach Tschernobyl gezogen?

Geißenberger: Ich habe mir sofort drei Tonnen Import-Kraftfutter kommen lassen und werde das jetzt verfüttern. Es ist ja ein blödes Gerede vom Pressesprecher des Bauernverbandes, Riedl, daß die meisten Bauern die Kühe sowieso noch nicht auf die Weide treiben, spätestens am ersten Mai war es soweit.

Gab es irgendwelche Anweisungen?

Die Behörden, so auch die Landwirtschaftsämter, sind da völlig weggetaucht, spätestens am vergangenen Freitag hätte es heißen müssen: keine Kühe auf die Weide. Die Bauern sind völlig ratlos. Nur von einzelnen Molkereien, wie Freilassing oder aus dem Ostallgäu, bekamen sie Briefe, die Kühe nicht mehr auf die Weide zu lassen.

Was halten Sie von den Milchproben?

Die Mischproben, die genommen werden, sind überhaupt nicht aussagekräftig, weil da 80 Prozent mit 20 Prozent verseuchter Milch vermengt werden. Meine Kühe haben noch kein Schippel Gras gefressen, und das wird dann mit anderer Milch vermengt. Deshalb fordern wir von der Agraropposition auch flächendekkende Einzelproben.

Wieviel Bauern, glauben Sie, treiben ihr Vieh trotzdem auf die Weide?

Ich schätze um die 20 Prozent. Bei den Bauern ist die Einstellung halt auch so wie bei der übrigen Bevölkerung; die einen sind empört und reagieren, und die andern sagen sich, so schlimm wird's schon nicht sein.

Was fordert die bayerische Agraropposition?

Einmal den totalen Importstopp für alle landwirtschaftlichen Produkte aus dem Ostblock für mindestens ein Jahr, Frischgemüse, Obst und Frischmilch aus dem Verkehr zu ziehen, den Bauern dafür aber eine angemessene Entschädigung zu zahlen. Außerdem soll eine zentrale Erfassungsstelle eingerichtet werden, die die mittel- und langfristigen Folgen der Katastrophe auswertet. Nicht zuletzt fordern wir den planmäßigen Ausstieg aus der Atomenergie.

Interview: Luitgard Koch /
taz vom 6. Mai 1986

Schadstofffreies Gemüse war auf dem Bonner Markt speziell gekennzeichnet.

Das Reaktorunglück treibt die Agrarpreise hoch

Die Reaktor-Katastrophe in der Ukraine hat die Weizenpreise an den internationalen Warenterminbörsen hochgetrieben. Kräftig gestiegen sind auch die Terminpreise für anderes Getreide, für Ölsaaten, für Futtermittel und Zucker. Dahinter steckt die Erwartung, daß bedeutende Teile der neuen sowjetischen Ernten strahlenverseucht und damit nicht mehr brauchbar sind, so daß die Sowjetunion die nun fehlenden Mengen importieren muß. Freilich hat es an den Märkten auch schon wieder einen Rückschlag gegeben. Er spricht dafür, daß sich die erste Hektik gelegt und einer nüchternen Betrachtung Platz gemacht hat.

Die Ukraine ist die sowjetische Kornkammer. Dort werden große und teilweise die größten Mengen der sowjetischen Agrarprodukte erzeugt. In Chicago und an anderen bedeutenden Handelsplätzen glaubt man, daß dort alle Ernten in einem weiten Umkreis um den Unfallort Tschernobyl nicht verwendbar sind. Auch gelagerte Agrarprodukte seien weder als Nahrungs- noch als Futtermittel mehr geeignet. Gleiches gelte für die Viehbestände dort und tierische Produkte aller Art. Allerdings werde sich das ganze Ausmaß der vorstellbaren Schäden erst in Monaten abschätzen lassen. Falls sich die schlimmsten Befürchtungen bestätigen sollten, hätte die Sowjetunion für Getreide, Ölsaaten und wohl auch Zucker einen gewaltigen Importbedarf. Broker-Firmen haben Spekulanten eindringlich geraten, vorerst keine Baisse-Geschäfte abzuschließen.

Wie weit der Umkreis reicht, in dem die Agrarprodukte strahlenverseucht oder von Strahlung noch bedroht sind, ist noch nicht klar. Eine große Unwägbarkeit liegt nach Darstellung von Fachleuten darin, daß radioaktive Strahlung durch Regenwolken und Flüsse in Gebiete verfrachtet werden kann, die sich in sehr weiter Entfernung vom Unfallort befinden. Gefährdet sind auf diese Weise zum Beispiel auch weite Gebiete in Polen, Ungarn und Rumänien. Diese sind Länder mit ebenfalls bedeutender Agrarproduktion, die zum Teil exportiert wird, und zwar auch in die nichtkommunistische Welt.

Sollte der Importbedarf der Sowjetunion an Agrarerzeugnissen wirklich so gewaltig ausfallen, wie an den Märkten spekuliert wird, käme das für die mit Agrarüberschüssen geplagten Länder der westlichen Welt einem Glücksfall gleich. Die überquellenden Vorräte an Getreide, Ölsaaten, Kraftfutter und Zucker würden sich drastisch vermindern. Die Mengen, um die es sich handeln könnte, und die Handelsströme, die sich daraus ergäben, lassen sich nach Meinung von Experten noch nicht voraussagen. Aber an der Spitze der möglichen Lieferländer, die schon jetzt und besonders auf längere Sicht liefern könnten, stehen die Vereinigten Staaten, Kanada, Australien, Argentinien, Brasilien, aber auch Thailand und China.

Süddeutsche Zeitung vom 3. Mai 1986

Die Konsequenzen

Rainer Grießhammer, Öko-Institut

Was tun?

Ein Forderungs- und Handlungskatalog für lokale Initiativen

Die Reaktorkatastrophe in Tschernobyl hat zu Recht größte Befürchtungen über unsere gesundheitliche Bedrohung ausgelöst. Bei alledem dürfen wir nicht vergessen, daß die Hauptleidtragende die Bevölkerung in der Sowjetunion ist.

Die Reaktorkatastrophe in Tschernobyl und überall hat gezeigt, daß die Atomenergienutzung prinzipiell nicht beherrschbar ist, daß Unfälle lokal verheerende Auswirkungen haben können und daß die Strahlenbelastung in solchen Fällen weltweit herrscht und sehr lange andauern kann. Sie hat ferner gezeigt, daß die verantwortlichen Politiker und Behörden nicht einmal auf die indirekten Folgen eines GAUs in einem anderen Land vorbereitet sind, daß die Politiker einerseits hilflos und inkompetent reagieren, andererseits die Gefahren drastisch herunterspielen, um keine Diskussion aufkommen zu lassen, die den weiteren Ausbau der Atomenergie und der Plutoniumwirtschaft gefährden könnte.

Daraus muß jeder Konsequenzen ziehen:

Bei jedem alarmierenden Strahlenwert, bei jeder Empfehlung, keine Frischmilch zu trinken, kein Frischobst oder kein Frischgemüse zu essen, sollte man sich *unauslöschlich* einprägen, daß man langfristig nicht aus dem Leben aussteigen kann, sondern nur aus der Atomenergie. Angesichts der mehr als berechtigten Ängste dürfen wir nicht in Lähmung verfallen, sondern müssen die Atomkatastrophe in Tschernobyl und überall als die letzte große Chance zum Ausstieg aus der Atomenergie begreifen und nutzen.

Um der Vereinzelung und der lähmenden Angst zu entgehen und gemeinsam massiven Druck auf die verantwortlichen Politiker und Behörden auszuüben, sollte man sich in Initiativen zusammenschließen. Allein machen sie dich ein.

Mögliche Handlungs- und Forderungskataloge für solche lokalen Initiativen müssen den drängenden Problemen angepaßt sein. Kurzfristig kann es nur darum gehen, die Strahlenbelastung so gering wie möglich zu halten. Mittelfristig müssen eine nüchterne Bestandsaufnahme, insbesondere der Lebensmittel- und Trinkwasserbelastung, gemacht und entsprechende Konsequenzen gezogen werden. Gleichzeitig und langfristig muß von unten her eine Änderung der Energiepolitik erzwungen werden.

Sofortmaßnahmen

Da Politiker und Behörden in Vogel-Strauß-Manier bisher immer davon ausgegangen sind, daß nicht sein kann, was nicht sein darf, ein GAU also weder eintreten darf noch kann, gibt es kaum systematische Messungen, kaum präzise wissenschaftliche Untersuchungen über die tatsächliche Belastung bei radioaktiven «Niedrig»-Dosen. Empfehlungen können auf Grund dieser lückenhaften Informationen daher nur vorläufigen Charakter haben und sind aus der Not geboren. Auch die «Experten» können derzeit nur allergröbste Einschätzungen treffen. Man beachte auch, wie auffallend still derzeit die zahlreichen Experten von den großen Kernforschungszentren sind. Sie werden sich aber zu gebührender Zeit wieder melden und die Sicherheit der deutschen Atomkraftwerke betonen.

Zum besseren Verständnis und Nachvollziehen der nachfolgenden Empfehlungen sei vorausgeschickt:

Bei der Wirkung von radioaktiver Strahlung muß man zwischen der *akuten Wirkung* und der *Langzeitwirkung* unterscheiden. Von den gemessenen Strahlungswerten in der Bundesrepublik sind keine akuten Schäden – wie in der Umgebung des Unglücksortes – zu erwarten, wohl aber Langzeitschäden. Diese äußern sich in der Erhöhung der Zahl von Krebserkrankungen, Erbgutschäden, Todesfällen durch Krebs usw. Jegliche Erhöhung der radioaktiven Strahlung führt zu einem entsprechend erhöhten Risiko bzw. einer (statistischen) Steigerung der Krankheits- und Todesfälle in der Gesamtbevölkerung. Für den einzelnen besteht dieses Risiko, dennoch bekommt nicht jeder zwangsläufig die Folgen zu spüren. Bestrahlte Personen reagieren unterschiedlich. Allerdings sind – auf Grund ihres anderen Stoffwechsels (z. B. höhere Jodaufnahme) – Kleinkinder und Säuglinge wesentlich gefährdeter als Erwachsene.

Für die Strahlenbelastung gilt: Nach der anfänglich sehr hohen Luftbelastung nimmt diese ab (falls keine weiteren Emissionen aus Tschernobyl erfolgen), radioaktive Teilchen regnen ab oder lagern sich trocken ab (wie Staub). Entsprechend steigt als erstes die Bodenbelastung (auch Oberflächengewässer) und die oberflächliche Belastung von Pflanzen (z. B. Gemüse). Die radioaktiven Teilchen reagieren chemisch und physikalisch unterschiedlich, die meisten sind anfangs relativ schwerlöslich und bleiben in der obersten Bodenschicht, gelangen dann aber langsam in den Boden und entsprechend in die Pflanzen, kurzfristig in die Oberflächengewässer, langfristig ins Grundwasser bzw. in Quellen. Wie bei «normalen» chemischen Giften kommt es zu einer Anreicherung in der Nahrungskette und zu einer Potenzierung der Belastung über die Nahrungskette Pflanzen–Tier–Mensch. Entsprechend kommt es zu einer Aufkonzentrierung der Giftstoffe, zum Beispiel in der Milch, in Eiern, in Fleisch oder in Fischen.

Dem *gegenläufig* wirkt der radioaktive Zerfall. Allerdings sind nur einige der radioaktiven Isotope kurzlebig (haben also eine kurze Halbwertszeit, z. B. Jod 131 mit acht Tagen), die anderen sind langlebig (haben Halbwertszeiten von mehreren Jahrzehnten bis Millionen von Jahren). Über die prozentuale Verteilung dieser Isotopen und der Anreicherung in Nahrungsketten lassen sich heute noch keine verläßlichen Aussagen treffen.

Wenn man die nächsten Wochen und Monate nicht im Strahlenbunker verbringen will, hat man also nur beschränkte Möglichkeiten, die Strahlenbelastung gering zu halten. Man sollte in erster Linie versuchen, einzelne Hauptbelastungen zu vermeiden (z. B. Trinken von hochbelasteter Milch), der Versuch, auch kleineren Strahlendosen auszuweichen, kann nur im Strahlenbunker oder extremsten Verhaltensbeschränkungen enden.

Aber nun zu einzelnen Empfehlungen:

- *Zusammenschluß in Gruppen, Initiativen, Komitees*

Nichts ist schlimmer, als allein Angst zu haben. Man wird gelähmt und hilflos. Nur gemeinsam ist man stark, um Forderungen zu erheben und durchzusetzen (s. u.). Alle möglichen Zusammenschlüsse sind denkbar und nötig: Eltern, Bauern, Schüler, überparteiliche lokale Komitees usw. Das Öko-Institut hat empfohlen, in jedem Ort zur Koordinierung dieser Initiativen ein Komitee «Energiewende – Atomkraftende» zu gründen, das entsprechende Informationen des Öko-Instituts und anderer Umweltorganisationen erhält und weiterleiten kann (Kontaktadresse des Öko-Instituts: «Energiewende», Postfach 1333, 7800 Freiburg).

- *Zentrale und regelmäßige Information durch die (lokalen) Behörden*
Die Energiewende-Komitees und Initiativen sollten fordern, daß die lokalen Messungen, Bewertungen und Empfehlungen von *einer* lokalen Behörde koordiniert werden. Deren Informationen sollten mindestens täglich, besser zweimal täglich in geeigneter Form bekanntgegeben werden. Geeignet heißt zum Beispiel: an die Lokalzeitung, an das Komitee, an den Rundfunk, an lokale Umweltorganisationen, Verbraucherzentralen und alle Initiativen, an alle Schulen, Kindergärten und Betriebe, an Bauernorganisationen, den Handel usw.

- *Überprüfung der behördlichen Messungen und Empfehlungen*
Da auch lokale Behörden und Politiker zum Teil überfordert sind oder bewußte Verharmlosungstaktik betreiben, muß eine Überprüfung der Messungen und Bewertung durch lokale Umweltorganisationen und Energiewende-Komitees erfolgen können.

- *Bekanntgabe der Einschätzung durch Energiewende-Komitees*
Die, eventuell von der behördlichen Einschätzung abweichende Haltung der Komitees und Umweltorganisationen muß in eben der gleichen Weise wie oben bekanntgegeben werden. Ebenso muß bei den nachfolgend genannten Punkten eine Mitwirkung erfolgen.

- *Erfassung der lokalen Belastung*
Für die Messung der lokalen Belastung muß alles verfügbare Personal und alle Meßgeräte (auch von Universitäten – die sollen ja bekanntlich fürs Volk sein, von der Bundeswehr usw.) eingesetzt werden. Gefordert werden muß vor allem ein *Meßplan*, damit die Belastung zumindest in den Schwerpunkten erfaßt wird und vor allem dort gemessen wird, wo alle betroffen sind (Äcker, Nahrungsmittel, Trinkwasser usw.), wo Kinder besonders betroffen sind (Kindergärten, Schulhöfe, Sportplätze, Sandkästen usw.). Es darf also nicht vorrangig im Büro des Oberbürgermeisters und nicht der Dackel seiner Gattin gemessen werden.

- *Einheitliche Empfehlungen und Verbote*
Auf Grund der täglichen Messungen müssen täglich entsprechende Empfehlungen und Verbote erfolgen. Diese können von Ort zu Ort oder von Bundesland zu Bundesland durchaus variieren – müssen dann allerdings begründet werden. Auf keinen Fall kann es angehen, daß beispielsweise Oberschulamt, Landesinnenminister und städtische Behörden jeweils voneinander abweichende Empfehlungen geben. Ebenso ist dafür zu sorgen, daß Verbote (z. B. der Freilandweidung von Kühen) *eingehalten werden* und *eingehalten werden können*. Beispielsweise muß dann auch für Ersatzfuttermittel gesorgt werden.

● *Sofortmaßnahmen zur Geringhaltung der Strahlenbelastung (soweit möglich)*

▷ Für alle Lebensmittel und Trinkwasser sind «Grenzwerte» festzulegen, im Zweifelsfall sollte sich die lokale Behörde an den niedrigsten «Grenzwerten», wie sie derzeit vom Land Hessen angegeben werden, halten (Anm.: Die derzeit genannten Werte sind allenfalls Orientierungswerte für Eingriffe).

▷ Die Einhaltung der «Grenzwerte» muß gezielt kontrolliert werden.

▷ Auf allen (öffentlichen) Sandplätzen muß der Sand ausgetauscht werden (Anm.: Der auf großen Halden gelagerte Sand ist nur oberflächlich und damit in der Regel weit geringer kontaminiert als der in flachen Sandkästen), ein weiterer Eintrag radioaktiver Stoffe, vor allem durch Regen oder Verwehen, ist außerhalb der Spielzeiten durch Plastikplanen zu verhindern.

▷ Nieder belastete Lebensmittel (z. B. Milch) müssen vorrangig an Kleinkinder, Schwangere, stillende Mütter und Schulkinder ausgegeben werden. Ein Vermischen von hochbelasteten Lebensmitteln (z. B. Milch) mit niederbelasteten Lebensmitteln darf nicht erfolgen (Anm.: läßt sich wegen Meßschwierigkeiten nicht überall verhindern).

▷ Für Lebensmittel muß *notfalls* eine Preisbindung erfolgen, ebenso müssen schnellstens Finanzhilfen für besonders Betroffene (z. B. Bauern) erfolgen.

▷ Von einer unkontrollierten Einnahme von Jodtabletten als Prophylaxe ist wegen starker Nebenwirkungen der Tabletten weiterhin abzuraten. Sinnvoll ist dagegen jodiertes Speisesalz.

▷ Spiel- und Aufenthaltsräume von Kindern sind – soweit möglich – vorrangig zu dekontaminieren.

● *Unterschriftenaktion gegen Atomenergie*

Die oben genannten Maßnahmen und Forderungen tragen dazu bei, die Strahlenbelastung etwas zu verringern. Man sollte sich aber keinen unnötigen Illusionen hingeben. Es gibt keine Nische gegen die Atomenergie. Es gibt nur den Ausstieg aus der Atomenergie.

Das Öko-Institut hat eine bundesweite *Unterschriftenaktion zum sofortigen Ausstieg aus der Atomenergienutzung und für eine ökologische und sozial orientierte Energiepolitik* initiiert. Diese wird in den nächsten Monaten durch den Versuch ergänzt werden, in einzelnen Bundesländern (wo dies möglich ist) Volksbefragungen durchzuführen. Jeder einzelne und jede Initiative sollte zuerst diese Unterschriftenaktion und die Volksbefragungen unterstützen.

Unterschriftenlisten können beim Öko-Institut (adressieren: «Energiewende», Postfach 1333, 7800 Freiburg) angefordert werden und sollten im Schneeballsystem weitergegeben und zurückgesandt werden! Aktion Adressenbuch: Schicken Sie an alle Ihre Freunde und Bekannte im Notizbuch die Unterschriftenliste und bitte Sie diese, an der Aktion mitzumachen.

- *Durchsetzung der Energiewende vor Ort*

Der Ausstieg aus der Atomenergienutzung und eine wirkliche Energiewende wird nicht allein durch das Abschalten der Atomkraftwerke bewirkt. Dazu bedarf es weit mehr. Das Öko-Institut hat die Hemmnisse gegen eine ökologisch und sozial orientierte Energiepolitik benannt und hat gezeigt, daß eine Änderung der Energiepolitik nur von unten und über die Kommunen erfolgen kann.

Die lokalen Initiativen sollten sich daher in überparteilichen Energiewende-Komitees zusammenschließen und vor Ort auf eine entsprechende Energiepolitik drängen. Das Öko-Institut koordiniert diese Energiewende-Komitees und stellt entsprechendes Material zur Verfügung (Kontaktadresse von neugegründeten Energiewende-Komitees und die Bestellung von Infos sind zu richten an «Energiewende», Postfach 1333, 7800 Freiburg).

- *Wer nicht aus dem Leben aussteigen will, muß aus der Atomenergie aussteigen. Heute radioaktiv, heute und morgen aktiv.*

ÖKO-INSTITUT e.V.

INSTITUT FÜR ANGEWANDTE ÖKOLOGIE

INSTITUTE FOR APPLIED ECOLOGY

INSTITUT D'ECOLOGIE APPLIQUEE

Energiewende-Komitees

Das Öko-Institut ruft alle Bürger auf, jetzt lokale und überparteiliche *Energiewende-Komitees* zu gründen.

8.5.1986

● Es hat sich gezeigt, daß die verantwortlichen Minister die Atomkatastrophe herunterspielen, um den weiteren Ausbau der Atomenergie und Plutoniumwirtschaft nicht zu gefährden. Die weisungsgebundenen Behörden stehen der augenblicklichen Situation hilflos und imkompetent gegenüber und sind nicht in der Lage, die notwendige Information zu bündeln und geeignete Maßnahmen zu ergreifen. Daher fordern wir die Bürger vor Ort auf, Komitees zu bilden, um der Vereinzelung und der lähmenden Angst zu entgehen und gemeinsam massiven Druck auf die verantwortlichen Politiker und Behörden auszuüben.

Nur so kann das offensichtliche Informationsgefälle aufgebrochen werden, nur so können realistische und schonungslose Bestandsaufnahmen (mit gezielten Messungen und akzeptablen Bewertungen) gewährleistet werden, nur so kann die bedrohliche Lage abgeschwächt werden. Mehr läßt sich in dieser Situation zur Verringerung der Strahlenbelastung nicht tun, will man nicht die nächsten Monate im Strahlenbunker verbringen.

Das Öko-Institut wird die lokalen Komitees in den nächsten Wochen mit den notwendigen Informationen beliefern, soweit es dazu Zugang hat.

Bei jedem alarmierenden Strahlenwert, bei jeder Empfehlung, keine Frischmilch zu trinken, kein Frischobst oder kein Frischgemüse zu essen, die Kinder nicht draußen spielen zu lassen, sollte man sich aber *unauslöschlich einprägen*, daß man langfristig nicht aus dem Leben aussteigen kann, sondern nur aus der Atomenergie.

● Wenn wir nicht vor der Atomenergie kapitulieren wollen, müssen wir die Kapitulation der Atomenergie und ihrer Vertreter erzwingen. Ein erster Schritt dazu ist die bundesweite Unterschriftenaktion «Energiewende statt Strahlung ohne Ende». Nur wenn *Millionen* mit ihrer Unterschrift ihre Entschlossenheit dokumentieren, werden die Politiker reagieren müssen.

● Ein Ausstieg aus der Atomenergienutzung und dem umwelt- und gesundheitsbelastenden Großkraftwerkssystem insgesamt muß aber durch eine Wende in der Energiepolitik abgesichert werden. Das Öko-Institut hat in seinen Studien *Die Energiewende* (1980) und *Die Energiewende ist möglich* (1985) aufgezeigt, daß eine solche Energiewende möglich und gangbar ist, letztlich aber nur erfolgen wird, wenn sie von unten über die Kommunen erzwungen wird.

Oberste Prinzipien einer Energiewende sind die *rationelle Energienutzung und -einsparung* (als der saubersten und billigsten Energiequelle) sowie die *stärkere Nutzung von regenerativen Energiequellen* (wie etwa von Sonnenenergie, Biogas oder Wasserkraft). Das Öko-Institut hat in seiner letzten Studie aufgezeigt, welche Hemmnisse – nationale und lokale – gegen eine ökologisch und sozial verträgliche Energiepolitik bestehen. Diese Hemmnisse können nur durch Druck von unten beseitigt werden. Wenn die nächsten schweren Wochen für die Bevölkerung durchgestanden sind, muß dies zentrale Aufgabe der Energiewende-Komitees werden.

Angesichts der mehr als berechtigten Ängste dürfen wir nicht in Lähmung verfallen, sondern müssen die Atomkatastrophe in Tschernobyl und überall als letzte große Chance zum Ausstieg aus der Atomenergie begreifen und nutzen.

Das Öko-Institut wird die Koordination der überall neu gegründeten Energiewende-Komitees übernehmen. Es bittet die Komitees,

– das Öko-Institut von der Gründung zu unterrichten und eine Kontaktadresse anzugeben;
– dem Öko-Institut von der lokalen Situation, von Schwierigkeiten, von ungelösten Fragen und von Aktionen zu berichten.

Umgekehrt wird das Öko-Institut
– diese Berichte auswerten und an andere Energiewende-Komitees weitergeben;
– in den nächsten Wochen relevante Informationen zusammenstellen und geeignete Informationsbroschüren anbieten.

Vorläufig sind beim Öko-Institut erhältlich:

● vierseitiges Info zur Einschätzung der derzeitigen Belastungssituation;
● Unterlagen für die bundesweite «Unterschriftensammlung Energiewende statt Strahlung ohne Ende»;
● Forderungs- und Handlungskatalog für lokale Aktionen.

Die Kontaktadressen der Energiewende-Komitees und die Bestellung von Infos und Unterschriftenlisten sind zu richten an: «Energiewende», Postfach 1333, 7800 Freiburg.

Spenden für die Unterschriftenaktion und die Koordination der Energiewende-Komitees bitte auf das Sonderkonto des Öko-Instituts «Energiewende – Atomkraftende», Kto. 2099019, Sparkasse Freiburg, BLZ 680 501 01.

Geschäftstüchtig

Run auf Geigerzähler

«Auf rechtzeitige und zuverlässige Information durch die Behörden können wir uns nicht mehr verlassen. Wie der Reaktorunfall in Tschernobyl gezeigt hat, wird die Bevölkerung viel zu spät und unzureichend informiert. Wer garantiert uns, daß unsere Lebensmittel, die wir täglich verzehren, nicht aus STRAHLENVERSEUCHTEM GEBIET KOMMEN???» so die Anzeige einer Münchner Firma namens «Telcomelectronics» in der gestrigen Ausgabe der *Süddeutschen Zeitung*.

«Für nur 299 Mark sichern Sie Ihr Leben und Ihre Gesundheit», preist der geschäftstüchtige Firmenchef Michael Wolter (32) sein Strahlenmeßgerät «Rad 1» an. Seitdem stehen die Telefone in seinem Büro am Leuchtenbergring nicht mehr still. Wieviel der Elektroniker bisher verkaufen konnte, verschweigt er lieber, doch auch in Norddeutschland sei der Verkaufserfolg enorm.

«Das Besondere an diesem Geigerzähler: er ist so groß wie eine Zigarettenschachtel, also im Taschenformat», erklärt er stolz.

Das batteriebetriebene Gerät ist jedoch nicht geeicht und liefert keine direkten Meßwerte. Geeichte Geräte kosten um die 1500 Mark. Die Anzeige bei «Rad 1» erfolgt akustisch. «Bei natürlicher Radioaktivität gibt es nur ein langsames Ticken, bei Lebensmitteln, die verseucht sind, wie etwa Salat, geht es sofort in einen Pfeifton über», beschreibt er die Funktionsweise.

taz vom 6. Mai 1986

Strahlenmessungen bei Fähr-Passagieren in Kiel (dpa)

Kontrolle Grenzübergang Gudow (argus)

BGS-Angehöriger überprüft Pkw in Helmstedt (2. 5. 1986/dpa)

Klaus Traube

Ausstieg aus der Kernenergie

Die Regierungskoalition wie die Grünen bezogen schon wenige Tage nach der Katastrophe von Tschernobyl eindeutig Position. Die einen stehen unbeirrt hinter dem Ausbau der Kernkraft, die anderen fordern den sofortigen Ausstieg, Abschalten aller Kraftwerke innerhalb einiger Monate. Den Sozialdemokraten bot ihr Wirtschaftskongreß zwei Wochen nach Beginn der Katastrophe Gelegenheit zu einer Vorklärung ihrer Haltung. Der Beschluß ihres Essener Parteitages, «keine Plutoniumwirtschaft», wurde deutlicher als je zuvor bekräftigt: keine Wiederaufarbeitung, keine Inbetriebnahme des Brüters in Kalkar. Im übrigen der «Einstieg aus dem Ausstieg» aus der Kernenergie, aber wie?

Die Grünen sind überzeugt, wenn nicht von der Durchsetzbarkeit, so doch von der Machbarkeit des sofortigen Ausstiegs. Sie können sich dabei auf eine in ihrem Auftrage 1984 erstellte Studie von Müller-Reißmann und Schaffner beziehen.

Diese Studie stellt der Situation der Stromerzeugung des Jahres 1983 eine hypothetische Situation des Jahres 1985 gegenüber, bei der alle Atomkraftwerke stillgelegt sind; der übrige existierende Kraftwerkspark wird so genutzt, daß dennoch die Schadstoffbelastung der Luft durch die Emissionen der Kraftwerke vermindert wird, um 25 Prozent bei Schwefeldioxid und um 15 Prozent bei Stickoxyden. Da so kurzfristig die technische Rauchgasreinigung der Kraftwerke nicht wesentlich verändert werden kann, müssen in diesem Szenario über die Substitution des Atomstroms durch den Einsatz der emissionsärmsten Kraftwerke – hauptsächlich Erdgas, daneben entschwefeltes schweres Heizöl – hinaus noch weitere Umschichtungen im Brennstoffeinsatz erfolgen. So werden auch die Müllkraftwerke und die Kraftwerke für hochschwefelhaltige Braunkohle (Buschhaus etc.) abgeschaltet, deutsche Steinkohle wird für einige Jahre – bis zur Entschwefelung der Steinkohlekraftwerke – auf Halde gefördert und zeitweise durch emissionsärmere Importkohle ersetzt.

Die Mehrkosten der Stromerzeugung durch diese Aktion werden auf jährlich 8,5 Milliarden DM geschätzt, entsprechend etwa 3 Pf/kWh Erhöhung des Strompreises. Dies berücksichtigt die Mehrkosten des Brennstoffeinsatzes und die Abschreibung der stillgelegten Kernkraftwerke, sei jedoch eine kurzfristige Sicht. Bei einer konsequenten Umstrukturierung des Kraftwerkparks und einhergehenden Anreizen zum Stromsparen sei längerfristig mit einer geringeren Belastung der Volkswirtschaft durch Stromkosten zu rechnen als bei Fortsetzung des Atomstromkurses. Allerdings, so betonen die Autoren, seien die rechtlichen Probleme dieses Ausstiegsszenarios nicht untersucht worden.

Stellt man heute, zwei Jahre später, ein analoges Gedankenexperiment an, also etwa Abschalten aller Kernkraftwerke zum Jahresende 1986, so ist die Ausgangssituation gegenüber der beschriebenen Studie drastisch verändert. Einerseits ist die Gesamtleistung der Kernkraftwerke infolge von Inbetriebnahmen so stark gestiegen, daß die Atromstromerzeugung etwa doppelt so hoch ist wie im Referenzjahr 1983 der Studie. Das erschwert und verteuert ihre Abschaltung sehr. Andererseits sind die Preise für einige Brennstoffe, die zur Substitution der Kernenergie in Frage kommen, stark gesunken. Und schließlich ist die Entschwefelung der Kohlekraftwerke seit der Verabschiedung der Großfeuerungsanlagenverordnung im Sommer 1983 vorangetrieben worden und kommt auch die Entstickung in Gang, so daß eine drastische Absenkung der Emissionen aus den Stein- und Braunkohle-Kraftwerken in greifbare Nähe rückt.

Wie könnte bei dieser stark veränderten Ausgangslage die kurzfristige Umstrukturierung der Stromerzeugung bei Abschalten aller Kernkraftwerke, sagen wir zum Jahresende 1986, aussehen?

Die Abschaltung berührt nur die öffentlichen Stromerzeuger, weil die Industrie keine Kernkraftwerke betreibt. Sie berührt auch nicht die gesamte öffentliche Elektrizitätswirtschaft, sondern im wesentlichen die sechs großen Verbundunternehmen, die zusammen über zwölf der fünfzehn in Betrieb befindlichen Kernkraftwerke verfügen und an den restlichen drei beteiligt sind.

Einige dieser Unternehmen, insbesondere die Preußenelektra, könnten ihren Strombedarf nach Abschaltung der Kernkraftwerke nicht länger voll aus ihren eigenen Kraftwerken sowie der langfristig vertraglich gesicherten Bezugsleistung decken. Sie müßten Strom zukaufen. Insgesamt ist aber kein Kapazitätsengpaß zu erwarten, obwohl inzwischen nahezu 20 Prozent der Kraftwerksleistung, die der öffentlichen Elektrizitätswirtschaft in eigenen Kraftwerken und als langfristig gesicherte Bezugsleistung zur Verfügung stehen, aus Kernkraftwerken besteht. Wenn die zeitweilig aus der Stromerzeugung herausgenommenen Öl- und Gaskraftwerke bis zum Winter reaktiviert werden, so stünde dem öffentlichen Netz eine Gesamtleistung (Netto-Engpaßleistung) zur Verfügung, die um etwa 30 Prozent über der im nächsten Winter dem Netz abgeforderten Jahreshöchstlast (zeitgleich) liegen wird. Das genügt als Reserve für die aus technischen oder regionalen Gründen nicht einsetzbare Leistung. Zum Vergleich: Vor dem Anwachsen der Überkapazitäten, im Jahr 1969, überstieg die verfügbare Leistung die Jahreshöchstlast um 24 Prozent – von Engpässen war nicht die Rede.

Gut ein Drittel des vom öffentlichen Netz bezogenen Stroms wird derzeit in Kernkraftwerken erzeugt und müßte durch den Einsatz von Kohle, Erdgas und Heizöl ersetzt werden. Das entspricht einer Steigerung des Primärenergie-Verbrauchs an diesen fossilen Energieträgern in der Bundesrepublik um gut 10 Prozent. Er läge damit gerade so hoch, wie die Prognose zur dritten Fortschreibung des Energieprogramms der Bundesregierung von 1981, also vor nur fünf Jahren, vorausgesagt hat – trotz des in dieser Prognose selbstverständlich enthaltenen Atomstroms. Das heißt: Der gesamte Atomstrom substituiert in der Bundesrepublik nicht mehr an fossilen Energieträgern, als allein in den letzten fünf Jahren gegenüber der prognostizierten Bedarfsentwicklung eingespart wurde. Dieser Vergleich mag die tatsächlichen Proportionen der «unverzichtbaren» Kernenergie zurechtrücken.

Wie könnte die Substitution des Atomstroms auf Steinkohle, Braunkohle, Erdgas und schweres Heizöl verteilt werden? Ich will in dieser kurzen Skizze keine ökologische Optimierung versuchen, dazu nur andeuten:

Vermehrter Kohleeinsatz würde nur noch recht kurzfristig bedenklich sein wegen der fortschreitenden technischen Rauchgasreinigung. Erdgas ist «sauber» bis auf Stickoxyde. Schweres Heizöl ist am bedenklichsten, sofern es nicht in Kohlekraftwerken mit Mischfeuerung eingesetzt wird, weil für die nahezu stilliegende Ölkraftwerke praktisch keine Nachrüstungsmaßnahmen zur Rauchgasreinigung laufen.

Was die Kraftwerkskapazitäten betrifft, so steht mehr Leistung in nahezu ungenützten Öl- und Gaskraftwerken zur Verfügung, als an Kernkraftwerksleistungen entfiele. Die Braunkohlekraftwerke des RWE können mehr Strom erzeugen; sie sind seit dem vergangenen Jahr erheblich zurückgefahren worden wegen der stark gestiegenen Atomstromkapazität nach Inbetriebnahme des Kraftwerks in Gundremmingen. Die Steinkohle-Kraftwerke könnten bei Verschiebung ihres Einsatzes von der Mittellast in die Grundlast in starkem Maße zur Substitution des Atomstroms beitragen.

Der deutsche Steinkohlebergbau dürfte aufatmen, wenn die Kernkraftwerke abgeschaltet würden; er bräuchte sich um die Verlängerung des 1995 auslaufenden Jahrhundertvertrages nicht mehr zu sorgen. Er darf sich freilich in dieser Diskussion nicht zu Wort melden, da er von der Elektrizitätswirtschaft im Jahrhundertvertrag auf die Formel «Kernenergie und Kohle» verpflichtet wurde. Kurzfristig könnte er jedoch nicht viel zur Substitution des Atomstroms beitragen. Dagegen wäre ein sehr beachtlicher Teil des Atomstroms durch Importkohle substituierbar. Selbst wenn die gesetzlich verbrieften Importkohle-Kontingente (die Importkohleeinfuhr ist beschränkt) nicht angehoben würden, so stünde doch der Elektrizitätswirtschaft ein nicht genütztes Kontingent zur Verfügung, dessen Einsatz fast ein Viertel des Atomstroms substituieren könnte. Diese sehr kostengünstige Importkohle kann derzeit nicht eingesetzt werden, weil für sie kein Platz bleibt zwischen dem Atomstrom und der Stromerzeugung aus deutscher Steinkohle, zu der die Elektrizitätswirtschaft verpflichtet ist.

Die Produktion von schwerem Heizöl ist stark eingeschränkt worden. Dennoch dürfte es angesichts der Lage auf den Ölmärkten keine Schwierigkeiten machen, den im letzten Jahr bereits auf zwei Prozent Stromerzeugung zurückgegangenen Heizöleinsatz wieder mäßig zu erhöhen. Infolge der stark gesunkenen Ölpreise hat sich hier auch die betriebswirtschaftliche Situation drastisch verändert. Ähnlich sieht die Lage für das ökologisch günstigere Erdgas aus.

Auf Anhieb erscheint es sinnvoll, neben einer wieder auf das Normalniveau angehobenen Braunkohleerzeugung vor allem Importkohle und Erdgas zur Substitution des Atomstroms heranzuziehen sowie einen mäßigen Anteil an schwerem Heizöl.

Die Kostenstruktur des Atomstroms – hohe Kapitalkosten für die teuren Kernkraftwerke, aber geringe Brennstoffkosten – führt dazu, daß die Einsparungen an Kosten bei der Stillegung nur bescheiden sind, denn die Kapitalkosten werden ja nicht eingespart, wenn die Kernkraftwerke einmal da sind. Rechnen wir so wie die Kernkraftwerksbetreiber, dann erspart jede nicht erzeugte Kilowattstunde Atomstrom lediglich 2,5–3 Pfennig an sogenannten Brennstoffkreislaufkosten.

Die Substitution des Atomstroms geschieht mittels des existierenden Kraftwerkparks – zusätzliche Kapitalkosten für Kraftwerke fallen also zunächst nicht an. Aber die Brennstoffkosten für die zur Substitution des Atomstroms zusätzlich eingesetzten fossilen Energieträger sind je erzeugter Kilowattstunde höher, als die eingesparten Brennstoffkreislaufkosten der Kernkraftwerke. Das gilt auch für den Verbrauch von Hilfs- und Betriebsstoffen, insbesondere für die Rauchgasreinigung bei den Kohlekraftwerken. Die Brennstoffkosten für die erzeugte Kilowattstunde Strom liegen bei deutscher Steinkohle bei etwa 8,5 Pf/kWh, also sehr hoch im Verhältnis zu den Brennstoffkreislaufkosten der Kernkraftwerke. Da wir aber ohnehin nicht davon ausgehen können, daß sich der Einsatz deutscher Steinkohle kurzfristig erheblich erhöhen läßt, spielt das für unser Gedankenexperiment keine Rolle.

Der Einsatz von Braunkohle verursacht nur etwa 4 Pf/kWh Brennstoffkosten. Bei den heutigen Weltmarktpreisen für Importkohle bzw. schweres Heizöl liegen die Brennstoffkosten bei 4,5 bzw. knapp 5 Pf je erzeugter Kilowattstunde Strom. Die Preise für Kraftwerks-Erdgas werden sich den Ölpreisen anpassen.

Bei dem skizzierten Einsatz fossiler Energieträger dürfte die Substitution des Atomstroms etwa 3 Pf/kWh an Mehrkosten für Brennstoffe und Betriebsstoffe ausmachen. Da diese Substitution nur etwa ein Drittel der öffentlichen Stromerzeugung betrifft, würde das im Mischpreis zu etwa 1 Pf/kWh höheren Kosten der öffentlichen Stromerzeugung führen, entsprechend gut fünf Prozent des derzeitigen durchschnittlichen Erlöses der Elektrizitätsunternehmen.

Soweit diese skizzenartige Momentaufnahme eines hypothetischen Abschaltens aller Kernkraftwerke zum Jahresende 1986. Technisch wäre das wohl machbar. 1 Pf/kWh Mehrkosten wären keine ökonomische Katastrophe. Ökologisch wäre die Sache durchaus bedenklich, aber eine ökologische Optimierung wäre möglich, was freilich mehr kosten würde. Rechtlich wäre das Abschalten durchsetzbar, wenn die, die in Bonn das Sagen haben, das wollten. Auf massive Schadenersatzforderungen für die Stillegung der Kernkraftwerke müßten sie sich freilich einstellen – die sind in dem Pfennig pro Kilowatt nicht enthalten. Die politische Durchsetzbarkeit steht auf einem anderen Blatt. Ein vollständiger Ausstieg aus der Kernenergie wäre das Abschalten der Kernkraft nicht, denn die bestrahlen Brennelemente bleiben uns erhalten.

Wie könnte dem gegenüber der sozialdemokratische «Einstieg in den Ausstieg» aus der Kernenergie aussehen?

Die Inbetriebnahme von Kalkar und den Bau der Wiederaufbereitungsanlage zu verhindern, wäre gewiß durchsetzbar, wieder vorausgesetzt, daß die, die das ernstlich wollen, in Bonn bald das Sagen haben. Schwierig, aber unproblematischer als das Abschalten der in

Betrieb befindlichen Kernkraftwerke wäre es, den noch im Bau befindlichen Kernkraftwerken die Betriebsgenehmigung zu versagen; immerhin sind jahrelang Teilgenehmigungen für sie ergangen. Dies, selbst wenn Schadensersatz gezahlt werden müßte, scheint mir freilich das notwendige Signal zu sein. Im übrigen wäre ein längerfristiger Zeitplan zu entwerfen, der Stillegungen, beginnend mit den ältesten Kernkraftwerken, terminiert.

Auch dieser Weg wäre nicht konfliktfrei. Wenn aber die Bonner Regierung und Parlamentsmehrheit dahinterstünden, so hätten sie ausreichende Instrumente zur Verfügung, um die Kernkraftwerksbetreiber – die großen Verbundunternehmen – zum Einlenken zu bewegen. Denn deren Macht gründet – auf staatlich verliehenen Privilegien, die weder in der Wirtschaftsordnung noch gar in der Verfassung verankert sind. Eine Neuordnung des Energiewirtschaftsrechts und der Ausnahmeregelungen für die Elektrizitätswirtschaft im Kartellrecht ist ohnehin aus energiepolitischen Gründen längst überfällig. Dies wären die Hebel für den «Ausstieg», gleichzeitig auch für eine Änderung des elektrizitätswirtschaftlichen Kurses in Richtung auf ein schon mittelfristig kostengünstigeres, umwelt- und sozialverträglicheres System von Elektrizitätserzeugung und -nutzung.

Zu den Autoren

Freimut Duve, Herausgeber der Tschenbuchreihe rororo aktuell und MdB.

Eberhard Eppler, Präsidiumsmitglied der SPD und Vorsitzender der Grundwertekommission.

Ulrike Fink, Chemikerin und Biologin, arbeitet seit einigen Jahren auf dem Gebiet der Radioökologie und ist wissenschaftliche Mitarbeiterin der Gruppe Ökologie Hannover.

Ewald Gaul, geb. 1919, Studium der Rechtswissenschaft, Volkswirtschaft und Psychologie.

Rainer Grießhammer, geb. 1953, Chemiker, Geschäftsführer des Öko-Instituts in Freiburg; diverse Buchveröffentlichungen.

Thomas Höfer-Bosse, geb. 1952, ehemaliger Mitarbeiter in einer Reaktorabteilung eines Kernforschungszentrums; Veröffentlichungen zur zivilen und militärischen Atomkraftnutzung, Mitautor von *RWE – Ein Riese mit Ausstrahlung*.

Friedrich W. Husemann, geb. 1938, freier Journalist in Bonn.

Wolfgang Kratzke, geb. 1954, Aisstenzarzt in der Änästhesie, Mitglied der Hamburger Ärzteinitiative gegen Atomenergie, Mitglied der International Physician for the Prevention of Nuclear War (IPPNW).

Christian Küppers, geb. 1958, cand. phys. am Institut für Kernphysik der Technischen Hochschule Darmstadt. Seit etwa 2½ Jahren Mitarbeiter des Öko-Instituts e. V., Projektgruppe Reaktorsicherheit in Darmstadt. Besonderer Aufgabenbereich: Strahlenschutzrecht, Niedrigstrahlung, Radiologie.

Lutz Mez, geb. 1944, Dr. rer. pol.; Forschungsstelle für Umweltpolitik an der FU Berlin; zahlreiche Veröffentlichungen zur Atom-, Energie- und Umweltpolitik, u. a. Herausgeber von *Der Atomkonflikt* und Mitautor von *RWE – Ein Riese mit Ausstrahlung*.

Inge Öhler, 29 Jahre alt, verheitatet, zwei Kinder, arbeitslose Lehrerin.

Harald Schumann, geb. 1957, Redakteur bei der Berliner *tageszeitung*.

Klaus Traube, geb. 1928, ehemaliger Geschäftsführer der Interatom, diverse Buchveröffentlichungen, die sich kritisch mit der Kernenergie auseinandersetzen.

Eberhard Weber, geb. 1949, Anästhesist, Mitglied der Hamburger Ärzteinitiative gegen Atomenergie, Mitglied der International Physician for the Prevention of Nuclear War (IPPNW).

Bücher zum Frieden

Horst Afheldt
Defensive Verteidigung
(5345)

Franz H. U. Borkenhagen (Hg.)
«Wehrkraftzersetzung»
Offiziere äußern sich zur Heilbronner Erklärung (5435)

Anders Boserup/Andrew Mack
Krieg ohne Waffen?
Studie über Möglichkeiten und Erfolge sozialer Verteidigung:
Kapp-Putsch 1920/Ruhrkampf 1923/
Algerien 1961/CSSR 1968 (1710)

Mike Cooley
Produkte für das Leben statt Waffen für den Tod
Arbeitnehmerstrategien für eine andere Produktion. Das Beispiel Lucas Aerospace (4830)

Günter Gaus
Deutschland und die Nato
Drei Reden (5446)

5442

5915

Herausgegeben von Freimut Duve

aktuell rororo

C 2041/7